雨森孝悦［著］
Amenomori Takayoshi

テキストブック
Non-Profit Organization

NPO

非営利組織の制度・活動・マネジメント

［第3版］

東洋経済新報社

はじめに

本書の第2版を出してから，7年以上の歳月が経過した。その間に非営利組織の大きな制度変更こそなかったものの，NPOを取り巻く情勢は着実に変わってきた。

1つは，市民活動団体の中にも一般社団法人の形をとるものがずいぶん増えたことである。NPOといえば特定非営利活動法人，という図式が成立しなくなってきたのである。もう1つは，ソーシャル・ビジネスの台頭やNPO自身の事業体化により，営利・非営利の境界線が，以前ほど意識されなくなってきたことである。行政や企業とNPOの協働もずいぶん進展した。

こうしたことから，今回，再び大幅に改稿することにした。内容的には従来どおり，市民活動を行う非営利組織の制度，活動，マネジメントを中心とするが，次のような変更を行った。

①NPO法人以外の非営利法人についての制度面の解説を詳しくした。
②事例を大幅に入れ替えた。その際，一般法人や公益法人など，他の法人類型の組織でも注目すべき活動を行っていれば事例として取り上げるようにした。
③NPOの存在意義についての検討をさらに詳しくした。
④主な読者として大学・大学院の社会人学生，若い一般学生，行政職員を想定しつつ，ネット上でNPOに関する情報を手軽に得られるようになっていることを意識して，図書としてより専門的，体系的になるように心がけた。

そして，テキストとしては，初学者から非営利組織についてある程度の知識を持っている読者まで興味を持ってもらうために，ただの解説書ではなく，探求型のテキストとなるような試みをした。

①キーとなる「大きな問い」を立て，それに沿って解説を書いた。
②授業の進行のように，基本的なことから始めつつも，先に進むにつれてより専門的になるようにし，高度な内容は囲み記事にした。章末には「問い」を3つずつ立てて，より深く学べるようにした。

次に，本書の構成を紹介しよう。

第1章では，第2版までのように制度の解説から始めずに，まず分野ごとの事例を紹介するようにした。その際，たんなる事例紹介にとどめず，NPOによる活動の魅力やNPOらしさを伝えるように心がけた。

第2章では，非営利組織にかかわる概念や制度について述べた。制度の解説は法人類型ごとに行った。従来に比べて公益法人，一般法人，社会福祉法人の説明を詳しくしている。NPO法人とこれらの法人の比較をしやすくするためである。

第3章は，NPOのマネジメントについて述べる。近年の資金開拓の動向，評価への関心の高まりといった変化を反映させるようにした。

第4章は，NPOらしさやNPOの存在意義に関する章で，本書のキモともいえる部分である。ここでも時代の変化にあわせてアップデートを図っている。

第5章では，視野を世界に広げるとともに，歴史的に少し掘り下げることによって，現代の日本という制約を外してNPOという存在を見ることができるようにした。最終節では，今後の展望も試みている。

NPOについて基本的なことを知っておくことは，現代の社会においては当たり前になりつつある。今はNPOの活動にかかわっていない人にも，本書を通してぜひNPOのあらましを頭に入れていただきたいと願っている。

2020年2月

雨森孝悦

テキストブックNPO［第3版］ 目次

第1章 NPOの世界

NPOは，言葉としても実態としても，日本にかなり定着したといってよい。たいていの人は，NPOという言葉を耳にしたことがあるだろう。NPOの活動に参加したことのある人もかなりの数にのぼると思われる。それでも，改めてNPOとは何か，NGOとの違いは何か，などと聞かれたら戸惑うかもしれない。そこで本章では，NPOが何であって何でないか，まずは言葉の概念を整理しよう。

1　NPOとは何か

1-1 ▶ NPOの基本的な性質

▶ 営利か非営利か

NPOは英語のNon-Profit Organizationの頭文字をとった略称であり(一般にはnonprofit organizationと綴る)，直訳すれば「**非営利組織**」あるいは「非営利団体」となる(本書では組織と団体という用語を特に区別せずに用いる)。Not-for-Profit Organizationという別名があることからもわかるように，NPOは営利を目的として追求しない組織を指す。

営利を目的としない組織があるからには，営利を目的とする組織もあるだろう。営利企業と呼ばれているものがそれで，株式会社，合同会社，有限会社などの形態をとる(有限会社は，2006年の会社法改正以後は，新しく設立されることはなくなった)。いずれにしても，これらは一般に民間の組織であるため，民間企業と呼ばれることがある。

▶ 政府か民間か

では，NPOは民間の組織なのか，それとも政府系の組織なのかというと，もちろん，一般の人たちがつくる民間の組織である。政府機関（国や地方公共団体）も営利を目的としないので，非営利組織なのではないか，と思われるかもしれないが，政府が設立・運営する組織はNPOとは見なされない。

株式会社などの営利企業とNPOは，民間の組織という点で共通しているが，営利目的の組織でないという点でNPOは営利企業と異なる。また，営利を目的としない点で政府機関とNPOは共通しているが，民間の組織という点では異なる。つまりNPOは，**民間非営利組織**なのである。民間非営利組織は，単に非営利組織と呼ばれることも多い。

▶市民活動を行う団体

ところで，日本でNPOというと，どういうイメージを持つだろうか。民間非営利組織すべてをNPOだと見なしてよいだろうか。それとも，もう少し別のイメージがあるのだろうか。一般の人々は，NPOは市民活動を行う団体だと思っているだろう。では，市民活動とは何だろうか。

市民活動とは一言でいうと，一般市民によって，営利を目的とせず行われる社会的な活動のことである。その活動には在宅福祉，ホームレスやシングルマザーの支援，環境保全，まちづくり，学校以外での学びの機会の提供などがあるが，単に非営利的であるだけでなく，社会的，公益的（第2章1節参照）な性質を持っている。

本書では，そのような一般的なイメージに沿って，市民活動を行う非営利目的の民間団体，つまり**市民活動団体**のことをNPOと捉えることにする。法的な設立形態にはこだわらず，いわゆるNPO法人，法人ではない団体，一般社団法人，公益財団法人などの形をとる市民性の強い団体であれば，NPOに含めた。

▶NPO？　それともNPO法人？

市民活動団体の中には，特定非営利活動促進法（以下，NPO法）に基づいて法人格を取得した特定非営利活動法人が多数含まれている。特定非営利活動法人という名称は長くて覚えにくいので，一般的にNPO法人と呼ばれている。本書でも多くの場合，特定非営利活動法人のことをNPO法人と記す。

ところが，NPO法人のことをさらに縮めてNPOと呼ぶ人も多いため，市民活動団体を指すのか，NPO法人を指すのかわからず，混乱を招くことがある。

そこで本書では，市民活動団体のことを指す場合にはNPO，そしてNPO法人を指す場合にはNPO法人もしくは正式名称の特定非営利活動法人を使うことにする。より広く非営利目的の民間組織全般を表す用語が必要なときは，非営利組織という表記を用いる。

1-2 ▸ 市民活動団体＝ボランティア団体といってよいか

市民活動というと，ボランティアを思い浮かべる人も多いだろう。確かに，市民活動の多くはボランティアによって担われている。では，市民活動団体としてのNPOのことを「ボランティア団体」と言い換えてもよいだろうか。

まず，ボランティアとはどういうものか考えてみよう。世の中の多くの人は，自分の利益になることは進んでやるが，他人の利益にしかならないことには二の足を踏む。しかし，場合によっては，誰に言われなくても，自発的に身内以外の他人のため，社会のための活動を行うことがある。自発的に行うということは，たとえ金銭的な報酬がなくても，必要だと思えば行動を起こすということである。そのようなとき，人は**ボランティア**として活動している。

ボランティアは，自由意志を意味するラテン語のvoluntasを語源とし，強制によるのではなく自発的に活動することを指す。自発性の証しは，たとえ無償でもするべきことはするということだから，無償で働く人のことをボランティアと呼ぶようになったと考えるとわかりやすい。

ただし，ボランティアに少額の謝礼（たとえば1時間500円）を渡すこともある。そのような場合は有償ボランティアと呼ばれたりする。

ボランティアが仲間を集めて組織的に活動すると，ボランティア団体となる。ボランティア団体という呼称は市民活動団体やNPOという用語が広まる前から存在していた。しかし，ボランティア団体にも「無料で奉仕をする」「収益性のある事業はしない」というイメージが付きまとう。このため，「ボランティア団体なのになぜ有給スタッフがいるのか？」とか，「ボランティア団体は収益を目的とする事業を行ってよいのか？」といった質問を投げかけられたりもする。

ところが，市民活動を継続的，安定的に行うためには，有料でサービスを提供し，その収入を使ってスタッフに給与を支払う必要も生じてくる。「儲けよう」などという考えがなかったとしても，活動の維持には一定の事業収入が必要なのである。実際，多くのNPOは事業収入が主要な財源になっているため，「NPO＝ボランティア団体」とすると，イメージと活動実態にズレが生じてしまう。

1-3 ▸ NPOとNGOはどう違うのか

NPOとよく似た言葉に，NGOという用語がある。実はNPOもNGOも，営利を目的としない民間の組織を指す点では変わりがない。では，この2つの間にはいったいどのような違いがあるのだろうか。

NGOという用語は第2次世界大戦後，国際連合（国連）で使われ始めた。国連は政府間で組織する機関であり，そこで話しあいをするのは国連に加盟する各国政府である。

しかし国連の創設当初から，政府代表に交じって非政府組織（Non-Governmental Organization）の代表者もオブザーバーとして参加する制度が存在していた。実際，国連憲章の第71条には，国連の経済社会理事会が民間団体と協議するために適当な取決めを行うことができる，という趣旨の規定がある。

今日では，ほとんどの国連機関が非政府組織と協議したり協力したりしている。ただし，国連ではNGOを必ずしも厳密に定義しているわけではない。どんな団体とどのような関係を持つかは，それぞれの国連機関によって異なっている。

上記の歴史的経緯から，NGOといえば一般には開発協力，難民救援，地球環境問題への取組みなど，国際的な舞台で活動する団体を指すことが多い。ふだんは国内で女性の地位向上，人権，環境にかかわる活動をしている民間非営利の団体も，国際会議ではNPOではなくNGOと呼ばれる。その延長線上で，国際協力のパートナー組織として社会開発に従事している発展途上国の非営利組織もNGOと呼ばれている。

NGOには，政府機関ではなく民間の組織であるという，非政府性を強調する響きがある。一方，NPOは非営利性を強調した用語だということができる。営利企業と違って，利益追求よりも社会的・公益的な目的を優先している組織だというわけである。

国際的な学術用語として研究者の間でよく使われているのはNPOのほうである。米国の研究者が非営利組織の大規模な国際比較調査を始めた際，米国のnonprofit organizationやnonprofit sectorという概念を使った影響と思われる。

韓国では，分野を問わず，また国際的な活動をするしないにかかわらず，非営利組織のことを一般にNGOと呼んでいる。この場合のNGOのイメージは，日本のNPOと同じだといってもよい。

このように，NGOとNPOの間には本質的な違いはなく，両者が厳密に使い分けられているわけでもない。近年では，NGOでもNPOでもなく，市民性をより前面に打ち出した市民社会組織（CSO: Civil Society Organization）という用語もよく使われるようになっている。実は，国連も近年はCSO，あるいはそれらの集合としてcivil societyという呼称を使用している。後で述べるように，営利・非営利の境目が不明瞭になってきていること，大学人やジャーナリズムなど言論界の重要な活動主体を無理なく包摂できることなどのためだと思われる。

1-4 ▶「非営利セクター」という考え方

▶ 社会における3つのセクター

セクターという言葉を聞いたことがあるだろうか。セクターは，部門や領域を表す用語であり，よく使われるのは，社会に存在する組織を政府セクター，企業セクター，非営利セクターの3つに分けた3部門モデルである。

政府セクターには中央政府の官庁をはじめ，地方公共団体（地方自治体），独立行政法人などが含まれる。企業セクターは民間営利部門とも呼ばれ，株式会社や合同会社，個人商店などが含まれる。そして非営利セクターには民間のさまざまな非営利組織が含まれる。

セクターは，集合としての非営利組織が社会の中で占める相対的な大きさや役割を捉えるのに便利な概念である。たとえば，非営利組織が生み出す経済的な価値や雇用の増加を示す統計を調べてみると，非営利セクター，とりわけ市民活動団体が，全体として政府セクターや企業セクターと比べて早く成長している，というようなことが判明するかもしれない。社会学者であれば，NPOが増えているだけでなく，1つの社会的勢力として政治的，社会的影響力を強めていることを示すだろう。

非営利セクターは**サードセクター**，**市民社会セクター**，**ソーシャルセクター**などとも呼ばれる。サードセクターは，政府部門でも営利企業の部門でもない，第3の経済・社会的な部門の存在意義を強調するねらいを込めて使われている。市民社会セクターは，NPOが市民社会組織と呼ばれるようになったことから，その集合体として使われ始めた用語である。それぞれ意味あいは多少異なるが，それほど大きな違いはないと考えて差し支えない。

▶セクター間の境界線をどこに引くか

非営利セクターの大きさを調べようとするとき，他の2つのセクターとの間の境界線をどこに引くべきかが問題となる。その際，何をもって非営利セクターとするのか，その中にどのような組織を入れるべきか，あるいは入れるべきでないかの基準を決めなければ，境界線を引くことはできない。

非営利セクターを構成するのは非営利組織全般，つまり政府機関でもなければ民間の営利企業でもない，広い意味でのNPOである。ジョンズ・ホプキンス大学のレスター・サラモン教授を主査として1990年に開始された「非営利セクター国際比較プロジェクト」では，NPOであるかどうかを判断する国際的な基準づくりのために，次のような要件を掲げた。

- 組織としての実体があること……法人であったり，組織の規則や役員などが決められたりしていて，団体としてある程度継続的に活動できる仕組みを持っていること。
- 民間の団体であること……制度的に政府機関とは区別され，その一部であったり政府によって完全にコントロールされたりしていないこと。
- 利益を分配しないこと……剰余金を経営者や「所有者」に還元しないこと，その意味で営利追求のために設立されていないこと。
- 自己統治されていること……自らの活動を外部からの統制によらず，内部的に律する仕組みを持っていること。
- 自発性に基づいた組織であること……その組織の構成員となることが法的に要求されないこと。

これらの要件をすべて満たすのが非営利組織であり，集合的に**非営利セクター**を構成する団体だということになる。非営利セクターの範囲が特定できれば，非営利セクターを政府セクターや営利企業のセクターと比較した場合の相対的な大きさを計測したり，国際比較を行ったりすることも可能になる。

ただし，実際には上記の要件に解釈の幅があるために不明瞭な点が残ってしまい，セクターの範囲を特定することに困難が付きまとう。その組織が民間の団体といえるのかどうか，非分配原則を貫いているのかといった点があいまいな組織も少なくないのである。

具体的には，たとえば次のような問題が生じたりする。

NPO法人は，建前としては市民がボランタリーな活動をするために特定の分野で非営利的な活動を行い，公益の増進に寄与する団体とされる。しかし実際には，NPO法人の中には地方自治体などの政府機関が設立したものも少なくないといわれる。

そうしたNPO法人が，はたして民間団体といえるのかどうか，疑わしいだろう。社会福祉法人にしても，社会福祉協議会のように純粋に民間とはいえないものがあったりする。逆に，株式会社という形をとりながら公益的な活動を行い，利益を分配しない組織があったりする。

このように，法人形態など外形だけからはその組織を非営利セクターに入れるべきか否かを判断しにくい，ハイブリッドな組織が多いことがセクター間の線引きを困難にしている。この点については，第4章2節で改めて論じたい。

ここで，ある組織が非営利組織に該当するかどうかの基準の1つに，公益性が入っていないことに気づいた人もいるだろう。実のところ，剰余金を分配しない組織，すなわち非営利組織ではあるけれども，公益的なことを特にはめざしていないという中間的な組織も多い。第2章で見るように，非営利性と公益性は，概念としては別々のものである。

以下に続く節では，NPOの活動を具体的に見ていこう。

2　福祉・医療分野の市民活動

福祉や医療の分野は，慈善と関係が深く，NPOにとっては原点とでもいうべき分野である。今日では，公的な社会福祉制度が以前よりはるかに整備されており，この分野の市民活動の必要性は薄らいでいると思われるかもしれない。しかし，今も多くのNPOが活動している。それらはどのような活動を，なぜ行っているのだろうか。

2-1 ▶ 地域で自立的に暮らすために

▶ NPOと福祉のかかわり

福祉の分野には，社会福祉法人という社会福祉専門の非営利的な法人のタイプが存在する。また今日では営利法人をはじめ，多様な主体が福祉サービスを提供するようになっている。しかし同時に市民活動団体も，この分野で多数活動している。

NPOにとって，福祉は最大の活動分野であるといってよい。内閣府がこれまでに行ってきたNPO法人の実態調査では，主な活動分野として「保健，医療または福祉の増進を図る活動」を挙げる団体が常に一番多かった。保健や医療分野のNPO法人は多くないので，福祉系の団体が大きな割合を占めているのは間違いない。

福祉系のNPOの実態は多様である。以下で紹介するのは，その一端にすぎない。

▶介護系NPO

高度経済成長期以後，日本では核家族化が進み，それとともに家族の介護機能が大きく低下した。一方で介護の社会化はなかなか進まなかった。このため1970年代末頃から各地で，利用者とサービス提供者が共に会員となって介護や生活支援にかかわる助けあいを行う仕組みがつくられるようになった。こうすることで，年をとっても住み慣れた地域で暮らし続けることができるようになった。

当時も行政のホームヘルプ制度がなかったわけではない。しかし，ケアの時間帯や曜日が決まっていて，そこから外れるとケアが受けられなかったり，ある程度の収入がある場合や同居家族がいたりする場合は，介護の必要があっても行政の判断で対象から外されるなど，必ずしも利用者のニーズに合った仕組みではなかったので，独自につくらざるをえないという実情があった。

1980年代になると，地域での助けあい事業が急速に発達した。首都圏では1981年に「武蔵野市福祉公社」（当初は任意団体，現在は公益財団法人）が始めた有償在宅福祉サービスが先駆けとなり，都市部やその周辺から在宅福祉サービスが広がっていった。関西ではNPO法人「神戸ライフ・ケアー協会」が早くから助けあい事業を始めた。

社会福祉法人「全国社会福祉協議会」は，住民主体による在宅福祉サービスを**住民参加型在宅福祉サービス**として1987年に初めて位置づけた。住民参加型在宅福祉サービス団体にはいわゆるボランティア団体や後のNPO法人だけでなく，社会福祉法人も含まれた。社会福祉協議会自身が運営したり，消費生活協同組合（生協）や農業協同組合（JA）を母体として発足したりしたものも多い。

1980年代の終わりから1990年代にかけて，そうした団体が急速に増加し，介護保険制度が発足した2000年には，2000団体近くに達した。活動内容は家事援助，介護，入浴，給食，外出時の付添い，自動車による移送，相談，デイサービス，見守り，通院介助，子育て支援など多様であった。

そうした中，1993年，富山県に「このゆびとーまれ」のようなユニークな方式の施設も生まれた。このゆびとーまれは，年齢や障害の有無に関係なく誰もが利用できる，小規模な介護施設である。発足以来順調に利用者を増やし，富山型デイサービスといわれるようになった。1999年にはNPO法人として認証され，介護保険指定事業者となっている。

NPOと福祉のかかわりに大きな影響を与えた介護保険制度によって，高齢者の介護の仕組みは「措置から利用へ」と大きく転換した。それまでは市区町村の福祉事務所が，介護サービスを受ける人の優先順位，内容，提供者を決定する「措置」の形をとっていたのが，基本的には保険料を納めた利用者が，事業者との契約によって介護サービスの内容を選べるようになったのである。

介護保険制度のもう1つの大きな特徴は，多様な民間事業者の参入を促進し，介護サービスの質や効率の向上をめざしたことである。従来の措置制度の下では，行政が介護サービスの利用決定を行い，介護サービスの提供を社会福祉法人に委託するのが一般的であった。

しかし，介護保険制度の発足により，営利・非営利を問わず，さまざまな経営形態の事業者が参入できるようになった。社会福祉法人，営利企業，NPO法人，医療法人，生協，JAなどが，同じ枠組みの下でサービスの質を競うことになったのである。

介護保険制度ができる直前の1998年，特定非営利活動促進法が施行され，その後多くのNPOが法人格を取得して介護保険事業に参入するようになった。しかしそれとは別に，制度外のサービスを行う団体は今も多い。一般家庭の主婦が療養しているときに家事手伝いに入ったり，利用者の家族と共用のトイレや風呂の掃除を行ったりするなど，公的制度の隙間を埋めるようなサービスを，助けあいという形で行っている。

過疎地では社会資源の不足が深刻である。こうした地域では，営利法人の参入もあまり期待できない。そのため，地元住民らによってつくられた地域の多機能的な組織が，活動の一部として高齢者の交流，見守り，声がけ，外出支援，配食，買い物支援などを行っている。担い手の組織形態はNPO法人に限られず，むしろ任意団体，自治会・町内会やその連合組織などのほうが多い（本章4節も参照のこと）。

▸障害者の地域自立生活を求めて

福祉の中でも障害分野のNPO法人は非常に多い。これらはホームヘルプ，重度訪問介護，行動援護，グループホーム，就労支援，成年後見にかかわる事業，移送サービス，相談など多様な事業を行っている。2003年に支援費制度が開始されて以後，障害者福祉分野でも介護分野同様，費用の大部分を公費でまかないつつ，当事者がサービス提供者を選択できる仕組みがつくられた。

多くの重度障害者は施設ではなく，地域で暮らしたいと願っている。しかし，障害があっても地域で生活するという発想は，長い間行政になかったといってよい。障害者は権利の主体とは見なされず，自分で人生を決めることもできなかった。1970年代以後，当事者の権利擁護運動が盛んになり，ようやく障害者が地域で暮らせるようになったのである。

地域で暮らし，社会参加をしていくにはまず移動手段が必要である。しかし身体障害者はかつて，公共交通機関が使えなかった。駅の改札は狭くて車いすで通れず，駅にはエレベーターがなかった。バスの乗車を拒否されたりもした。道では段差や歩道橋が車いすでの通行を妨げた。

こうした状況を改善するために，1970年代に宮城県仙台市からまちづくり運動が起こり，障害者団体，ボランティアグループなどの協力で各地に広まった。1969年，京都府京都市に路面電車を廃止して地下鉄にする計画が持ち上がると，「車いすと仲間の会」をはじめとする17の市民団体が「誰でも乗れる地下鉄にする運動協議会」を1972年に結成し，駅にエレベーターを設置するよう訴えた。長い闘争や交渉の末，1981年5月にエレベーターが設置された。

このように，当事者と支援者による，時には激しい運動が実り，各地でバリアフリー化が少しずつ進んだ。しかし，障害者の地域自立生活は，自立生活センター（CIL）が広がるまで無理だったといわれる。[1)]

1986年，日本で最初の自立生活センターとして，東京都八王子市に「ヒューマンケア協会」が誕生した。米国のカリフォルニア州で1972年にできた支援機関をモデルとした組織であった。自立生活センターはその後各地に設立され，今ではNPO法人や非法人を含め，全国に100カ所以上存在する。

全国自立生活センター協議会（JIL）は，正会員となる団体に，意思決定機関の構成員の過半数および事業実施責任者が障害者であることを求めている。障害者主導による，運動体と事業体を結合した組織であれというのである。

具体的な活動は，それぞれのセンターによって異なるが，権利擁護に関する活動，各種サービスに関する情報提供，自立生活プログラム，ピア・カウンセリング，介助者派遣，移送サービスなどを行っている。なかでも自立生活プログラムは，障害者が自立生活に必要な心構えや技術を学び，障害者と健常者が共に生きる場をつくるために重視されている。

2-2 ▸ 社会とのつながりをつくり直す

▸ 貧困の再発見

1990年代，経済の「バブル」が崩壊すると，東京・新宿の駅から高層ビル街に通じる地下通路に段ボールでできた野宿者の「住まい」が並ぶようになり，各地の公園や河川敷にはブルーシートの「家」が次々に建てられた。日本に存在しないと思われていた貧困問題が，再び姿を現した。

当時，野宿者やシングルマザーらの生活相談にあたっていた湯浅誠氏は，貧困が中高年単身者，母子世帯，若年単身者，高齢者，さらには一般世帯へと広がっていくのを実感し，2001年に稲葉剛氏らとともにNPO法人「自立生活サポートセンター・もやい」を立ち上げた。

生活相談から見えてきたのは，仕事，社会保険，公的扶助という3層のセーフティネットが機能不全に陥っていたことである。ただでさえ低収入の非正規雇用者は，社会保険に加入できていないことが多く，その場合は仕事を失っても失業保険の給付が受けられなかった。一方，公的扶助の窓口では就労可能だということで扶助申請を受け付けてもらえなかったりした。このため，一気に困窮することになってしまうのである。

湯浅氏は，必要なのは，大きな穴の開いたセーフティネットを修繕すること，貧困に陥りそうな人を排除するのではなく包摂することだと考えた。後者に関しては，もやいは，生活相談の受付け，生活困窮者のアパート入居に際しての連帯保証人の提供，生活保護申請の同行，債務整理，トラブル対応などを行ってきた。当事者同士が出会い，交流するための居場所づくりも重要な取組みとされた。アパートに入居した元野宿者がその後孤立するのを防ぎ，再チャレンジのエネルギーを得られるようにするためである。

セーフティネットの修繕に関しては，辛抱強く実態について発信し続けることで，マスコミの報道，国会質問，行政の実態調査が行われるようになり，公的な対策につながった。2008年末から2009年の正月にかけて，湯浅氏を「村長」として東京・日比谷公園に開設した「年越し派遣村」もインパクトがあった。

2000年代には「ネットカフェ難民」らを含む広義のホームレスの問題に取り組むNPOが多数現れるようになった。これらは夜回り，炊き出し，住居探し，生活保護申請の同行など緊急の対応を行いつつ，次第に就業支援に力を入れるようになっていった。

NPO法人「Homedoor」は，2010年に当時19歳だった川口加奈氏が大阪府大阪市で立ち上げた団体である。団体の名称は，ホームの転落防止柵（ホームドア）でありたいとの願いからつけられた。

活動としては巡回活動，相談（アセスメント），その日にすぐ泊まれるシェルターの運営，入居物件の確保，医療機関との提携による診療，就業支援などを行っている。ユニークなのは「HUBchari（ハブチャリ）」というシェアサイクルの仕組みである。ホームレスには自転車の修理が得意な人が多いことから，それを仕事づくりに生かして，自転車のメンテナンス，貸出し，台数調整などを行っている。また同時に，シェアサイクルは放置されにくいというメリットを生かして，放置自転車対策にもなるようにしている。ユーザーは，自転車を飲食店などの軒先に置かれた駐輪場から借りることができる。

東京都の「自立支援センター ふるさとの会」は，1990年にホームレス支援を開始した「ボランティアサークルふるさとの会」がもとになってできたNPO法人である。NPO法人としては大規模で，無料低額宿泊所・自立援助ホーム，就労支援ホーム，地域生活支援センター，給食センター，ヘルパーステーション，デイサービスなどを幅広く運営している。野宿者はもとより，地域の高齢者や障害者のニーズに幅広く対応する。

ふるさとの会は単独のNPOというよりは，関連6組織が一体となって運営される複合的なグループである。関連組織には株式会社や更生保護法人も含まれている。

▶ 生きづらさを抱えている人の下に駆けつける

世の中には生きづらさや経済的困難を抱えながら，コミュニケーションがうまくとれないために孤立し，既存の福祉サービスなども受けていない人がいる。愛知県名古屋市の一般社団法人「草の根ささえあいプロジェクト」は，そのような「穴にいる人」たちに寄り添い，社会とのつながりを再構築しようとしている。

この団体の特徴は，当事者の下に駆けつけるアウトリーチ（訪問・同行）型の支援を行うことである。生きづらさ，困りごとを抱えている人たちの生活圏に出向き，徹底的な傾聴と対話によって信頼関係を構築し，問題を把握する。それとともに，それぞれの人に合った専門的支援につなげたり，時にはサービスを独自に開発したりもする。初期の対応を丁寧に行うことが特に重要だという。担い手となるのは「猫の手バンク」と呼ばれるボランティアたちで，障害当事者をはじめ，会社員，行政職員，専門職，研究者など，多彩な背景やスキルを持つ人たちで構成されている。

草の根ささえあいプロジェクトは，他団体と共同で「子ども・若者総合相談センター」の運営を名古屋市から受託している。また，居場所や古本のリユース活動の拠点ともなっているコミュニティスペースを設けたり，就労支援を行ったりして，孤立していた相談者が段階的に社会とつながることができるよう流れをつくっている。さらに，居宅介護事業所「でこぼこ」を設置し，障害者総合支援法に基づく障害福祉サービスの提供も行っている。お互いの弱さを認めあうこと──そのことを大切にしている。

▶「ボーダーレスに居あわせる」まち

大阪府堺市，南海電鉄浅香山駅前の商店街に，大きな病院の精神科の看護師たちが空き店舗を改装し，長期入院患者とともにつくった「Café ここいま」という小さなカフェがある。

通りに面した大きなガラス窓からは，道行く人にも中の様子がよく見える。隣にはリユースショップ「ぜろ」，道を隔てた向かい側には就労継続支援B型・生活介護の作業所「おめでたい」があり，これら3つの事業所を，NPO法人「kokoima」が一体的に運営している。

カフェでは飲み物とワンコインで食べられる定食を提供しており，テーブルは6人用と4人用の2卓だけで，来店客同士が自然と相席になるようにしている。精神科の長期入院患者にとっては，まずカフェに行くことが地域社会とつながる最初のステップとなるため，店内の雰囲気づくりには，細かい配慮がなされている。

カフェに来店する人だけでなく，道すがら軒先で立ち話をしていく人，外のベンチに腰かけている人もいる。カフェではメンバーと呼ばれる障害当事者が働き，作業所では別のメンバーたちが猫つぐら（かごのような猫の居場所）や織物の製作に励んでいる。

カフェと法人の設立者で理事長の小川貞子氏は，3つの施設の間を行き来して全体の目配りをしている。病院の精神科の看護部長だった小川氏が，このような活動を始めるきっかけとなったのが，勤めていた病院で開かれた「ココ今ニティー写真展」であった。

ココ今ニティー写真展は，精神科の長期入院患者とともに看護師たちが立ち上げた写真展で，2012年にスタートした。患者が被写体となり，展示会の会場では，自身の写真の傍で，撮影時の思いや自らの半生について語った。

この写真展を通じて，看護師の「精神科のイメージを変えたい」，さらには患者の「社会貢献がしたい」や「誰かの役に立ちたい」という思いが募り，これがkokoima立ち上げの原動力になった。

その後，もっと日常的に地域とつながるために，サロンのような場を院内につくってワークショップを開いたり，長期入院患者と看護師たちによる「ココ今座談会」を発足させたりする中で，患者が退院した後も地域社会に溶け込んで暮らしていくにはどうしたらよいか，議論するチームが生まれた。

話しあううちに，地域に開かれていて，地域住民も集まりたくなるような場をつくることになり，カフェを開店させることが決まった。当時，看護師の職に就いていた小川氏は，NPOの運営に力を入れるために職を辞し，店舗の内装費用も自費でまかなったという。

このような流れで，2015年11月，NPO法人kokoimaが設立され，同年暮れにCaféここいまがオープンした。小川氏の「面白い場に人が集まる」という考えの下，現在もさまざまなイベントが行われている。協力者は料理教室，書画教室，映画会など，それぞれの関心や得意なことに応じたイベントを実施している。

設立の経緯からもわかるように，kokoimaは地域づくりを意識している。地域に根付き，親しんでもらうためにも，地元との関係は大切だ。小川氏は近くの「うなぎミュージアム& Café雑魚寝館」や地域密着型のスーパー，リフォーム工事店，造園業者の経営者とともにつくる「浅香山GENKIプロジェクト」の代表も務める。空き店舗の目立つ商店街で，地域の事業者や「親の会」など10団体が参加して開いた夏祭りは多くの人で賑わい，道が人で埋め尽くされるほどだった。

2-3 ▶ NPOも医療分野にかかわる

医療分野は専門職の領域で，市民活動団体がかかわることはないと思うかもしれない。確かに，医療法の規定により，直接の医療行為を行うのは医療機関に限られている。しかし，医療・保健の周辺の領域では，患者会を含めて多くの市民活動団体が活動している。難病患者や家族の支援や助けあい，ターミナルケア（終末医療）にかかわる支援，医療に関する情報・コミュニケーション活動，骨髄などの臓器提供の推進，病院付添い家族のためのサポートなど，活動は多彩である。

▶ がんの患者同士が支えあう

かつて，がんは不治の病とされた。今日では治療法の発展により，治ることも多くなったが，がんの種類によっては治療法が確立していなかったり，5年生存率が低かったりする場合もある。そうでなくても，治療と就労の両立に悩む人，つらい症状に苦しむ人，万一の場合に残される家族のことで心を痛める人は多い。そうした不安や苦しみを患者同士の交流によって和らげる目的で，多くの患者会がつくられている。

また，公益財団法人「日本対がん協会」は，患者会をがんのタイプ，部位，地域ごとにまとめて紹介するウェブサイトを「がんサバイバー・クラブ」事業の一環として運営し，NPO法人「がん患者団体支援機構」は全国のがん患者会の相互の親睦と助けあいの活動を支援している。

▶ 難病の患者と家族を支援する

難病とは，発症の原因がわからなかったり，治療法が確立されていなかったりする症例の少ない病気のことをいう。障害者総合支援法の施行以後，難病の患者も認定により障害者手帳の交付が受けられるようになった。指定難病には医療費助成もあるが，さまざまな問題が残されている。

子どもの難病は700種類以上，患者数は全国で25万人とされる。難病を患う子どもの親は，相談相手がなく孤立しがちなため，同じ困難を持つ人同士が知りあい，励ましあったり情報交流を行ったりする活動がきわめて重要である。

東京都のNPO法人「難病のこども支援全国ネットワーク」は，1988年に難病の子どもの親と医師たちによって活動が開始された団体である。病気や障害のある子どもの家族を対象とした相談，サマーキャンプなど家族同士の交流の場の提供，ピアサポーターを養成するセミナーの開催など，病気のタイプにかかわらず，すべての難病の子どもを支援する活動を行っている。

難病を患う子どもの親は，その種類ごとに親の会を結成することが多い。難病のこども支援全国ネットワークでは，親の会連絡会を定期的に開催して，それらを横につないでいる。連絡会の参加団体は60団体に及び，特定の課題についてワーキンググループをつくり，行政や社会に働きかけることもある。

医師もよく知らない病気は，現在もいろいろと報告されている。こうした新しい事態に際して，当事者や支援者がつくるNPOの果たす役割は大きいといえる。

▶独自の治療施設をつくる

兵庫県神戸市のポートアイランドに「チャイルド・ケモ・ハウス」という治療施設がある。「ケモ」とは抗がん剤などによる化学療法のことであるが，この名称からわかるように，この施設の診療所（クリニック）では小児がんをはじめとする難治性小児疾患の子どもが長期入院して，治療を受けることができる。

しかし，ここはクリニックであると同時に，子どもが家族とともに暮らす住まいでもある。共同住宅の部分には19室の個室があり，それぞれに専用の玄関やキッチン，トイレ，洗面所，風呂がつく。共用のキッチンやプレイルームもあり，入院期間を家族とともに，普通の暮らしに近い形で過ごすことができる。クリニックは19床のベッドを備える。

チャイルド・ケモ・ハウスの建設を発案した小児科医の楠木重範氏は，自身も小児がんを患った経験がある。ずっと1人でベッド生活を続けるつらい体験を子どもたちにさせたくないという思いから，長期入院の期間を親やきょうだいとともに過ごすことができ，プライバシーも確保される「夢の病院」を構想した。

2006年，楠木氏は建設の準備のために，患者家族や同僚医師らとNPO法人「チャイルド・ケモ・ハウス」を設立して自ら理事長に就任した。小児がん患者のケアに関する研究会，スタッフ・トレーニング，シンポジウムを開催し，同時に寄付集めも行った。NPO法人によって医療施設の開設準備を行うのは，異例だといってよい。「病院」として既存の制度による補助を受けると，さまざまな制約が生じるので，建設にかかる費用は寄付によってまかなった。できる限り制約のない環境の中で設計・デザインして，子どもと家族にとって本当に必要な施設の実現をめざしたという。

寄付金は，企業からの大口寄付もあって順調に集まり，土地は神戸市から借り受けた。2013年，「チャイルド・ケモ・ハウス」がオープンした。施設を設置・運営しているのは，NPO法人ではなく公益財団法人の「チャイルド・ケモ・サポート基金」である。

なお，通称「チャイケモウォーク」というチャリティイベントを実行委員会とともに開催するのも，この財団である。患者の家族，支援者，協力企業はイベントの運営とウォークの両方に参加する。2018年の参加者数は1000人を超えたという。

▶ホームホスピスの広がり

一方，緩和ケアの分野で活動しているNPOもある。一般社団法人「全国ホームホスピス協会」は，病や障害があっても，在宅でケアを受けながら命を全うすることのできる「ホームホスピス」を広げる活動を行っている。

活動の基本は，ホームホスピスのケアの基準を制定し，基準に基づいたサービスの評価・認定を行うことである。ホームホスピスの理念や運営に関する研修会「ホームホスピス実践者育成塾」も開催している。

3　子どもと教育にかかわる市民活動

3-1 ▶ 民間人が学校をつくるとき

▶ 近代以前からあった私立の教育施設

日本には江戸時代から手習所（寺子屋），私塾など，私立の教育施設が存在し，幕末の頃になるとかなり普及していた。手習所は読み書き算盤などを庶民に教えるための小規模な施設であった。私塾は民間の有識者が任意に設けた施設であり，一般には手習所と公権力の手によって設立・運営された藩校の間のレベルの教育を行っていた。もともとは武士の教育を行うものであったが，庶民の子どもを受け入れることも多かった。

これらは1872（明治5）年の学制実施以後，姿を消すか私立学校に転化していった。私立学校に転化した代表例は，蘭学を教える私塾に起源を持ちながら，小学校から大学院まで備える有力な私立学校になった慶應義塾である。

私立学校令が施行され，私立学校の設立が認可制になったのは，1899（明治32）年であったが，それ以前からミッション系の学校や実務系の学校が民間人の手で多数設立され，独自の理念を掲げて教育を行っていた。公立学校では軽視されていた女子教育，幼児教育，障害児教育に率先して取り組んだのも，私立学校だった。第2次世界大戦後は，学校数が絶対的に足りない中で，子どもたちに高校や短大，大学の教育機会を提供する役割も担った。

▶ NPO法人の運営する学校

現代の日本には，公立学校の他に私立学校がたくさん存在する。少なくとも大都市部では小中学校にも複数の選択肢がある。しかし，既存のどの学校もしっくりこない場合もあるかもしれない。そういうとき，大変ではあるが，仲間を集めて自分たちで学校をつくることができる。「箕面こどもの森学園」のように，実際にそれをやってのけた例も存在する。

この学校は，2004年に大阪北部で初めてのオルタナティブ・スクール「わくわく子ども学校」として開校した。**オルタナティブスクール**とは，一般の公立学校以外の選択肢となる自由主義的な学校のことを指す。マリア・モンテッソーリ，ルドルフ・シュタイナー，アレクサンダー・ニールら欧米の実践家の考えを取り入れたものが多く，箕面こどもの森学園はフランスのセレスタン・フレネ（1896-1966）の教育思想を取り入れている。

設立主体はNPO法人である。当初の名称は「大阪に新しい学校を創る会」であったが，2009年に新校舎が完成し，法人と学校の名称を箕面こどもの森学園に変更した。設置主体が学校法人ではなくNPO法人となったのは，小学校と中学校それぞれ1学級ずつの小さい学校をつくりたかったからだという。当時の大阪府の設置審査基準では，その規模では学校法人として認可されなかったのである。

それにしても，少子化が続く今，学校を新たにつくるのは大変なことである。教育の方針や計画をつくるだけでなく，資金集め，児童・生徒募集にも力を注がなくてはならない。なぜ苦労してまでそのような学校をつくったのだろうか。

その理由を，学園長で創設者でもある辻正矩氏は，大学の教員として教えていたとき，学校教育に疑問を持ったからだと述べている。[2)] 多くの学生が何事にも受け身で授業に集中できず，学習意欲の低いことにうんざりしたという。しかし学生とやり取りしているうちに，画一的な受け身の学習を強いてきた高校までの学校教育のやり方に根本的な問題があることに気がついた。

自分の娘のためにも子どもの個性を伸ばす学校がないか探していると，フリースクールという施設があることを知って，日本でも海外のフリースクールのような施設がつくれないか考えるようになった。日本でもフリースクールがつくられ始めた時期だったので，後出の「東京シューレ」など，いくつかのフリースクールを見学した。その1つが，和歌山県橋本市にある「きのくに子どもの村学園」である。辻氏は学園長の堀真一郎氏を訪ね，新しい学校をつくるため協力を依頼した。

きのくに子どもの村学園は，1992年に開校した私立学校で，イギリスのサマーヒルやデンマークのキルクハニティをモデルにした独自の教育をしつつも，学習指導要領に準拠した教育を行うということで，学校法人として文部省（当時）の認可を受けている。

箕面こどもの森学園の設立にかかわった人の多くは，管理的な教育に疑問を持ち，子どもに自己決定権のある教育をめざして，子どもたちが自らの意思で学ぶ新しいタイプの学校を構想した。設立趣意書に書かれた教育方針として，自発的な学び，自己決定と自治，共生的な生活，が掲げられている。

箕面こどもの森学園では，子どもたちは自ら個別の学習計画をつくり，それに従って学ぶ。小学部での学習の形式は基礎学習，テーマ学習，プロジェクト，選択プログラムの４つである。複数の学年の子どもが一緒に学ぶ。

この学校は，学校教育法第1条に列挙されている学校種ではなく，無認可校扱いとなっている。このため，一般の私立学校とは異なり私学助成の対象とはならない。箕面市の助成は受けることができたが，金額的にはわずかである。収入のほとんどを授業料などの納付金と寄付，会費でまかなう必要があり，難しい経営を余儀なくされてきた。

ただし，認定NPO法人（第3章4節参照）となっているので，寄付者は所得税などの課税控除を受けることができる。児童・生徒はフリースクールの場合と同様，地元の公立学校に学籍を置き，小学校，中学校の卒業資格を得ることができる。

▶「生きるを学ぶ」学校

長野県上田市につくられた「侍学園 スクオーラ・今人《いまじん》」も，NPO法人によって設立・運営されている学校である。2004年に元高校教員の長岡秀貴氏と4人のスタッフによって開校した。

この学校は，生きづらさを抱えたさまざまな人が学ぶところであり，「基本的な生きる力」を身につけるのを最大の目的とする。

入学者の年齢は問わないが，実態としては20代の若者が多い。生徒たちは，生きていくためのさまざまな力をつけると同時に，自分の進むべき道を探す。侍学園スクオーラ・今人では，教育は与えられるものではなく，自ら探し，求めることだとされ，生徒とスタッフが共に成長できる「共育」を標榜する。学年も，決まった修業年限もない。卒業の最低条件は，就労し自活することで，それまでサポートを受けることができる。働きながら学ぶこともできる。

この学校では「7つの力」を醸成することを軸にしてカリキュラムを構成している。7つの力とは，生きるための基本スキルである「衣・食・住」，次に自己理解，他者受容，価値観のすりあわせ，社会性の獲得（自立心，協調性，一般常識）といった「自分・他人・社会」という，生き続けるためのメインスキル，最後が幸せに生き続けるためのスキルだとされる「遊び」を示す。画一的な授業はなく，1人ひとりが自分の「カリキュラム」を立てて，目標を達成するために必要な知識と技術の獲得を行う。

この7つの力を醸成するために，スタッフによるオリジナル授業の他，農業（農村体験，食品加工，食育），外部講師授業（社会，美術，ダンスなど），体育，職業人講話，就労体験など，さまざまなプログラムが用意されている。オリジナル授業は「自分を元気に導く15の習慣」「お金とは何か？」「コミュニケーション診断」，発達心理学，演劇ワークなど多様であり，学園祭，卒業式など行事も多い。

また，男女別フロアを持つ寮を備えており，学生たちは当番制で自炊を行う。このような共同生活を通じて，生活リズムの獲得とコミュニケーション能力の向上を図る。

小学生から高校生までを対象とした東京校，沖縄校も開校している。基本理念は上田本校と共通しており，「基本的な生きる力」を育むために1人ひとりに合ったプログラムで対応している。

▶学習障害児などのための学校

愛知県名古屋市中川区にある「見晴台学園」は，学習障害や軽度の発達の遅れのある子どもたちのための学校である。運営主体は1990年に設立したNPO法人「学習障害児・者の教育と自立の保障をすすめる会」で，義務教育終了後教育を行っている。無認可校のため補助がない中，親と教職員が手を携えて運営している「父母立」の学校だという。

3-2▶子どもの生きづらさをどうするか

オルタナティブ・スクールは，学齢期の子どもたちのための理想の学校を追求するところから生まれた。先述の侍学園スクオーラ・今人の入学者には，ニートや引きこもりだった人も少なくない。年齢不問とはいえ，若者のための学び直しの場として出発した。これに対し**フリースクール**は，日本でいえば義務教育段階で不登校になった子どものための居場所，学びの場が出発点である。

▶学校に行かない，行けない

文部科学省の調査によると，日本では1975年以後不登校者が増え続け，ピークだった2001年には小・中学校で13万9000人弱，高校で10万6000人に達した。その後は増加に歯止めがかかったように見えたが，再び上昇している。不登校の割合は小・中学校で1.7%，高校では1.6%（2018年）と依然として高水準にあり，それ以外に，高校中退者も4万8000人以上いる。子どもたちはなぜ学校に行かないのか。また，なぜ行けないのだろうか。

不登校の原因はさまざまであるが，それが何であれ，当人や家族にとっては大きな問題である。子どもは学校に行かない自分は悪い子，ダメな子だと思い込み，悩む。保護者も早く子どもを学校に戻したいとあせる。学校にどうしても行けないのであれば，学校以外に子どもが安心して「いる」ことができて，学べる場がつくれないものか——フリースクールはそのような思いを持つ親たちがつくったものである。

「東京シューレ」は，日本のフリースクールの草分けだといってよい。代表者の奥地圭子氏は，自分の子どもが不登校になったのをきっかけに，不登校の子を持つ親と知りあい，応援してくれる夜間中学の教師や塾の講師らと一緒になって，1984年に「登校拒否を考える会」を始めた。東京シューレは，この会が母体となって生まれた。

会の活動を通じて，不登校に対する親の理解が深まり，子どもたちを受け止められるようになると，子どもたちが元気になり，「友だちが欲しい」「勉強がしたい」などと言い出すようになった。しかし学校には行けず，かといって他に適当なところもないということで，自分たちで居場所をつくることにしたのである。当初は教育計画などがあったわけではなく，遊び，ハイキングなどをしながら，大人が子どもたちと相談してフリースクールの構想をゆっくり練っていった。

東京シューレは1999年にNPO法人となった。基本的な考え方は，子どもたちが原点だということである。子どもと一緒に歩むこと，親・市民が自分たちでつくることを大事にしている。「親立」と「市民立」を理念として掲げ，子どもを預けっぱなしにする「預け主義」に陥らないようにしている。

事業は，フリースクール4カ所，自宅を拠点とする学習のネットワーク（ホーム・エデュケーション）の運営，「高校コース」「シューレ大学」，親の会の活動，相談など多岐にわたる。高校コースでは，フリースクールや自宅で学びながら，既存の私立高校との連携により高卒資格を取得できる。シューレ大学は試験や卒業条件がなく，学習者が自主的につくっていく学びの場である。

2007年にはフリースクールの考え方を基本にした学校である「東京シューレ葛飾中学校」が開校した。設立主体は学校法人東京シューレ学園で，教育特区（教育における構造改革特区）の仕組みを利用して私立学校の認可を得ている。当初はNPO法人立とすることも考えたようであるが，それでは経営的に不利だということで，学校法人としたのである。

フリースクールにもさまざまなタイプがあるが，東京シューレの場合，「子どもがつくっている子どものための居場所」であることを大事にする，フリースペース（自由な空間）としての性格が強いといえる。フリースペースは，自分のありようをそのまま受け入れてくれる人間関係がないために学校，家庭，地域のどこにも居場所を見つけることのできない青少年のためのシェルターのような役割を果たしている。

そこでは，子どもは何かに向かって無理に努力することを求められない。そうした場所で過ごすことによって，子どもはやがて自信を取り戻し，自分のやりたいことが具体的にわかってくるのかもしれない。

フリースペースやフリースクールは，特に1990年代後半に増え，各地に見られるようになった。文部科学省は，「小中学校に通っていない義務教育段階の子どもが通う民間の団体・施設」が，2015年3月時点で全国に474施設あるとしている。[3)]

民間の全国的なネットワークも存在している。他方で，教育委員会が不登校児童のための学校以外の学習の場として公共施設などに設置する教育支援センター（適応指導教室）も，全国に1300カ所ほどある。

▶市民の働きかけで教育が変わる

文部科学省は当初，不登校の原因を子どもの性格，親の養育態度など個人的な問題に求めていた。しかし，1992年になって，不登校は「誰にでも起こりうるもの」という社会病理的な認識を示すようになり，子どもが小中学校に在籍しながら民間施設に通う場合，在籍校の校長の判断で出席扱いにすることができるとの通達を出した。2009年には高校も同様の扱いとなった。

その決定には，1989年に当事者であるフリースクールの子どもたち自身による調査で，それまでの「怠け」説が覆されたことが影響したのではないかと，東京シューレでは見ている。そもそも義務教育とは，子どもが登校しなければいけない義務ではなく，子どもが持っている教育の権利を大人が保障する義務を持つことだと東京シューレの奥地氏が強調し，この見方が広く受け入れられるようになっている。

1980年代から多発するようになったのは不登校だけでなく，いじめ，校内暴力，学級崩壊など，学校の「荒れ」である。子どもたちが不満，ストレスをためる中で，一見おとなしそうな「普通の子ども」が突然，凶悪な犯罪を起こしたりもしている。もはや学校が教育のすべてを引き受けることに限界があるとの認識が広がり，登校しなくなった児童に対する指導法を小学校とフリースクールが連携して考えるなど，地域での共同の取組みも行われている。

法的にあいまいだったフリースクールの位置づけに関しては，議員立法により，教育機会確保法（正式名称：義務教育の段階における普通教育に相当する教育の機会の確保等に関する法律）が制定，施行された（2016年12月制定，2017年2月施行）。この法律はフリースクールなど学校以外での学びの場の重要性や子どもの休養の必要性を認めている。しかし，フリースクールを義務教育制度内に位置づけることは見送られ，理念法にとどまっている。

▶「心に火を灯す」学び

日本の高校生は自己肯定感が他国に比べて低いといわれる。NPO法人「カタリバ」代表理事の今村久美氏は，その理由の1つとして，価値のモノサシがあまりにも限定されていることを挙げている。勉強とスポーツぐらいしか評価される軸を持たない生徒たちは，自分と周りを相対評価して自分のポジションを決める。そして学校という「閉じられた狭い世界」でクラスの決まった空気を維持するために，それにふさわしいキャラクターをつくって演じるのだという。そのような息苦しい雰囲気の中で，一方通行講義型の授業を受ける高校生たちは主体的に学ぶ意欲が低く，将来の自分のキャリアもなかなかイメージできない。[4]

カタリバは，そうした高校生が本当の自分を出せて，将来について語ることのできる場「カタリ場」を用意する。カタリ場は，1学年200～300人の生徒を対象に実施する，キャリア学習プログラムである。「キャスト」と呼ばれる大学生や社会人が高校に出向き，生徒の話に耳を傾け，自らの体験を語りかける。1回の授業時間は100～150分。キャストにとっては，自分が他人の役に立てるという実感が持てる，大きな意義のあるプログラムだとされる。

キャストは，高校生にとっては初めて会った少し年上の人生の先輩にすぎない。直接の利害関係がなく，同じ立場でもない「ナナメの関係」にあるため，高校生たちは心を開きやすいという。大学生が感情をぶつけて向かっていく。感情を揺り動かすくらい，全力でぶち当たってくれる人がいることによって，高校生たちの心のどこかに火が灯り，動機づけられる。そして自分のモノサシをつくるヒントを得る。

また，カタリバは東日本大震災の被災地の子どもへの学習支援と心のケアを行う放課後学校「コラボ・スクール」，高校生のための課題解決型学習プログラム「マイプロジェクト」なども行っている。

団体としてのカタリバは，2001年にまだ大学生だった今村氏と三箇山（竹野）優花氏の若い2人の女性によって立ち上げられ，2006年にNPO法人化された。今村氏の実体験が，設立の原動力となっている。高校生を対象としたプログラムを事業として採算ベースに乗せるのは難しいが，公共性や中立性のある立場が重要だという考えから，NPOという組織形態を採用した。ボランティアの自発性を引き出すという点からも，NPOが向いているという。2018年4月時点で，職員数は112人，経常収益は約8億1000万円（2017年度）と，NPO法人としては大規模である。

3-3 ▸ どんな環境で育っても

児童虐待に関する相談が増えている。児童虐待とは，18歳未満の子どもを不当に扱い，身体的，情緒的な発育に悪影響を及ぼす行為を指す。そうした行為は，家族ら本来は子どもの愛着の対象となるはずの人から受けることが多いため，子どもに深刻な心理的な傷（トラウマ）を残す。

厚生労働省の調査によると，全国の児童相談所が2018年度に対応した児童虐待の総件数は15万9850件（速報値）であった。調査を始めた

1990年度から28年連続の増加だという。特に増えているのは心理的虐待で，子どもの前で親が配偶者に暴力を振るう面前DVがこれに含まれるようになったことも，件数の増加につながったと見られる。

児童虐待問題に対して，NPOはどのように対応してきたのだろうか。

東京都にある「子どもの虐待防止センター」は設立が1991年と，この分野では非常に早く活動を始めた団体である。当初は任意団体として出発したが，1997年には社会福祉法人となって活動基盤を充実させ，現在も電話相談，グループケア，研修・セミナー，里親・養育支援などを行っている。

愛知県名古屋市では，1995年にNPO法人「CAPNA」（旧名称は「子どもの虐待防止ネットワーク・あいち」）が立ち上げられた。当時は児童虐待防止に関する法律がなく，子どもの緊急保護などの体制も全く不備であったが，そうした中で電話相談や危機介入などを行った。この団体が1998年に出版した『見えなかった死――子ども虐待データブック』は，児童虐待問題の深刻さが認識される1つのきっかけをつくった。

2000年には児童虐待防止法が議員立法によって成立したが，これには市民団体などの関係者の働きかけが大きな力となった。また，2004年度の同法改正にあたっても，「児童虐待防止法の改正を求める全国ネットワーク」という，子どもの虐待防止にかかわる団体による全国的なネットワークが影響力を行使した。[5)] この法律改正により，児童虐待の通告義務が生じた。

児童虐待はその後も収まることはなく，取組みの中心となる公的な施設である児童相談所が対応し切れないほど相談件数が増えていった。一時保護所や児童養護施設での保護体制が追いつかない状態が続いたため，電話相談にあたってきた弁護士ら関係者がNPOを立ち上げ，子どものためのシェルター（緊急避難所）を設ける例が各地に見られるようになった。シェルターは，虐待を受けている，帰る場所がないなどの理由で，緊急に保護しなければならない子どものための施設である。

そのような施設の1つである東京都の「カリヨン子どもセンター」は，2004年にNPO法人として設立され，2008年に社会福祉法人となった。

シェルターの他，自立援助ホーム，デイケアハウスを運営している。シェルターでは，児童養護施設や養育家庭で育ち，社会に出たものの，就労がうまくいかず，かといって養護施設には戻れない10代後半の子どもを緊急避難的に受け入れている。自立援助ホームでは，シェルターでの生活を経た後，自立して生きていくことをめざす子どもが，職員やボランティアに支えられながら共同生活を送る。

カリヨン子どもセンターと同時期の2004年に設立された「ブリッジフォースマイル」（当初は任意団体）は，児童養護施設から社会に巣立つ子どもに関する非施設系のサービスを行っている。代表の林恵子氏が企業出身ということもあり，施設と一般社会をつなぐことを目的として活動を開始した。2005年にNPO法人となり，「巣立ちプロジェクト」を立ち上げ，現在も続けている。

児童養護施設にいる子どもたちは，高校卒業と同時に施設を出て，自活しなければならない。巣立ちプロジェクトは，そのような子どもたちをサポートするための事業である。このプロジェクトでは，複数の児童養護施設から集まった高校3年生に，社会人ボランティアのサポートを受けて，退所後の生活について学んでもらう。

ボランティアによる個別面談を受けることもできる。プロジェクトの一環である「ひとり暮らし準備セミナー」では，1人暮らしを始める子どもたちに向けて，引越しの手続き，金銭・健康管理，社会に潜む危険など社会で生き抜くための知識とスキルについて記載した『ひとり暮らしハンドブック――巣立ちのための60のヒント』を配布している。

また，「アトモプロジェクト」では，子どもたちが施設を退所した後もつながることができるよう，月1回程度交流のためのイベントを行っており，全国の児童養護施設に出向いてワーク形式のセミナーを行うプログラムも実施している。

厚生労働省は2017年に「新しい社会的養育ビジョン」を取りまとめ，施設養護から家庭養護への転換を図る考えを示している。これに伴い，NPOや施設も新たな対応を行うことだろう。

▶ 再び非行に走らないために

非行少年の再非行率が高まっているという。NPO法人「再非行防止サポートセンター愛知」は非行を行った少年・少女に対して鑑別所での面会に始まり，少年院での面会，手紙によるサポートなどを行っている。また，少年院出院後に入所できる自立準備ホームを設置し，就労支援など「入口から出口まで」の支援を行っている。

理事長の高坂朝人氏は，自らが少年期の11年間にわたり非行や犯罪を繰り返した。しかし24歳のとき，子どもが生まれ，父親となったことを契機に立ち直る決意をし，「人生をかけて犯罪を減らす活動をしたい」と，2014年にNPO法人を設立した。

とはいえ，再非行の防止は簡単なことではない。少年たちは措置期間終了後，自活せざるをえないが，就職先でうまくいかず次々と仕事を変えるなど，つまずくことも多い。その背景に本人の発達障害や軽度の知的障害，精神障害，両親の離婚など複合的な困難があったりもする。児童養護施設や自立支援施設出身者も少なくない。それでもスタッフは，面談を繰り返すことによって非行をした少年との関係性を深め，社会復帰後は「信頼できる大人」として少年をサポートしていく。

4　地域づくりと環境保全の市民活動

4-1 ▶ まちづくり

▶ 歴史的な町並みの保存

まちづくりは，比較的早くから市民活動的な動きのあった分野である。なかでも，全国で初めて古い宿場の町並みを保存した長野県南木曽町（保存運動開始当初は吾妻村）の妻籠《つまご》宿《じゅく》の例はよく知られている。

妻籠宿はかつて中山道の宿場の1つとして栄えていたが，明治時代以後，鉄道や道路がつくられるようになって衰退し始め，戦後は若者の流出によって過疎化と高齢化が進んだ。吾妻村職員で農業指導員の小林俊彦氏は，住民の相談を受けて，江戸時代の宿場の面影を色濃く残している妻籠宿とその周りの景観を文化財として保護し，観光の村として妻籠を再生させることを考えた。人の住む町並みを整備し，歴史的な建物および周囲の野山の景観を活用して観光による地域活性化を図るという構想は，当時としては画期的であった。

明治100年にあたる年の1968年に，旧妻籠村の全戸が加入する住民組織として「妻籠を愛する会」が設立された。1971年，妻籠の住民は保存をすべてに優先させるために，建物，屋敷，農耕地，山林などの観光資源を「売らない，貸さない，壊さない」という原則を掲げた住民憲章を，住民の総意に基づくものとして制定した。その実効性を担保するために統制委員会も設けられた。1976年，専門家，行政と一体となって推進された保存運動が実り，妻籠宿は日本初の重要伝統的建造物群保存地区の1つに選定された。

妻籠を愛する会は，特定の目的を持つ組織だという点ではNPO的であったが，全世帯の加入による住民組織であるため，有志が任意で会員となるNPO法人とは編成原理が異なる。むしろ，かつての惣《そう》に近いのかもしれない。惣は中世末期に誕生した合議制の自治組織であって，小林氏は町並み保存自体ではなく，惣の復活，つまり自治的なコミュニティ組織の形成を最終的な目標としていたという。[6]

1983年，活動の経費がかさむこともあって，有志により財団法人「妻籠保存財団」が設立された。現在，この財団は公益財団法人妻籠を愛する会として活動を続けている。[7]

妻籠を愛する会の発足の3年後の1971年には，奈良県橿原市今井町で「今井町を守る会」が結成された。今井町は江戸時代から続く環濠集落（周囲に堀を巡らせた集落）で，豪商の民家を含む歴史的な町並みが残されていた。寺院の住職である今井博道氏を中心とした保存運動により，1993年に今井町も重要伝統的建造物群保存地区に選定された。現在の団体の名称は「今井町町並み保存会」となっている。

愛知県名古屋市緑区の有松地区では，1973年に「有松まちづくりの会」が発足した。江戸時代初期から絞《しぼり》の産業地として発達した有松町の町並みを保存し，その生活環境の整備・改善を図ることが目的であった。

1974年，妻籠，今井町および有松の3つの住民団体が「町並み保存連盟」を結成した。この連盟は翌年，「全国町並み保存連盟」に改称され，現在はNPO法人となって，北海道から沖縄までの66団体が団体会員となっている。この団体の合言葉は「町並みはみんなのもの」である。

▶東京駅舎の修復復元

大都市部，それも東京都心における近年の好事例は，「赤レンガの東京駅を愛する市民の会」の活動だろう。

日本国有鉄道（国鉄）が分割・民営化された1987年，由緒ある赤レンガづくりの東京駅舎を取り壊し，高層ビルを建てる計画が浮上した。同年，この建造物を保存したいと思った全国の市民により保存運動のための会が結成された。筆頭代表者に選出されたのは女優の高峰三枝子と文筆家の三浦朱門である。事務局は東京の谷中・根津・千駄木で地道にまちづくりの活動を行ってきたNPOの「谷根千工房」に置かれた。

街頭における署名運動，国会請願，運輸大臣（現・国土交通大臣）面談など活発な運動により，戦災で失われたドームや3階部分を含む駅舎の修復復元が2000年に決定し，2012年に竣工した。駅舎は重要文化財となっている。この間，運営委員会の開催は138回に及んだという。[8)]

▶都市部でのまちづくり

都市部でも市街地の寂れが目につくようになった。駅前の商店街ではシャッターを下ろした店舗も多い。このため，中心市街地活性化法による取組みも行われてきたが，その多くは目標を達成できていない。

行政中心のまちづくりには限界があるとの認識から，近年では民間主導による官民連携のまちづくりが標榜されるようになった。市街地再生やまちづくりの施策を行政ではなく民間が主導し，それを行政が支援するというのである。

民間の担い手は「まちづくり団体」などと称されている。まちづくり団体とは，主に中心市街地において継続的・持続的なまちづくり活動を行う組織のことを指し，会社形式のものも含まれる。

国土交通省が2016年に行った調査によれば，全国のまちづくり団体の総数は4099団体である。その中で77%と，最も多いのは任意団体の形をとるまちづくり協議会，実行委員会，町内会などである。次いでNPO法人（13%），まちづくり会社などの株式会社（5%），一般および公益社団法人（2%），一般および公益財団法人（1%）となっている。その中でも，国が今後の有力な担い手として期待するのは，事業性・収益性を持つまちづくり会社である。

現在では，エリアマネジメントという考え方によって住民，事業者，地権者などによる主体的な取組みが進められる例も増えている。目的は，地域における良好な環境を創出したり，地域の価値を維持・向上させたりすることである。一定の地区（エリア）を対象とした賑わいづくり，防災・防犯活動，地域ルールづくり・コミュニティづくり，まちの情報発信，公共施設・公共空間の整備・管理などの活動が行われている。実施団体の組織形態は上述のまちづくり団体と同様である。以下は，エリアマネジメントの事例である。

東京都千代田区神田淡路町では，小学校の跡地に「ワテラス」という複合型のタワーマンションが建てられたが，新旧住民が互いに交わらない懸念があったことから，エリア内に大きなコミュニティ施設や広場が設けられて住民同士の交流が図られた。

マンションの一部は学生専用の「スチューデントハウス」となっており，若い世代を低額の家賃で入居させている。その代わり，学生たちは地域活動に参加することが義務づけられている。地域交流活動，学生居住推進活動，町会やNPOなどとの連携などを行うのは，開発事業者によって設立された一般社団法人「淡路エリアマネジメント」である。淡路エリアマネジメントのメンバーは開発事業者であるが，評議会には周辺町会，学校関係者，学識経験者が入っており，法人の活動について意見を述べる機会がつくられている。

▶ 市街地の空き家問題への対応

少子高齢化を背景として，全国的に空き家，空き地が増えている。総務省によると，空き家の数は2013年の時点で820万戸にのぼった。これは全国の住宅の13.5%に相当するが，その後も増加の一途をたどっている。管理の行き届かない空き家は防災，衛生，景観などの面で周囲に悪影響を及ぼすおそれがあり，その対策が急がれている。

NPOが比較的簡単にできるのは，空き家を活用して高齢者，子どもの居場所をつくったり，カフェや活動拠点にしたりすることである。本章2節で紹介したCaféここいまは，それによって商店街の活性化にも貢献しており，空き家に関する困りごとの相談や管理，再生，仲介などを行っているNPOもある。

京都府京都市東山区（六原学区）にある「六原まちづくり委員会」も，そうした組織の1つである。六原まちづくり委員会は，形式上は六原学区の自治組織である自治連合会の下部組織にすぎないが，「地域自走型まちづくり組織」を自認しており，相対的に自立して地域の空き家問題に取り組んでいる。

その背景には，観光地に囲まれた市街地に位置する六原学区に，古い町家が多く残っている半面，空き家として放置され，周囲に悪影響を及ぼしつつある建物が存在したことがある。

六原まちづくり委員会が地区で空き家の調査を行ったところ，片づけの手間や費用が大変なので着手できない，あるいは相続問題が絡んでいて放置している，といった悩みが多いことが判明した。そこで，六原まちづくり委員会は，どういう場合にどのように対処すればよいかを冊子にまとめて六原学区の全戸に配布したり，空き家予防のための啓発活動を行ったりしている。さらに，空き家の所有者と入居希望者のマッチングをしたり，六原の住民が手がける片づけ支援プロジェクトをサポートしたりもしている。

町家への入居希望者は多い。空き家となっている物件が傷む前に手を打っておくと，景観が保たれるだけでなく，改修費用を抑えることができて流通促進につながるのだという。

4-2 ▸ 中山間地における地域づくり

▸ 過疎地の地域活性化にかかわるNPO

過疎地の活性化は，ほとんどの場合，地方自治体やその外郭団体によって進められており，NPOが主役になることは多くない。

NPO法人が比較的多く手がけるのは，観光協会の運営受託，道の駅の指定管理，特産物の開発・販売，移住支援，棚田の保存・活用，カヌーなどのスポーツ体験の機会提供である。自伐型林業を推進するNPO法人や，まちの教育委員会と連携して教育の刷新に取り組む団体もある。

近年増えてきたのが，**地域運営組織**としてのNPO法人である。地域運営組織は，多くの場合，人口減少の著しい過疎地において，従来の地縁団体だけでは地域に山積する課題に対処し切れなくなったために新たに設立されている。地域によって活動はさまざまであるが，おおむね小学校区程度の広さの地域を対象として，移動手段や買い物の機会の確保，介護，防災，農道の整備，獣害対策，祭りなどの行事の開催など，あらゆる面にわたって地域における暮らしを維持するのが目的である。

地域運営組織は一般に，地域の関係主体である個人，団体が参加する協議体の形をとり，規約に基づいて自治的に運営される。名称は「……センター」「……協議会」など，さまざまである。いずれにしても，従来の集落活動の維持が難しくなり，財政難により行政の守備範囲が狭まる中で，住民が主体的に地域運営を行わなければならない事態になってきているのである。運営経費も自前で確保することを要請されることが多いため，特産物の開発・販売，拠点として使用している公共施設の指定管理などの収益事業を行うところが少なくない。

地域運営組織は，小規模でありながら多くの機能を持たざるをえないため，小規模多機能自治組織と呼ばれることもある。総務省の調べによると，2016年10～11月の時点で全国にそうした組織は3071団体存在しており，その多くは任意団体である。しかし，自治会・町内会の連合組織やNPO法人の場合もある。条例などで位置づけられている団体もあるが，行政機関の一部ではなく，民間の組織だとされている。

なお，地域運営組織は過疎地だけでなく，都市部でも数多くつくられている。まちづくり協議会（兵庫県宝塚市），地域自治協議会（奈良県奈良市，兵庫県朝来市）など，名称はさまざまである。

❖地域運営組織は地域自治区とは違う？

地域自治区という，地域運営組織と混同しやすい用語がある。地域自治区は，第27次地方制度調査会の答申で「基礎自治体内の一定の区域を単位とし，住民自治の強化や行政と住民との協働の推進を目的とする組織として，地域自治組織を基礎自治体の判断によって設置できることとすべきである」とされたことによって設けられた制度である。答申では「地方自治組織」となっていたが，地方自治法では地域自治区という名称が使われている。

▶神山町のNPO「グリーンバレー」

徳島県徳島市から川沿いにバスで1時間ほど走行した山あいに，神山町という人口5000人余りのまちがある。ここで，全国でも珍しいNPO主導の地域づくりが行われてきた。

神山町にはIT企業など16社が，改修されてガラス張りとなった古民家などにサテライトオフィスを構える。昼時になると，会社員風の若者が連れ立ってカフェで食事をとったりする光景が目に入る。移住者は2008年から2016年の8年間で91世帯161人。さまざまなスキルを持つ移住者が，地元の住民と一緒になって活動している。

事の始まりは，地元の住民が始めた小さな国際交流活動である。1927年，日本人移民の排斥問題で日米関係が悪化しかけたとき，米国の親日家から1万体以上の青い目の人形が日本に贈られた。そのうちの1体が神山町の小学校に残っており，贈り主を突き止めて人形の「里帰り」を実現させた。1991年のことである。

実行委員会をつくって中心となって動いたのは，カリフォルニア州の大学院に留学した経験を持ち，地元の会社の経営に携わっていた大南信也氏であった。その翌年，大南氏らは「神山町国際交流協会」を民間主導で立ち上げ，1993年より海外からの外国語指導助手（ALT）の研修の受入れを開始した。ALTの研修生たちは，町民の家にホームステイをした。

神山町国際交流協会は1999年に，県の「とくしま国際文化村構想」に乗って，さまざまな分野のアーティストに2カ月間，地域に滞在してもらい，作品を制作してもらう「アーティスト・イン・レジデンス」を始めた。毎年3人のアーティストを招くこのプログラムでは，制作のプロセスが重視され，住民が作品づくりに協力した。

アーティストの中から神山町に移住する者が継続的に現れたため，大南氏らは空き家探しや引越しの手伝いをするようになった。2004年，神山町国際交流協会はNPO法人「グリーンバレー」に移行した。理事長は大南氏であり，グリーンバレーという名前は，大南氏の留学先だったカリフォルニア州にあるシリコンバレーにあやかってつけられた。

図らずも移住者支援の経験を蓄積したグリーンバレーはその後，徳島県の移住交流支援センター事業を受託するようになった。この事業では漫然と移住者を受け入れることはせず，職人に限定して募集した。神山町には仕事がないので，若くて手に職を持っている人を選び，古民家を貸すようにしたのである。これは「ワーク・イン・レジデンス」と名づけられた。受託事業とはいえ，民間主導のプログラムだったからこそできたといえる。

NPO法人グリーンバレーのミッション（使命，理念）は，立上げ以来一貫して「日本の田舎をステキに変える」ことである。コアメンバーには儲けようという気がなく，もうちょっと面白い町をみんなでつくろう，というスタンスで活動を続けてきた。それが，国際交流を通じて培われた開放的で多様性を認める雰囲気と相まって「ワクワクする土壌づくり」となり，アーティスト，職人，そして専門家ら「思い」や技能を持つ面白い人たちが集まるようになった。

ワーク・イン・レジデンスの次に行われたのは，サテライトオフィスの誘致である。2010年，東京に本社のあるIT関連の企業が，神山町の古民家にサテライトオフィスを置いた。古民家といっても快適に過ごせるよう改修されていて，自然が豊かで創造性を発揮しやすいというのが進出動機だった。徳島県が県内に張りめぐらせた光ファイバー回線網のため，通信環境が良いのも魅力だった。

県の積極的な支援もあり，その後IT企業が相次いで進出してきた。神山町に本社を置く会社も現れ，地元の人間が雇用されるようになった。グリーンバレーは，自ら投資して移ってくる個人や企業を，古民家の紹介などによって手助けした。「神山塾」を開いて，求職者の支援訓練も行った。

2015年，神山町でも地方創生に向けた戦略づくりを行うことになり，町役場の職員と住民が一緒になって戦略を練った。同年，「まちを将来世代につなぐプロジェクト」がまとまり，その実行組織として2016年，グリーンバレーと神山町によって一般社団法人「神山つなぐ公社」が設立され，「すまいづくり」「ひとづくり」「しごとづくり」などの領域で活動している。なお，大南氏は神山つなぐ公社の理事に就任しながら，グリーンバレーの活動も続けている。

4-3 ▸ 環境課題への取組み

「環境」は多くの非営利組織がかかわっている分野である。問題領域も湖沼，河川，海洋，森林などの保全，野生生物の保護，ごみや廃棄物，気候変動やオゾン層の破壊，再生可能エネルギーの創出から食と農林漁業にかかわることまで，大変広い。活動も調査研究，動植物の保護，生態系の保全，環境教育や自然体験機会の提供など，多岐にわたる。近年は地域づくりと環境課題への取組みが一体化した例が増えている。

▸ グローバルな視点に立つ

環境分野で最大級の問題といえば，地球温暖化の問題が思い浮かぶだろう。温室効果ガスといわれるCO_2，メタンなどの排出量増加により，産業革命前と比べると地球の平均気温はすでに1度上昇しており，北極圏の氷原の縮小や熱波，集中豪雨の頻発といった現象に表れている。このため，2015年12月に国連気候変動枠組条約締約国会議で採択された「パリ協定」では，気温上昇を2度よりかなり低く抑え，1.5度未満に向けて努力するという目標が設定された。

しかし，日本政府の温暖化防止に向けた政策はあまり積極的なものではない。こうした状況の下でNPO法人「気候ネットワーク（KIKO）」は，①国際的な仕組みをつくる，②日本の温暖化対策を進める，③脱炭素地域づくり・人づくりを広げるための活動を行っている。①に関しては，国連交渉会議に継続的に参加し，NGOの立場から提言を行っている。

また，気候変動問題にかかわる850の国際的なNGOネットワークであるCAN（気候行動ネットワーク）と連携して，戦略的に各国政府に対策を働きかけている。②に関しては，温室効果ガスの大幅削減に向けた中長期的な政策シナリオの提示，日本政府や政党・議員の政策評価，企業活動のモニタリング（たとえば，CO_2排出量が多いことから問題視されている石炭火力発電所の設立・稼働状況の見守り）を行っている。

▶ 再生可能エネルギーを自分たちでつくる

地球温暖化防止の観点から，市民が自分たちで再生可能エネルギーの開発を行ってきた。NPO法人「北海道グリーンファンド」は寄付を集めて，2001年に日本で初めての市民出資による風力発電所「市民風車」を北海道枝幸郡浜頓別町につくった。総事業費は約2億円，その約8割は市民出資によってまかなわれた。NPO法人には出資の仕組みがないことから，別途株式会社が設立され，寄付者はこの会社との匿名組合契約を結ぶという形をとった。

この市民風車設立の経験は，その後に続く市民出資による風車や太陽光発電などのモデルとして生かされることになった。市民風車は2015年1月までに18基つくられている。

長野県飯田市では2004年にNPO法人「南信州おひさま進歩」が保育園の屋根にパネルを設置し，「市民発電」を開始した。寄付では資金が集まるのに時間がかかるため，その後は市民から投資を募る形でファンド会社を設立し，次々と再生可能エネルギーの創造を行っている。

風力，太陽光，小水力，木質バイオマスなど再生可能エネルギーによる発電は，固定価格買取制度（FIT）が2012年に始まったことにより，長期間にわたって安定した収益を見込めるようになった。このため大手企業の参入が相次ぎ，導入コストの低下も相まって発電量が急速に増えている。

2018年に閣議決定された第5次エネルギー基本計画では，政府が再生可能エネルギーを主要電源に位置づけるなど，再生可能エネルギー利用が主流化しつつある。

そうした中で，過疎地では地域外から進出してきた企業が事業を計画・実施し，収益の多くが域外に流出することも起きている。一般社団法人「徳島地域エネルギー」は，このような「外来型地域開発」とは違うやり方をめざして，徳島県を中心に小規模な再生可能エネルギーを地域で普及させようとしている。ねらいは，環境保全とともに持続可能な地域づくりを行うことである。

事務局長で理事の豊岡和美氏は，徳島県を流れる吉野川の可動堰建設反対運動にかかわった経験を持つ。豊岡氏は，大規模な公共事業である可動堰建設は，干潟や漁場を損なうだけで地域の活性化につながらないと考え，地域の資源を利用し地域の手で再生可能エネルギーを生み出し，付加価値の多くが地域内にとどまるような仕組みをつくろうとして徳島地域エネルギーを設立した。

徳島県佐那河内村にある「佐那河内みつばちソーラー発電所」の例では，徳島地域エネルギーが中心となって事業主体の株式会社を設立し，金融機関からの融資と一般から募集した寄付金320万円を使って，2014年に発電を開始した。発電によるエネルギーは，固定価格買取制度を利用して売電している。村は土地の賃貸料と法人税を手にすることになり，寄付者にはお礼として地域の特産品が送られた。売電収益から経費を差し引いた余剰は村の基金に寄付されることになった。主な関係者がみなハッピーになる仕組みとなっているのである。豊岡氏は「コミュニティ・ハッピーソーラー」と呼ばれるこうした仕組みを重視しており，ソーラー発電所は徳島県内の他の自治体にも次々とつくられた。

徳島地域エネルギーの主な役割は，再生エネルギー事業をコーディネートすることであるが，木質バイオマスの熱利用を地域で進めるための支援も行っている。そのため地域ごとにアライアンス（同盟）を組織するとともに，相談・現地調査，事業性の可否の判断，設備の導入支援，研修などを実施している。

▶身近な環境を保全する

里山や川，干潟は身近な自然である。経済開発が最優先された時代には，そうした身近な環境は経済価値が低いとして開発の犠牲となった。

里山は，集落を取り巻く落葉広葉樹などの林と，それらに混在する農地，ため池，草原などが一体となって，古くから日本人の自給自足の生活を支えてきた。コナラやクヌギなどの幹や枝は，木材や薪炭の原料として利用され，落ち葉や小枝は肥料となった。山は山菜など食料の宝庫であり，水源涵養地としての役割も果たしてきた。

里山の特徴は落葉広葉樹が適当に伐採され，活用されることによって保全される点にある。萌芽更新といって，切り株から木が再生することで，新しい林になるのである。ところが，1960年頃から日本でも起きたエネルギー革命とともに薪炭の需要が激減し，木が伐採されなくなったため，萌芽による樹木の更新も行われなくなり，里山が荒れるようになった。経済価値の低下した里山は宅地，ゴルフ場，産業廃棄物の投棄地などに転用され，昔なつかしい光景はどんどん消えていった。

狭山丘陵はそうした地域の1つの典型である。埼玉県と東京都にまたがる狭山丘陵は，かつての武蔵野の面影を残す面積約3500ヘクタールの丘陵地帯で，映画『となりのトトロ』の舞台のモデルになったともいわれる。首都圏にあるため，大型レジャー施設，宅地造成，大学の進出などによる開発が相次いだ。

このため，複数の市民団体が力をあわせて「トトロのふるさと基金委員会」をつくり，行政や地権者の協力の下に雑木林をトラスト地として購入した。トラスト地とは，貴重な自然環境や文化遺産，歴史的町並みなどを保存するために，広く民間から寄付を募って買い取った土地などをいう。

1998年に同委員会は財団法人となり，現在は，公益財団法人「トトロのふるさと基金」として，雑木林や湿地などを里山として維持していくための管理活動，動植物や歴史文化財の調査，普及啓発活動，行政や開発業者への申入れ，提言などの活動を行っている。「トトロの森」の土地取得も続けられており，散策道が整備されて多くの市民に利用されている。里山の持つ経済以外の価値が高く評価されるようになったことの表れだろう。

公益社団法人「日本ナショナル・トラスト協会」によると，トラストの手法で里山，原野や山林などの自然保護に取り組む団体は2018年4月の時点で48団体，主要団体が管理している土地はあわせて約1万5700ヘクタールに及ぶ（土地の買取りを行政が行った場合を含む）。

里山の保全活動は全国各地に広がっている。愛知県犬山市の特定非営利活動法人「犬山里山学研究所」は，衰退している市内の里山林の再生のための手入れを行ったり，植樹をしたりしている。また，付近の河川やため池に生息する絶滅危惧種のウシモツゴという淡水魚を保護・増殖するための調査研究，繁殖実験，元の生息環境の再生活動などを実施している。他の多くの環境保全団体と同様に，自然観察や各種の体験の場も提供している。

日本は国土のおよそ3分の2が森林に覆われる世界有数の森林大国である。しかし森林面積の4割はスギやヒノキの人工林が占める。そうしたスギ・ヒノキの森林の多くも，木材価格が低迷して手入れをする費用が出にくくなり，放置されているため，危機に瀕している。こうした状況の中で，自伐型林業という自家伐採による低コストの林業を普及させようとしているNPO法人もある。

愛知県名古屋市の「矢作川水系森林ボランティア協議会」では，参加団体が森林ボランティアを募って「森の健康診断」と呼ばれる現況調査を実施している。同協議会では，森になじみのない市民が人工林調査をきっかけにして，山主が森林の管理の大切さに気づくことを期待している。

環境団体は二極分化しているといわれる。かなり歴史のある団体でも，大部分は有給スタッフもあまりいないような小規模な団体であり，組織基盤は脆弱である。その一方で，経験の深い団体は専門性が高くなるために，一般の市民との間に壁ができてしまうという。

こうしたことから，NPO法人「地域の未来・志援センター」は，共通の課題を持って活動している人々と手をつなぐことで，中部圏の各地域の環境活動を活性化しようとしている。その際，県よりも小さい単位の地域のまとまりでの環境団体のネットワーク構築を支援する。伊勢湾・三河湾流域，矢作川流域のように，県境を越えた流域という単位でのネットワークも意識する。

5　国際的な活動

5-1 ▸ NGOの役割を問い直す

▸ 発展の歩みを振り返る

本節では，日本での慣例に従って，国際協力にかかわる民間非営利組織のことをNGOと記す。NPO法人「国際協力NGOセンター」のデータベースには約430団体がNGOとして登録されている。大きさはさまざまだが，年間収入が1億円以上の団体と，1000万円に満たない団体の2極構造となっている。活動地域は100カ国にのぼり，そのうちアジアが7割と大部分を占めている。地理的，歴史的な要因のためだろう。

NGOは，日本では1960年代に誕生している。公益財団法人「日本キリスト教海外医療協力会」，公益財団法人「オイスカ」などがその先駆的な例である。しかしNGOという概念が日本に定着し，団体数が急増したのは，ベトナムなどインドシナ半島から多数の難民が出た1980年前後である。NPOという用語が使われ始めるより先にNGOという用語が使われたことが，用語の混乱を招いた可能性がある。

ともあれ，当時の取組みとしては，現地に日本人スタッフを派遣して保健・医療，農村開発，教育など社会開発に関するプロジェクトを実施するものが多かった。難民や災害の被災者たちへの緊急援助から活動を始め，後に長期的な視点からの開発協力へと軸足を移していくケースも少なくなかった。NPO法人「日本国際ボランティアセンター」や公益財団法人「シャンティ国際ボランティア会」など，主要なNGOのいくつかはこのタイプのものである。また，アジアやアフリカなどから現地の開発ワーカーらを日本に招き，農業や保健に関する研修を行う団体もあった。

1990年代以後は，日本のNGOが開発プロジェクトを直接立ち上げるのではなく，現地の協力組織（パートナー団体）と連携したり，育成・支援したりするという間接協力方式が増えてきた。現地の自立的発展を考えた場合，そのほうがよいとも思われた。バングラデシュで1972年に活動を始めた特定非営利活動法人「シャプラニール＝市民による海外協力の会」も，そのような経過をたどっている。

シャプラニールは，独立戦争後の混乱が色濃く残るバングラデシュで，ボランティアが起こした団体で，設立当初は「ヘルプ・バングラデシュ・コミティ」と称していた。同会が始めた最初の活動は，「バングラデシュの子どもたちにノートと鉛筆を贈る募金活動」であった。

しかし，単にモノを与える活動では本当の支援にならないことがわかり，その後，土地を持たない農村住民を対象とした相互扶助のための組合づくりに力を入れるようになった。組合のメンバーは定期的に集会を開いて自分たちの抱えている問題について話しあったり，少額の貯金を持ち寄って収入向上のための共同事業を営んだりした。集会は識字学習や保健衛生教育の場ともなった。

シャプラニールはその連合会を支援するようになり，さらに地域活動センターを築いた。1990年代の終わり頃から，それらが現地のNGOとして相次いで独立するようになり，シャプラニールとの関係はパートナー団体同士の関係に変わっていった。そして，共同企画のプロジェクトをシャプラニールが資金的に支援するという形をとるようになった。

今世紀に入り，「最貧国」のバングラデシュも開発がある程度進むようになると，シャプラニールは開発から排除され，「取り残された人々」を支援することを目的として掲げるようになった。たとえばストリートチルドレン，夫と離別・死別した女性，障害者，家事使用人の少女，洪水の多い地域に住む人々などへの支援である。活動地にネパールも加わった。海外だけでなく，国内で起きた災害の被災者への緊急救援も行っている。

▶NGOの役割を問い直す

1990年代は日本だけでなく，世界中でNGOの活動が最も盛り上がった時期だったかもしれない。援助国政府や国連機関などが貧困問題に取り組むようになり，その際にNGOの力を活用するようになったからである。

この時期，NGOを通した政府開発援助（ODA）の供与が一般化したといってよい。日本の外務省や国際協力事業団（現・国際協力機構）もNGOとの連携を積極的に行うようになった。「冷戦」の時代が終わり，途上国で民間団体の活動の余地が広がったことも追い風となった。

しかし，2000年代になると風向きが変わる。1つは，新興国の台頭である。中国，インド，ブラジルなどでは経済水準が高くなり，政府の対応力も高まった結果，貧困線以下で暮らす人の数がかなり減っている。日本のNGOの多くが支援の対象としていた東南アジア諸国の多くも，中所得国となって自力での対応力を高めている。

2つ目に，援助から投資への流れの変化が挙げられる。資金量で見ると，発展途上国への民間投資額は政府開発援助の額を大きく上回る。投資と市場での企業の経済活動が開発をリードするようになっており，援助の役割が低下しているのである。

さらに，途上国のNGOが力をつけ，ソーシャルビジネスとなって大規模に活動を展開したり，バングラデシュの巨大NGOの「BRAC」のように，アフガニスタンや南スーダンなど海外の紛争地で活動するようになったりしている。こうした情勢の変化を受けて，日本を含む先進国のNGOの役割が問われている。

具体的に，どうしたらよいだろうか。下澤嶽氏は，日本のNGOが進むべき方向を「5つのベクトル」として示している。[9)]

①南の開発NGOが手をつけていないニッチな領域でのプロジェクト支援。
②緊急救援活動の比重を高める。
③アドボカシー活動を通した適正な世界秩序の提案。
④民族紛争の解決や先住民の問題に取り組む。
⑤自国市民への開発教育を強化する。

①のニッチな領域でのプロジェクト支援については，刑務所の囚人の環境改善，警察官の人権教育，障害者の社会参加，高齢者の問題，人身売買といった例が挙げられている。

②の緊急救援活動については，自然災害の頻発や多くの難民の発生のため，途上国でのニーズは高い。しかし緊急事態が起きるたびに募金をしていては，いざというときに迅速かつ大規模な支援活動を展開することはできない。このため，2000年に「ジャパン・プラットフォーム」が設立された。[10)]

これは，日本の国際協力NGO，政府，経済界，マスメディアなどの代表者が共通の土台（プラットフォーム）に参画し，必要な資金や技術などを出しあって緊急時に迅速に対処するための仕組みである。この協働の仕組みはアフガニスタンやイラクの復興支援をはじめ，インドネシア，パレスチナ，南スーダンへの人道支援に際しても力を発揮した。近年は国内の災害救援にも力を入れている。

③のアドボカシー活動を通した適正な世界秩序の提案は，具体的には「地雷禁止国際キャンペーン」など，グローバル社会のルールづくりにおいて市民の意見を反映させることを指す。

④の民族紛争の解決や先住民の問題への取組みについては，対立している複数の民族同士の自主的な努力や国家は問題解決能力を持ちにく

く，第三者による外部からの関与が効果的である。それは国家の影響を受けにくいNGOに向く役割ではないかと下澤氏は述べている。現実に下澤氏は「ジュマ・ネット」というNGOを2002年に立ち上げ，バングラデシュのジュマと呼ばれる少数民族の差別・迫害問題に取り組んでいる。ミャンマーから避難してきたロヒンギャ難民の支援も行っている。

⑤の開発教育は，NGOがもともと行っていた開発協力についての広報・啓発活動を発展させたものである。単に協力を呼びかけるだけでなく，開発問題の原因，協力の実際，現地の人々の暮らしなどについてわかりやすく説明するのが目的である。地球市民教育や国際理解教育といった名称で学校や地域での学習活動として行われているが，普及は限定的である。東京都のNPO法人「開発教育協会」は，開発教育専門の団体として資料の収集や全国規模の研究集会を開催している。

▶2000年以後に始まった興味深い活動

NPO法人「テラ・ルネッサンス」は，2001年にカンボジアで，地雷除去活動と地雷被害者の支援を始めた団体である。長く内戦の続いたカンボジアでは「悪魔の兵器」と呼ばれる地雷が推定400万～600万個も埋設され，紛争終結後もその被害に遭う農村住民が絶えなかった。

創設者の鬼丸昌也氏は，設立当時まだ学生であったが，地雷原を訪問したり地雷の被害者となった人たちと会ったりする中で，自分にできることは何かを自問した。何もできないけれども地雷の被害を伝えることならできるという結論に達して，すぐ講演活動と地雷撤去，被害者支援のための資金集めを始めた。2003年にウガンダの子ども兵の問題について知ると，現地に飛んで調査を行い，日本のNGOでこの問題に本格的に取り組んでいる団体はないことがわかると，協力者とともにゼロから支援プロジェクトを立ち上げている。

地雷除去を行うNGOは，NPO法人「難民を助ける会」など，他にもある。株式会社日建のように，建設機械メーカーでありながら社会貢献事業として地雷除去機を開発した企業も存在する。これに対し，テラ・ルネッサンスは平和教育に力を入れている点に特徴がある。地雷被害者や元子ども兵が笑顔を取り戻せるのだということを示し，自分でも課題に取り組みたいと思う人の心の「火種に吹きかける」ことで行動を促し，「すべての生命が安心して生活できる社会を実現する」ことをめざす。[11)]

全く違うアプローチをとる興味深い団体にNPO法人「道《みち》普《ぶ》請《しん》人《びと》」がある。2007年に設立されたこの団体は，日本の伝統技術である「土のう」を使った道路整備を途上国で実践し，普及させている。理事長の木村亮氏は，土木工学を専門とする大学教授である。師匠から「簡単な技術でアフリカの人々を幸せにする方法を考えることが必要だ」とアドバイスされたことをきっかけに，土のうを活用した道の整備の研究を進めた。土のうが道の地盤補強に有効だというのは，日本の土木関係者の間では常識だという。雨が降っても道が流されないからである。

当初は，現地の住民が自分たちで土を袋に詰め，道を補修することが大切だと考えていた木村氏であったが，道直しの技術と資金を得た住民が道直しをビジネスとして始めてしまった。木村氏はそれを見て，現地に技術を移転し，人々が労働者として賃金を得て働くというやり方も行うようになった。

道普請人は，現在は急な坂道のコンクリート舗装や洪水地帯の道路のかさ上げといったことにも取り組む。活動する国はアフリカ，アジア，大洋州などあわせて25カ国に及ぶ。

5-2 ▶ 多文化共生社会に向けて

日本に住む外国人の数は増えている。定住者や永住者を含む外国人登録者は，2018年末現在で約273万人となっている。[12)] 2000年には169万人であったから，[13)] 21世紀に入ってから6割ほど増えたことがわかる。

その背景には，日本の働き盛りの年齢層が減ってきていることがある。生産年齢人口と呼ばれる15歳から64歳までの年齢層は1997年の8699万人をピークに減少し続けており，2018年には7545万人と，1997年に比べて1034万人も減ってしまった。[14)] このため労働力不足が起きており，それを補うために外国人を雇うケースが増えているのである。

国籍別の内訳を見ると，中国が最も多く，次いで韓国，ベトナム，フィリピン，ブラジルの順となっている。2005年頃までは歴史的経緯を反映して韓国・朝鮮（現在は朝鮮を分離）が最も多かったが，[15] 長期的に減少傾向にある。

外国人が日本に来てまず遭遇するのは，言語の問題である。基礎的な日本語を学んでから来日する人も多いが，片言しか話せない人も少なくない。1980年代以後，日本語が話せず地域で孤立しがちな外国人のために，ボランティアによる日本語教室が各地にできた。

「東京日本語ボランティア・ネットワーク」によると，東京都内には300以上の団体・グループがそうした日本語教室を運営している。これらは同じ地域に在住する日本人と外国人が日本語学習を通じて交流する場ともなっている。専門家が「正しい日本語」を教え込むという発想によらず，日本人と外国人が同じ市民として文化，暮らしなどをお互いに学びあう，という姿勢で取り組んでいるところもある。

ボランティアによる日本語教室は，日本語学校と違って無料あるいは低料金で学習支援を行っていることも多く，活動資金が不足しがちである。公共施設の会場の確保に苦労することも多い。

外国人住民の増加に伴って，日本の学校に在籍する外国籍の子どもも増えている。文部科学省によると，日本の公立小・中・高等学校，特別支援学校などには日本語指導が必要な外国籍の児童生徒が2018年5月現在で約4万人在籍する。[16] 日本語指導が必要な児童生徒とは，「日本語で日常会話が十分にできない児童生徒」だけでなく「日常会話ができても，学年相当の学習言語が不足し，学習活動への参加に支障が生じており，日本語指導が必要な児童生徒」も含まれる。

この他，日本籍であっても，保護者の国際結婚のため家庭内の言語が日本語以外の者や重国籍の者の中に，日本語指導の必要な児童生徒がおり，その数も増えている。

NPO法人「多文化共生センター東京」では，こうした児童生徒を「外国にルーツを持つ子どもたち」と呼び，多言語による高校進学ガイダンス，「たぶんかフリースクール」などを通して，教育を受ける機会の拡大に努めている。

たぶんかフリースクールは週4日，1日5時間の授業を基本として日本語，各教科を学ぶ場であり，居場所である。日本では，16歳以上になると義務教育を受ける権利がなくなるとされている。そのため，たぶんかフリースクールでは15歳以上になっていたり，母国で中学を卒業したりしているために，公立中学に入学できない子どもが高校に進学できるよう支援している。土曜日だけ開かれる「子どもプロジェクト」という補習塾のような学習の場も設定している。

外国人が自ら学校をつくる場合もある。いわゆるインターナショナルスクールや朝鮮学校のことは比較的知られているが，在日ブラジル人たちの設立したブラジル学校も各地にある。これらは学校教育法第1条に記載されている学校ではなく，各種学校として認可されているにすぎない。

ブラジル学校の場合は無認可の場合も少なくない。そもそも日本では，外国人に就学義務がないのである。これは，子どもの側から見た場合，教育の権利が保障されないことを意味する。慢性化しつつある人手不足を背景に，在日外国人は今後も増加すると予想される。公教育においては，多文化的な背景を持つ子どもたちに配慮した教育を充実させることが大きな課題となるだろう。

▶ 難民受入れ

かつて日本は，ベトナム，ラオス，カンボジアからまとまった数の難民を受け入れた経験を持つ。定住を認められた「インドシナ難民」の数は総計で1万人以上にのぼる。その背景には難民をなかなか受け入れようとしない日本に対する国際社会の強い批判があった。

その後，難民の認定数はきわめて少なくなり，年によって変動があるものの，2015年は27人，2016年は28人，2017年は20人にすぎなかった。一方，難民認定の申請者数は急増しており，2016年，2017年とも1万人を超えた。このため，認定率はきわめて低くなっている。ただし，難民と認定されないものの，人道上の配慮を理由に在留許可を与えられた人が上記とは別に79人（2015年）いた。[17]

よく引きあいに出されるドイツは，2015年に庇護申請をしたシリア難民が約89万人に達したが，そのうち約23万人を認定しており，補完的保護や人道的滞在許可庇護をあわせると合計31万人に保護を与えた。[18] ドイツの「反移民デモ」の背景にある，2015年1月から2018年7月までの間のドイツの難民申請者が150万人にのぼったことを知っている人は日本では少ない。

日本は難民問題に対する関心が薄いため，支援にかかわる組織も多くない。そうした中で，東京のNPO法人「難民支援協会」は，日本に逃れてきた難民を保護するために来日直後から支援を行っている。支援の内容は，非常に複雑で難しい難民認定手続きに関する法的支援，衣食住にかかわる個別相談，シェルターの提供，医療支援，定住支援，日本語教育，就労支援，そして難民の保護・受入れ改善のための政策提言などである。愛知県名古屋市では，NPO法人「名古屋難民支援室」が法的支援などを行っている。

5-3 ▸ 境界を超えた人のつながりを育む

日本を訪れる外国人旅行者の数（いわゆるインバウンド）が急増している。日本政府観光局によると，2008年には年間835万人にすぎなかった訪日旅行者数は，10年後の2018年には3119万人と4倍近くになった。定住外国人も増えている。今や全国のどこに行っても外国人を見かけることができ，取り立てて「国際交流」といわなくても，外国人と自然に交流する機会が増えてきた。

一般の日本人と言葉，文化，宗教などの点で異なる外国人との交流は，一面においては非日常的な楽しみをもたらす。その半面，「当然」とする価値や習慣，歴史認識などが異なるために，外国人へのいら立ち，差別，排斥の原因ともなる。世界を見渡すと民族間の紛争対立や地域間の格差拡大が大きな問題になっており，そうしたことを正確に認識するためにも，意図的な交流事業を実施することが大切である。

▶ハイレベルの民間交流

国際交流は，実は1970年代から政府によって積極的に取り組まれてきた。その背景には，1970年代前半に東南アジア各地で反日暴動が起きたり，欧米でも経済偏重というイメージを持たれたりしたため，日本語や日本文化を海外に広め，日本の多面的な理解を進めるとともに，現地での文化摩擦を和らげる必要性が認識されたことがある。国際交流は，同時期に急増した政府海外援助とともに，海外の資源と市場に依存する日本の国益を増進するための対外政策の柱として位置づけられたのである。

このように書くと，国際交流が主に政府の仕事のように思われるかもしれないが，戦後日本の国際交流はむしろ民間ベースで始まった。1952年にサンフランシスコ講和条約が発効して，日本が国際社会に復帰を許されたときに，「国際文化会館」という財団法人が設立許可を受け，翌年から国際文化交流事業を始めている。日本の知識人と欧米の知的，文化的な指導者との交流を行い，国境を超えた理解と友情を深めることが目的であった。

創設者の松本重治は，太平洋戦争の回避に力を尽くしたのだが，それが果たせなかったことを悔やんだ。「賢人会議のようなものがあったら，日米開戦は避けられたかもしれない」と後に語っている。[19] それだけに戦後，関係者は「学術，文化の交流こそ，世界の平和と人類に資する，との共通の思い」に突き動かされて，交流の拠点となる会館づくりに向けて努力を傾けた。

これに対して，米国の「ロックフェラー財団」は，土地建物のために1億7500万円の助成を行い，さらに1957年まで年間2500万円を限度として事業費を保証した。総理大臣の月給が11万円という時代に，旧敵国の民間財団から破格の支援を受けた事業であった。

1970年に設立された公益財団法人「日本国際交流センター」も，比較的早い時期に日米間で政治家，経済人，学者，高級官僚らを分野横断的に集めた国際会議を始めた団体である。こうした会議は，参加人数は限られていても，それぞれの国で影響力を持つ人たちが個人的に知りあい，信頼関係を深めることによって，国際関係を円滑にしようというねらいがあった。

日本国際交流センターは，調査研究に裏打ちされた知的交流だけでなく，国会や地方議会に属する議員や議会スタッフ同士の交流，草の根レベルの交流プログラムも展開してきた。数十年にわたる交流の積み重ねによって築かれた世界的な人的ネットワークは，無形の財産として独自の政策研究や民間外交に生かされている。

▶草の根レベルの民間交流

1980年代から1990年代にかけては，国際交流のブームが起きたといってよい。この頃になると大都市部だけでなく，農村部でも「民際交流」や「地域間交流」を合言葉に，こぞって海外との直接の交流を始めた。地域アイデンティティを模索していた都道府県や市区町村にとっては，直接の人的交流は自らを映し出す鏡となり，地域おこしにもつながった。政府が海外から留学生を積極的に招聘する政策を推進したことも後押しとなった。

「国際交流の会とよなか」（TIFA）は大阪府豊中市の主催による講座「身近な国際交流」の修了生有志によって1985年に設立され，現在まで交流活動を続けているNPO法人である。当初の中心メンバーは地元の主婦たちで，留学生との家族的な交流を中心に，住居探し，リユース品の家財道具の調達，病院や役所への付添い，日本語指導といった生活に密着した支援を行ってきた。

その後，外国人が支援を受けるにとどまらず，講師として学習会，小中学校での授業などで地域に貢献できるような事業を積極的に進めるとともに，ネパールのへき地で両親のいない少女たちのための共同生活と職業訓練の場の運営も続けてきた。

TIFAは楽しみとしての交流を基調としつつも，日本人にとって耳が痛いこと，「不都合な真実」ともいうべきことを学習する機会を設けている。こうした姿勢が国境を超えた長続きする人的関係を育んでいるのかもしれない。

あまり知られていないが，大きな意義のある交流の取組みが過疎地で行われていることがある。北海道名寄市に隣接する幌加内町に，朱鞠内《しゅまりない》という地区がある。日本有数の極寒・豪雪のこの地で，1935～43年に鉄道とダム建設の工事が行われ，多くの日本人と朝鮮人（朝鮮半島は当時，日本統治下だった）が動員された。判明しているだけで日本人168人と朝鮮人47人が工事中に死亡し，遺体が近くの光顕寺に一晩安置された後，共同墓地裏に埋葬されたことがわかっている。

1976年，強制労働の実態調査が始まり，1980年に遺骨が笹やぶの下から発見された。1997年に日・韓・在日の若者による「日韓共同ワークショップ」（2001年から「東アジア共同ワークショップ」）が開催され，共同で遺骨の発掘が行われた結果，36体の遺骨が見つかった。同ワークショップには在日コリアン，中国，台湾の若者も参加した。これらの遺骨を改葬し，遺骨を遺族に届ける活動が行われた。

2015年には，北海道4カ所の寺院に残されたままだった朝鮮人徴用者の遺骨115体分が，韓国の追悼施設に安置された。返還までの道中，北海道，東京都，京都府，大阪府，広島県，山口県下関市で法要が営まれた。すべてが日韓の市民の手で行われ，日本，韓国の政府の関与は全くなかった。

日本政府は，朝鮮人元軍人軍属については責任を認め，日本に残る遺骨の返還についての合意も2004年になされて一部は実現した。しかし，民間企業に徴用されて日本で死亡した人の遺骨については，日本政府は関与を拒んだため，両国の市民が協力して民間ベースで遺骨の返還が行われたのである。

最初に遺骨の安置場所となった光顕寺はその後に衰微したが，本堂の建物は取り壊しを免れ，「旧光顕寺・笹の墓標展示館」として1995年に再生した。本堂には遺骨の発掘と返還の歴史，東アジア共同ワークショップの取組みの様子，発掘時の副葬品などが展示されている。宿泊，研修の施設としても利用でき，寝具，ツリーハウス，ピザ窯，朱鞠内湖に浮かべるカヌーなどが用意されている。

施設を運営するのは，NPO法人「東アジア市民ネットワーク」である。上記の取組みを40年にわたって続けてきた浄土真宗本願寺派の僧侶，殿平善彦氏が代表となって2015年に設立されている。大阪府で法要事務局を担当したのはNPO法人「コリアNGOセンター」の金光敏氏。同センターは，在日コリアンをはじめとする在日外国人の権利擁護，民族教育，相互理解の推進などを行っている。

❖ノーベル平和賞と非営利組織

2017年のノーベル平和賞受賞者は「核兵器廃絶国際キャンペーン」（ICAN）という団体であった。この団体は世界のNGOの連合体で，スイスのジュネーブに国際事務局を置いている。1997年には「地雷禁止国際キャンペーン」（ICBL）という国際的なNGOの連合体が平和賞を受賞した。さらにさかのぼれば，1977年に「アムネスティ・インターナショナル」というNGOが受賞している。

個人が受賞者となっている場合でも，NGOの活動が背景になっていることがある。2014年受賞のカイラシュ・サトヤルティ氏は，バチパンバッチャオ・アンドーラン（児童救済運動）というNGOを創設し，児童労働禁止の運動を指導した。ワンガリ・マータイ，ジミー・カーター，マザー・テレサらも，受賞したのは個人としてだが，NGOを設立して活動を行っている。

ちなみに，1901年に第1回ノーベル平和賞を受賞したアンリ・デュナンは，国際赤十字運動の創始者であった。赤十字社は，民間の救護団体として，各国で設立されたのであった。

6 個別の分野を超えて

NPOは，1つの団体が地域づくり，環境，福祉など特定の分野で活動している場合もあるが，いくつかの分野で同時に事業を展開していることも多い。縦割りになって相互に隔てられているいくつかの分野を融合させる働きをする団体もある。

すでに見てきた例では，NPO法人「このゆびとーまれ」が障害の有無や年齢に関係なく，誰でも居場所となるようなデイサービスの提供を1990年代に始めた。当初は行政に理解されず，公的支援のない中で苦難のスタートとなったが，設立者たちの強い意志と一般市民の支持で事業は軌道に乗り，その後「富山方式」として普及するに至った。このような例は他にもたくさんある。

6-1 ▸ 福祉，アート，社会変革

奈良県奈良市に「たんぽぽの家」という，長く障害者運動を続けてきた民間組織のグループがある。現在，「奈良たんぽぽの会」，一般財団法人「たんぽぽの家」，社会福祉法人「わたぼうしの会」などが一体となって運営されている。

たんぽぽの家は，「体の不自由な子どもたちが養護学校を卒業した後も生きがいを持って生活できる地域に開かれた自立の家をつくろう」という目的で，1976年に財団法人として発足した。母体となったのは，障害児を持つ母親たちが1973年に結成した「奈良たんぽぽの会」である。ちょうど石油危機が起こった頃で，行政をあてにしないで自分たちでできることをしようということで活動を進めた。

1980年に，重度の障害者が自由に過ごし，働き，遊ぶ場としての通所授産施設となる「たんぽぽの家」が奈良県から無償で貸与された土地に建てられた。続いて1988年に，宿泊設備と地域の人々にも開かれたホールを持つ身体障害者療護施設「わたぼうしの家」が社会福祉法人と

して認可され，建設された。わたぼうしの家は，生活支援，相談支援，配食や子ども食堂なども実施している。1998年には障害者1人ひとりのライフスタイルにあわせた「福祉ホーム コットンハウス」というケア付き集合住宅も完成した。

たんぽぽグループは，発足当時からアートに力を注いできた。アートの癒す力，つなぐ力，活力を与える力を十分に認識していたからだろう。その原点となったのは，1975年に始まった「わたぼうしコンサート」である。コンサートでは，障害のある人の詩にメロディーをつけて，会場の参加者がみんなで歌う。このスタイルは海外でも広く受け入れられ，「アジア太平洋わたぼうし音楽祭」として，今も2年に1度，持ち回りで開催されている。

わたぼうしムーブメントに続いて「芸術の力で社会を変える」ために1990年代から取り組まれたのが「エイブル・アート・ムーブメント」（可能性の芸術運動）である。その一環として，障害者アートの見直しが行われた。それまでも施設や作業所において，障害のある人たちによる絵画や陶芸などの創作活動が行われていたが，たいていは余暇活動として位置づけられ，展覧会を行うにしても小規模で，一般の人の目には触れにくかった。ところが，中には独自の豊かな表現力を持つ制作者がおり，「障害者芸術」という枠にとどまらないアート作品が注目されるようになった。

1992年に「とっておきの芸術祭」という作品展が開かれたのをきっかけに，たんぽぽの家が事務局となって「障害者芸術文化ネットワーク準備委員会」が結成された。これを母体に，1994年に「日本障害者芸術文化協会」（現・NPO法人エイブル・アート・ジャパン）という中間支援組織が発足し，全国の福祉施設や作業所，美術関係者のネットワーク形成が進められた。

その後，大阪府や東京都で大規模な展覧会が開かれたり，企業との協働によって各地でフォーラムや人材育成が進められたりした。さらに，障害のある人がアートを仕事にできる環境をつくるために，「エイブルアート・カンパニー」という共同事業が始められた。この事業では，全国の障害者アートを広告や商品のデザインに使いたい企業やデザイナーと作品との仲介が行われている。

一方，たんぽぽの家本体でも，障害のある人のための「コミュニティ・アートセンターHANA」，アートを使った商品の制作や開発を行う「Good Job! Center」が設立された。これらはいずれも地域に開かれており，就労継続支援，就労移行支援，生活介護といった制度を使いつつ事業を行っている。

今日，障害の有無にかかわりなく，生きにくいと感じる人が多い。人間が生きやすい社会をどうやってつくるのかが，大きな社会的課題となっている。アートに人間が生きることを助ける役割があるとすれば，広い意味での福祉と親和性があることがわかる。

6-2▶ 環境と宗教，福祉，地域づくり

これまで医療や福祉（ないしケア）に関する領域と環境・自然の分野とはあまり接点がなかった。けれども近年は，自然とのかかわり（園芸，農作業など）を高齢者ケアの中に取り入れることで，高齢者の心身の状態が改善されるといった例などにも示されるように，「自然とのかかわりを通じたケア（または癒し）」というテーマが徐々に関心を持たれるようになっている。

一方，そもそも病気とは何かといったことを考えていくと，高齢者に限らず，それはおのずと，自然との関係を含めて人間が置かれた「環境」のあり方全体に視野を広げていかざるをえない。[20)]

▶宗教，福祉，地域づくり

宗教法人は日本に合計18万もあり，非営利的，公益的とされる法人の中でも最大の数を誇っている（宗教法人については，第2章7節を参照）。しかし地方の人口減少や地域社会の衰えもあって，多くの寺社は苦しい状況にある。

寺についていえば，圧倒的に多かったのが地域の人たちが共有する，

祈りの場としてつくられた寺だったと，内山節氏が述べている。[21] 寺は信仰の場であり，寄りあいの場であり，旅人が夜露をしのぐ場でもあったという。今日，問い直されているのは，地域の人々にとっての寺の役割である。

兵庫県尼崎市にある浄土真宗の西正《さいしょう》寺《じ》は，寺社が地域に当たり前のように協力し，また地域の人々が寺社のために普通に何かをするという関係を取り戻そうとしている。副住職の中平了悟氏は，特定の檀信徒しか寺に来ないという現状を脱して，新しいつながりを創出し，地域の日常におけるセーフティネットを構築することを考えている。その1つの試みが「テラからはじまるこれからの，ハナシ。」（テラハ）である。

テラハでは「地域コミュニティと地域のネットワークづくり」「性的マイノリティ」「自死対策」「脱線事故」といった刺激的なテーマによる講演の後，少人数のグループによる長い語りあいが行われる。参加者のほとんどは，それまで西正寺に足を運んだことのない人たちだという。

「カリー寺」は，西正寺でカレーを食べるイベントで，参加者は縁側で話を聞くような感じで音楽，トーク，チャイなども楽しんだ。このときは地域で活動する「尼崎ENGAWA化計画」という若者の市民グループが協力し，カレー店6店，門徒，地域の人たちもスタッフとして参加した。

西正寺では障害者を交えて書道を行ったり，発達障害をテーマにした「おとな寺子屋」を開いたりもしている。こうしてできた寺を中心とした地域のつながりは「地域のアンテナ」ともなり，地域での役割が見えてくる。「ローカルな社会課題を拾うのも寺」の役割だと中平氏は語る。

寺による社会活動は，少しずつ広がっているようである。奈良県磯城郡田原本町の安養寺に事務局を置く「おてらおやつクラブ」は，全国数百の寺院とネットワークを結び，地域の寺と支援団体のマッチングによって供え物の菓子，食品類，日用品を母子家庭などに届けている。東日本大震災発生時には，多数の人を収容できる寺院が避難場所となった。その後，地方自治体と宗教施設が明文化された災害協定を結ぶことが急増したという。

考えてみよう

問-1　「有償ボランティア」が実際上，有給職員だと見なされるのは，どんな場合だろうか。交通費などの実費だけが支給される場合は有償とされるのだろうか。

問-2　日本でいう「第三セクター」と米国の「サードセクター」は本質的に同じなのだろうか，それとも違うのだろうか。

問-3　「地域運営組織は主として私的組織である。これに対して，地域自治区は主として公法人であり，行政機構の一部だといってよい」という考え方は妥当だろうか。地方自治法（第202条の4～9）も参照しながら考えてみよう。

第 2 章 非営利組織の制度

本章では，最初に非営利組織の基本的な特徴を，組織の目的と利益分配をしないという点に着目して解説する。続いて，なぜ多くの市民活動団体が法人になるのか，社団と財団の違いは何かについて見ていく。

第3節以下では，主として市民活動団体を念頭に置きながら，いくつかの法人タイプについて，その制度のできた背景，特徴，設立の要件，内部の機関，指導監督のあり方，税制と会計といったことを説明する。比較のために，医療法人や宗教法人など，他の非営利法人の制度にも触れる。

1 非営利組織の本質

1-1 ▸ 非営利目的であることの証し

非営利組織は利益を追うことを目的としない組織である。しかし，金儲けに走らないということは，収入が全くないとか，赤字続きであってもかまわないということではない。非営利目的の組織といえども，組織を維持し，社会的な活動を行うため，一定の収入を確保しなければならない。赤字決算が続くと，非営利組織といえども最終的には倒産を免れない。

組織の安定的な運営のためには，収入と支出をバランスさせるだけではなく，可能であれば**剰余金**を出して多少の蓄えを持っておく必要がある。それは非営利組織にも一定の範囲で許されている。つまり，翌年度以降の事業のために使うお金を団体にある程度残しておくことは，問題ないとされているのである。

しかし，株式会社のように利益を配当のような形で出資者に分配した

図2-1 ▸ 非分配原則

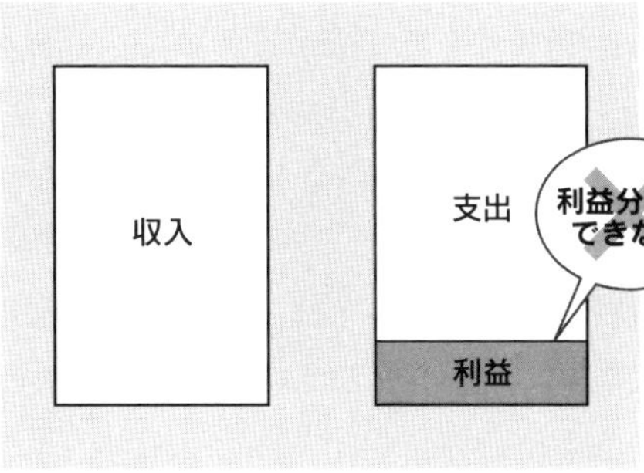

り，役員や職員に世間相場から見て不当に高額な報酬や給与を支払ったりするなど，実質的に「利益分配」に当たることは原則としてできない。これは**非分配原則**と呼ばれている（**図2-1**）。

剰余金の非分配は，非営利組織を制度的に大きく特徴づけるものである。そのことによって，建前として営利を目的としない団体が，実質的にも営利を追求できないように歯止めがかけられている。

非分配原則は，団体を解散するときの財産処分にも適用される。非営利目的の法人が解散する場合，債務を差し引いても財産が残っていることがあるが，そうした残余財産の分配も原則として禁止されている。そうでないと，実質的な利益分配が可能となるので，これは当然のことだろう。

では，残余財産はどう処分されるのか。法人の種類によって多少異なるが，一般に公益的とされる組織に財産を譲り渡すことになっている。NPO法人の場合は国，地方公共団体あるいは他のNPO法人や公益的な法人（個別に列挙されている）に譲渡しなくてはならないと法律で決められている。

1-2 ▸ 儲けることが目的でないなら，何が目的か

非営利組織は営利を活動の目的としない。では何を目的とするのかと

いえば，多くの場合，社会全般の利益となるようなことを目的とする。社会全般の利益，つまり公共の利益は**公益**とも呼ばれ，一般には「不特定かつ多数の人々の利益」を指すものとされている。公益に対するこのような見方は少なくとも1950年代以後，学説や行政文書に表れており，社会に定着している。NPO法や新しい公益法人制度に関する法律にも受け継がれている。

NPO法人は，法律に示されている20の「特定非営利活動」のうちのどれか1つまたは複数を行い，「不特定かつ多数の人々の利益の増進に寄与すること」とされている。何がしかの非営利的な活動を通じて公益を増進するようにする，ということである。

ここで，「公益の増進」ではなく「不特定かつ多数の人々の利益」という表現になっているのは，立法の過程において「公益」という語が官庁によって乱用されることをおそれた市民側の主導で，そのように言い換えたからだという。

2008年に施行された公益法人認定法は，公益目的事業を「学術，技芸，慈善その他の公益に関する別表各号に掲げる種類の事業であって，不特定かつ多数の者の利益の増進に寄与するもの」と定義している（公益法人認定法，および別表については本章5節を参照）。ここでも活動（事業）分野をたくさん並べたうえで，それが「不特定かつ多数の人々の利益」となるようにするものとされている。

なお，公益と対になる概念としては**私益**がある。私益は，私やあなたというように，特定の人の利益を指す。公益と私益の中間に位置するのは，**共益**である。共益は，ある集団の構成員（メンバー）の共通利益を指す。具体的な集団としては同窓会や同業者の集まりなどが考えられる。こうした集団が団体をつくる場合は，かかわる人が多数であっても，会員や組合員ら特定の人たちの共通利益の追求を行うということで，公益をめざす団体と区別されている。

1-3 ▸ 公益性をどう判断するか

団体やその事業に公益性があると認められるためには，利益の及ぶ対象が特定の人たちに限定されておらず，少なくとも潜在的には多数の一般の人々でなければならない。その際に重要なのは，利益の及ぶ範囲が不特定だということであって，何人以上でなければならない，ということではない。利益が一般の人々に開かれていればよいのである。

当初は少数の直接の当事者の利益が活動の目的であっても，活動がそれら特定の人たちを超えて外に向かって開かれており，より広く利益を及ぼす可能性があれば，公益的といえるのではないかということである。極端な場合，世界でたった1人しか罹患していない，ある難病の患者を対象とした支援活動でも，そのことで将来発生する新たな患者が助かる可能性があれば，潜在的な多数性があると解釈される可能性が大きい。

具体的な場面では，団体の活動が「不特定かつ多数の人々の利益」の増進につながるかどうかの判断が難しいこともある。たとえば，特定の地域に住む障害者数人がグループホームをつくった場合，その公益性をどのように考えればよいのだろうか。特定の地域に住み，特定の属性を持つ数人のための活動は，不特定で多数の者の利益を積極的に追求するといえるのだろうか。

このようなケースでは，当面の受益者が数人程度であっても，受益する障害者がそのうちに入れ替わるだろうから，極端な入居制限を行わない限り，対象が不特定であるといえなくもない。また，そのグループホームに住まない障害者も，将来入居する可能性があり，そのために安心して地域生活を送ることができるという利益を受けているとすれば，活動の効果が広く一般に及ぶことになり，その意味で公益的だと考えられる。こうしたケースでは，入居者が何らかの支援を必要とする属性を持つ，ということが後押しの材料となる。障害の他，年齢（高齢者であること）などがそれに該当する。

公益性の判断が難しい例としては，最小行政単位よりも狭い区域の住民のために活動している地域運営組織のケースがある。地域運営組織は（第1章4節で見てきたように）過疎地などにおいて小学校区ほどの狭い区域の地域住民の助けあいのために，住民を構成員として設立されており，NPO法人となっている場合も多い。

なかには，建前上その区域の住民全員をメンバーとするところもある。これらが不特定多数の要件を満たしているかどうかが問われるところだが，内閣府は，対象地域それ自体が1つのまとまりを持った「社会」と認められる範囲であれば，不特定多数の要件は満たすとする見解を示している。[1)]

公益性は時代や情勢とともに変わる。たとえば，地域経済の振興をめざす活動は，経済の停滞や失業が大きな社会問題となっているときには公益性が高いと見なされるだろうが，経済成長率が高く完全雇用が続いている時代にはそうでもないだろう。干潟や里山の保全活動は，高度経済成長時代には政府によって公益性がないと判断された可能性が高いが，現代では貴重な自然を守る活動として，その公益性が広く認められている。

公益性の判断は，誰が判断するかによって結果が異なることがある。たとえば，政府や自治体が公益と見なすことと，市民が公益と見なすことは必ずしも一致しない。1980年代にカンボジア国内で紛争が生じていたとき，日本のあるNGOはカンボジアで困窮していた人々に対する支援活動を行ったが，当時のカンボジア政権を支持していなかった日本政府は，これに対して不快感を隠さなかった。

ところが和平プロセス後は，一転して日本政府はこのNGOを評価するようになり，積極的に支援し始めた。もし最初に日本政府がこの団体の活動を規制してしまっていたら，その後の活動もなかったかもしれない。

市民の銃所持を個人の権利だとする立場に立つ「全米ライフル協会」は，公益性を認められた団体として免税資格を与えられている。連邦税制上は「社会福祉団体」とされているのである。

銃の所持に反対する他の団体から見れば，全米ライフル協会（NRA）は公益性がないどころか，公共の福祉に反する団体と映るだろう。反対派は，銃が善良な市民の身を守る手段であるという「益」より，他人を無用に殺傷する手段となる「害」の側面を重視しているからである。

米国では，このような真っ向から対立する立場が激しくせめぎあっている。この場合，一方だけに公益性を認めるべきだろうか，それとも双方に公益性を認めるべきだろうか。両者の違いが事実認識の違いだけでなく価値観の違いを反映したものだけに，判断は難しい。そこで，これまでは銃の自由な所持に反対する活動を行う団体にも推進する団体にも公益性を認め，両者を併存させるという考え方がとられてきた。

市民活動が多様な価値観に基づいて展開されるべきだとすれば，多様性の保障もまた公益的なのかもしれない。もっとも，直近では銃所持の規制派と反対派の対立が激化しており，こうした考え方の基盤が揺らいでいる。

2　非営利法人にかかわる制度

2-1 ▸ 法人とは何か

日本では，日本国憲法第21条で結社の自由が保障されており，行政の許認可（許可や認可）がなくても団体をつくることができる。市民グループ，ボランティア団体と呼ばれているものの多くは，許認可を得たり法務局に登記したりすることなく設立される。

これらは行政に指導・監督されることがない代わりに，団体としての権利能力も持たない。このような団体は**任意団体**と呼ばれる。任意団体が団体としての代表者選出の方法，総会の運営ルール，財産の管理などを規則によって定めていて，より組織化されている場合は，**権利能力なき社団または財団**と呼ぶことがある。

団体の中で，個人ではなく団体としての権利能力を持ち，契約の当事者となれるものを**法人**と呼ぶ。法人は，権利・義務の主体としての法律行為を行う限りにおいて人格を持つ。これを法人格という。

現在の日本には数多くの法人制度が存在する。株式会社，合同会社，地方公共団体（地方自治体），立法機関，行政機関，司法機関，主要な政党，独立行政法人はすべて法人組織である。

また，後で見るように，私立学校，寺社，診療所，社会福祉施設の運営主体も大部分が法人となっている。協同組合や労働組合の多くもそうである。日本ではすべての法人が「行政手続における特定の個人を識別するための番号の利用等に関する法律」（番号法）に基づき，法人番号を持つ。

法人にはすべて根拠となる法律がある。株式会社であれば会社法，NPO法人であればNPO法である。法人を設立するためには，それぞれの**根拠法**や関連の法令に基づいて一定の手続きを踏まなければならない。

法人の設立に際して行政がどのように関与するかは，法人の種類によって異なる。NPO法人であれば，所轄庁（管轄する役所）による**認証**が必要である。それに対して，社会福祉法人には所轄庁の**認可**が求められる。

新制度に移行する前の旧公益法人制度では，主務官庁（特定の行政事務を主管する行政官庁）による**許可**が必要であった。旧公益法人の主務官庁は法人の設立を許可するにあたって大きな裁量権を持っていたことが問題とされた。

株式会社や一般社団法人などは，後で述べるように，法務局における**登記**だけで法人として設立することができ，許認可は必要とされない。しかし，一般社団法人が公益社団法人となって税制上の優遇を得るためには，内閣府に設置された公益認定等委員会（後述）による**認定**が必要である。

これら許認可に関する用語は紛らわしく，それぞれの違いもわかりにくい。内閣府は「法律用語辞典［第3版］（有斐閣）より」として，認可，認定，認証の用法を次のようにウェブサイトに掲載している。[2)]

認可：講学上の法律行為的行政行為の1つで，第三者の行為を補充してその法律上の効力を完成させる行為。

認定：一定の事実または法律関係の存否を有権的に確認すること。

認証：一定の行為または文書の成立あるいは記載が正当な手続きによってなされたことを公の機関が確認，証明すること。

これだけでは少々わかりにくいだろう。一般的な説明としては，宮崎県NPOポータルサイトの次の説明が参考になる。[3)]

許可：法人の設立を許可するかどうかは，行政の裁量となるもの。

認可：法律の要件を満たせば，行政は必ず認可するもの。

認証：法律の要件を満たせば，原則的に書面審査により，行政が認証する制度。行政は，団体の活動内容の価値判断には踏み込めないので，認可よりも準則主義に近い。

裁量とは，行政権の一定の範囲内での判断の自由のことをいう。法人設立に関していえば，許可の場合には一般に行政の判断の幅が大きく，認可，認証の順にその幅が狭くなるといってよい。

準則主義は，法律上の要件を満たしていれば行政の関与を経ないで当然のように法人の設立を認めるという考え方である。具体的には，書類上の事実確認だけで法人登記が可能になる。ただし，これは一般論であって，裁量の幅は法人の種類によって少しずつ異なったり，時代の影響を受けて変化したりする。

2-2 ▸ 法人となるメリットとデメリット

法人となった場合の大きなメリットは，社会的信用が増すことである。たとえばNPO法人になると，重要事項が書かれている定款や毎年度の決算書類を公表することになるので，透明度が高くなり，それが信用の向上につながると考えられる。

小さな団体の場合は，法人格を持たなくても特に不自由することはない。むしろ，任意団体のままでいたほうが制約も少ないだろう。しかし，団体の予算規模が大きくなり，財産が増えてきたりすると，任意団体のままでは都合の悪いことが生じる。たとえば，事務所の賃貸借契約を団体として結ぶことができない，自動車の保有を団体の代表者が個人名義で行わなくてはならない，といったことである。

この場合，何か問題が生じたときには，損害賠償を含めて代表者がすべての責任を負うことになる。しかし，法人格を取得した場合には，責任は法人にあるとされ，損害賠償も法人として行うことになる。

任意団体は預金口座の名義も厳密には団体ではなく，代表者個人の名義にしなくてはならない。このため，財産の管理や代表者の死亡などによる相続に際して不都合が生ずることがある。これに対して，法人の場合は個人の財産と団体の財産を明確に分けることができるので，無用な混乱や争いを避けることができ，相続の問題も発生しない。県や市区町村のパートナー団体として契約を結んで仕事をする際にも，法人格があったほうがよい。

法人格を取得した場合のデメリットは，法人の種類にもよるが，活動内容に一定の制約が生じること，経理を正規の簿記に従って処理したり各種の届け出や報告の義務が生じたりして事務負担が大きくなること，情報の開示が必要となる，などだろう。いうなればメリットの裏返しである。

任意団体でも，収益があれば法人と同様に団体に対して課税される。法人税法（第2条）ではこのような団体を**人格のない社団等**としている。前述の番号法では，人格のない社団等を「法人でない社団若しくは財団で代表者若しくは管理人の定めがあるもの」と規定しており，国税庁でもこの規定を採用している。前述の権利能力なき社団または財団と実質的に同じ意味である。

小規模な市民団体が法人となる道は，比較的最近まで事実上閉ざされていたといってよい。社会福祉の分野の団体であれば社会福祉法人，それ以外の分野であれば社団法人や財団法人となることも不可能ではなかった。

しかし，それには官庁の許認可が必要であり，法人運営の安定性，事業の質を確保するために，多額の資金や多くの会員を有する必要があるとされるなど，難しい要件が課された。また，許認可を得るために事前相談の段階から膨大な書類を作成し，幾度となく役所に足を運ばなくてはならなかった。

さらに，設立後も何かと活動に制約があった。このため，NPO法のできる前は，数億円の資産を持つ大きな市民団体でも，やむをえず任意団体のままでいるという例も存在した。

こうしたことから，小規模で活動実績のない団体でも，設立のための要件を整えさえすれば法人化できる制度を求める運動が展開された。1998年にできた特定非営利活動法人（NPO法人）という法人制度は，そうした運動の成果である。

2-3 ▸ 社団と財団はどう違うのか

ここで，社団と財団の違いについて簡単に説明しておこう。

社団とは，その内部組織が人の集合体である組織をいう。出発点において財産ではなく人を基礎とした組織なのである。社団を構成するのは**社員**（一般には会員と呼ばれる）であり，会員制の組織として社会運動を行ったりサービスを提供したりする。

これに対し，**財団**は一定の目的のために集められた財産を基礎とする組織である。理事や事務局はその管理者ということになる。典型的には財産を運用して助成金を出すような活動を行う。財団も会員制をとる場合があるが，その場合の会員は賛助的な役割を持つにすぎず，社団の場合のように会員が社員総会を開いて重要事項の決定を行うわけではない。

法人制度で社団や財団の区別があるのは，一般法人，公益法人，医療法人である。これらについては本章4節，5節および7節で述べる。

3　NPO法人の制度

3-1 ▸ 制度の特徴

NPO法人制度は，小規模であっても公益的な活動を行う法人を，一般市民がなるべく簡単につくれる仕組みを創設しようという趣旨で設けられたものである。このため，設立に際しては公益法人や社会福祉法人よりも緩やかな要件しか求められない。また，法人設立のための基本的な要件は法律に記載されており，法律に定める要件を満たしていれば，所轄庁は原則として設立を認証しなくてはならない。設立までに必要とされる期間も短い。

しかし，あまりに設立が容易だと，この制度の趣旨になじまない法人，たとえば詐欺行為を行うものや実体のないものなどが続出する可能性はないだろうか。確かにそのおそれもあるので，法人を設立する際には団体の情報をできるだけ公開して一般市民の目にさらし，質的に問題のある団体がおのずと排除されるような制度にしている。

NPO法には，次のような情報公開の規定がある。

- 認証申請時に所轄庁で公告・縦覧（申請のあったことを住民に知らせたり，書類を閲覧できるようにしたりすること）の期間を1カ月間設けなくてはならない。
- 設立後，そのNPO法人の社員（職員ではなく会員を指す）など利害関係人から事業報告書等，役員名簿，定款等の閲覧の請求があれば，正当な理由がある場合を除いて，閲覧させなければならない。
- 前事業年度の貸借対照表を，官報あるいは日刊新聞への掲載，インターネットなどの方法で公告しなければならない。
- **所轄庁**（設立認証や監督を担当している役所のこと。NPO法人の場合は都道府県または政令指定都市）では，一般の人に対しても，その法人の事業報告書等（過去5年分）を閲覧できるように

表2-1 ▶ 特定非営利活動法人の認定数の推移

	1998年度	2000年度	2005年度	2010年度	2015年度	2018年度
認証法人数	23	3,800	26,394	42,385	50,866	51,605

注：数字は各年度末の法人数。
出所：内閣府NPOホームページ（https://npo-homepage.go.jp/about/toukei-info/ninshou-seni）。

しなくてはならない。また，そのコピーの請求にも応じなければならない。

このように，設立や運営に際して行政の関与を最小限にしていること，市民から信頼されるようにするために情報公開を義務づけていることが，NPO法人制度の特徴となっている。NPO法人のこのような性格は，その後，他の非営利的な法人の制度にも影響を及ぼした。

NPO法人は，2018年度末現在で5万1605法人存在している（**表2-1**）。不認証となったケースも存在するが数は少なく，認証される率は高い。ただし，設立申請書が受理されながら審査期間中に受理を取り消されたケースもある。また，近年は解散する法人も増えているため，総数は頭打ちないしは微減となっている。

3-2 ▶ 設立の要件は何か

NPO法人は，従来は内閣府が認証することもあったが，2011年の法改正により，2012年4月以後はすべて都道府県または政令指定都市の認証を経て設立されることになった。事務手続きの窓口は市町村となっていることも多い。

認証されるためには，NPO法に記載されている要件を満たす必要がある。詳しくは条文に譲るとして，ここでは主要なもののみを挙げる。

- 特定非営利活動（**表2-2**）を行うことを主たる目的とすること。
- 営利を目的としないこと。

表2-2 ▶ 特定非営利活動

特定非営利活動とは以下のような活動であって，不特定かつ多数のものの利益の増進に寄与することを目的とする活動を指す。 ① 保健，医療または福祉の増進を図る活動 ② 社会教育の推進を図る活動 ③ まちづくりの推進を図る活動 ④ 観光の振興を図る活動 ⑤ 農山漁村または中山間地域の振興を図る活動 ⑥ 学術，文化，芸術またはスポーツの振興を図る活動 ⑦ 環境の保全を図る活動 ⑧ 災害救援活動 ⑨ 地域安全活動 ⑩ 人権の擁護または平和の推進を図る活動 ⑪ 国際協力の活動 ⑫ 男女共同参画社会の形成の促進を図る活動 ⑬ 子どもの健全育成を図る活動 ⑭ 情報化社会の発展を図る活動 ⑮ 科学技術の振興を図る活動 ⑯ 経済活動の活性化を図る活動 ⑰ 職業能力の開発または雇用機会の拡充を支援する活動 ⑱ 消費者の保護を図る活動 ⑲ 前各号に掲げる活動を行う団体の運営または活動に関する連絡，助言または援助の活動 ⑳ 前各号に掲げる活動に準ずる活動として都道府県または指定都市の条例で定める活動

出所：2011年6月15日改正の非営利活動促進法第2条別表。

- 社員（正会員など総会で議決権を有する者）の資格を得たり失ったりすることに関して，不当な条件をつけないこと。
- 宗教活動を主たる目的としないこと。
- 政治上の主義を推進し，支持し，またはこれに反対することを主たる目的とするものではないこと。
- 特定の公職の候補者，あるいはすでに公職にある者，または政党を推薦し，支持し，またはこれに反対することを目的とするものでないこと。

- 暴力団でないこと。
- 暴力団もしくは暴力団員の統制の下にないこと。
- 10人以上の社員を持つこと。
- **役員**として理事を3人以上，監事を1人以上置くこと。
- 役員のうち，**報酬**を受ける者の数が役員総数の3分の1以下であること（この場合の報酬とは，スタッフとしての給与ではなく，役員としての貢献に対する支払いを指す）。
- 役員は成年被後見人または被保佐人など，NPO法に規定する**欠格事由**に該当しないこと。

NPO法人を設立しようという場合は，通常まず設立者が集まって設立発起人会を開き，設立趣意書，**定款**（法人の最も重要な規則を記した文書のこと），事業計画書，活動予算書などの原案づくりを行う。次に，設立当初の社員全員で設立総会を開催し，定款など運営のルールや組織体制について決議を行う。

任意団体としてすでに活動していれば，任意団体の財産を受け継ぐことも決議する。さらに，設立申請に必要な書類を作成し，所轄庁（都道府県または政令指定都市）に書類を提出する。設立にあたっては，当然ながら設立の手続き，申請書，定款の内容が法令の規定に適合していることなども必要である。

受理された書類は，1カ月間一般に縦覧され，同時に所轄庁による審査が行われる。認証か不認証かの決定は縦覧期間も含め3カ月以内に通知されることになっている。不認証の場合は，その旨が理由とともに書面で通知される。認証されたら，法務局で設立登記を行う。

NPO法人が活動することのできる分野は，特定非営利活動としてNPO法に個別に列挙されている。数度にわたる法改正により，特定非営利活動の分野が当初の12から20にまで広がったため，活動できない分野はほとんどないといってよい。複数の分野で活動することも可能である。また，収益事業を行い，その収益を特定非営利活動に充てることも認められている。

3-3 ▶ 内部の機関とその働き

NPO法人の業務は，理事その他の役員に委任すると定款に記したもの以外は，すべて総会の決議によって行うこととされる。逆にいえば，定款で理事への委任事項を定めればかなりのことを理事だけで決めることが可能であり，実際上の理由から多くの団体がそのようにしている。ただし，定款の変更，法人の解散や合併といった重要事項は総会の決議事項であり，委任ができない。

その意味で，NPO法人の社員総会は最高意思決定機関である。理事は通常総会を少なくとも年に1回開かなくてはならない。総会の表決は，書面の他に電子メールなど，電磁的方法によって行うこともできる。

NPO法人には法律の規定により，**理事**を3人以上，**監事**を1人以上置かなくてはならない。理事はNPO法人の業務を執行する役割を持ち，定款で特別の定めのないときは過半数をもって決定を行う。理事を3人以上置くのは，合議による決定を行うためである。

しかし，公益社団法人や公益財団法人（本章4節を参照）などと異なり，**理事会**を置く必要はない。また，評議員や評議員会についての規定もないが，任意に設置することは可能である。

理事は，各人が法人の業務について法人を代表することになっている。しかし，それでは不都合が生じる場合があるので，定款によって**代表権**を制限することができる。通例では理事長，代表理事といった特定の理事に代表権を集め，統一的かつ迅速な意思決定ができるようにしている。

監事は理事の業務執行や法人の財産の状況を監査する役割を持つ。事務局は必要がなければ置かなくてもよい。

理事や監事には欠格事由があり，成年被後見人または被保佐人，破産者，犯罪者などは理事，監事に就任することができない。

3-4 ▶ 指導監督

NPO法人は，設立に際しての規制が緩やかであり，情報公開を通じて運営状況を市民が監視するような仕組みになっている。しかし，それ相応の理由があるときには，所轄庁はNPO法人に対して，業務もしくは財産に関する報告をさせたり，立入り検査をしたりすることができる。それでも問題が残れば，改善命令を出すこともできる。また，政令や法律に違反するようなことがあれば，罰金を科するなどの処罰もありうる。

最終的には，設立の認証の取消しという手段が残されており，実際にそうしたケースも発生している。もっとも，所轄庁のそうした行為についても手続きの透明性が要求されており，ウェブサイトなどで確認することができる。

残念ながら，この新しい法人制度は必ずしも理想どおりに機能しているとはいえない。活動を事実上停止している団体やこの法人制度の趣旨になじまない団体も少なくないのである。問題のある団体が発生したことで，設立認証時のチェックが強められるなど，行政の関与もやや高まった。同時に，情報公開の義務も強化される傾向にある。

3-5 ▶ 会計，税制，その他

NPO法人には制度発足後しばらくの間，統一的な会計基準がなかったため，NPO法人の決算書がわかりにくかったり，決算書を相互に比較することが難しかったりするなどの問題が生じていた。こうしたことから，情報公開の重要な部分をなす会計報告についての統一的なルールを作成し，NPO法人への信頼と支援につなげようと，会計の専門家を含む民間の有志が集まり，2010年にNPO法人会計基準を策定した。

特徴の1つは，従来の収支計算書が活動計算書となって，現金主義でなく発生主義としたことである。活動計算書とは，1年間の収益から費用や損失を引いて正味財産がどれだけ増減したかを，原因の面から表す書類のことを指す。その他，注記の活用，ボランティア活動などの会計への取り込み，小規模法人への対応など，NPO法人に適したものとなっていることも特徴だといえる。

NPO法では，会計簿を正規の簿記の原則に従って正しく記帳することとしている。NPO法人会計基準の採用は強制されていないが，同法に活動計算書という文言が入ったこともあり，次第に浸透してきている。

NPO法人の税制に関しては，優遇税制を中心に第3章4節で改めて述べる。一言でいうと，一般のNPO法人は収益事業以外からの所得には課税されず，収益事業からの所得にのみ課税される。この場合の収益事業とは，法人税法でいう収益事業（34業種）に該当するものを指す。一方，NPO法人への寄付者に対しては，特に優遇がなく，別途認定が必要である。このため，認定を受けないままであれば，税制上の特典はあまり大きくない。

3-6 ▶ 合併と解散

NPO法人は社員総会での議決や所轄庁の認証など，一定の手続きを経た場合は解散や合併を行うことができる。NPO法人が合併する場合は，相手は他のNPO法人に限られる。総会での議決は，定款で別の定めを行わない限り，社員の4分の3以上の賛成を必要とする。解散の事由としては，社員総会の決議，定款で定めた事由の発生，目的とする事業の成功の不能，社員の欠亡，合併などがある。

残余財産の帰属先（誰のものになるか）は自由に決めることはできない。NPO法では，帰属先を特定非営利活動法人，国または地方公共団体，公益社団法人または公益財団法人，学校法人，社会福祉法人，更生保護法人としている。定款で定めている場合は，定款の規定に従って帰属先を決める。

4　一般法人の制度

4-1 ▸ 制度がつくられた背景

2008年12月から従来の公益法人制度に代わる法人制度である，**一般社団法人**，**一般財団法人**（以下，一般社団・財団法人と記す）と**公益社団法人**，**公益財団法人**（以下，公益社団・財団法人と記す）の制度が施行された。一般社団・財団法人制度は，一言でいえば剰余金の分配を目的としない法人に関する一般的な法人制度である。また，公益社団・財団法人制度は，一般社団・財団法人の中で公益性を有すると認められた法人に関する制度である。

制度改革以前の社団法人や財団法人は，民法を設立の根拠としていた。このため**民法法人**とも呼ばれたりもしていた。民法法人の設立には**主務官庁**の許可が必要であったが，法人格の取得と公益性の判断や税制上の優遇が一体となっていたため，設立の許可がなかなか下りず，市民が公益法人制度を活用することは実際上難しかった。

そもそも設立を許可するかどうかは主務官庁の判断に委ねられていたのであるが，その際の公益性の判断基準が必ずしも明瞭ではなかった。法律に一定の要件が示されていて，その要件を満たしさえすれば市民が財団法人や社団法人を設立することができる，というわけではなかったのである。

主務官庁に広い裁量権が認められていたために，この制度が主務官庁自身の利益になるように使われ，公益的だとはいえない法人が退職公務員の「天下り先」として多数設立されることにもつながった。

このような問題点を抜本的に改めるために2006年に**一般社団・財団法人法**，**公益法人認定法**，および**整備法**と略称されている3つの法律が制定され，2008年12月に施行された（**表2-3**）。

この3つの法律による社団法人，財団法人に関する新しい制度は次のような特徴を持つ。

表2-3▶公益法人制度改革関連三法

① 一般社団法人及び一般財団法人に関する法律(一般社団・財団法人法)
② 公益社団法人及び公益財団法人の認定等に関する法律(公益法人認定法)
③ 一般社団法人及び一般財団法人に関する法律及び公益社団法人及び公益財団法人の認定等に関する法律の施行に伴う関係法律の整備等に関する法律(整備法)

- 法人の設立と，法人への税制上の優遇が制度的に切り離された。
- 法人の設立自体は行政の許認可なしにきわめて容易にできるようになった。
- 法人が税制上の優遇に値するかどうかの判断は，主務官庁や国税庁ではなく民間有識者による公益認定等委員会など，合議制の機関が行うことになった。
- 公益認定基準などのルールは法律，政令などで明確に定められ，制度の透明性が増した。
- 法人の適切な運営を確保するにあたり，問題が生じないよう行政があらかじめ細かく規制・指導するのではなく，各法人が明示的なルールに従って自主的，自立的な運営を行い，行政庁が事後チェックを行う方向，すなわち「事前規制型から事後チェック型」へと考え方が変わった。

新しい制度の下で，剰余金の分配を目的としない社団および財団は，一般社団法人，一般財団法人として登記のみで簡単に設立できるようになった。公益性にかかわる行政の個別の審査，判断なしに設立できる制度に変わったのである。

社団法人の場合は，2人以上の社員が共同で定款を作成し，それを公証人に認証してもらって法人登記するだけでよい。財団法人の場合は，設立者が定款を作成し，同様の手続きを経て設立するが，その際に300万円以上の財産のあることが要件となる。

このように，一般社団・財団法人の設立はNPO法人の設立よりもさ

図2-2▶公益法人制度の新旧比較

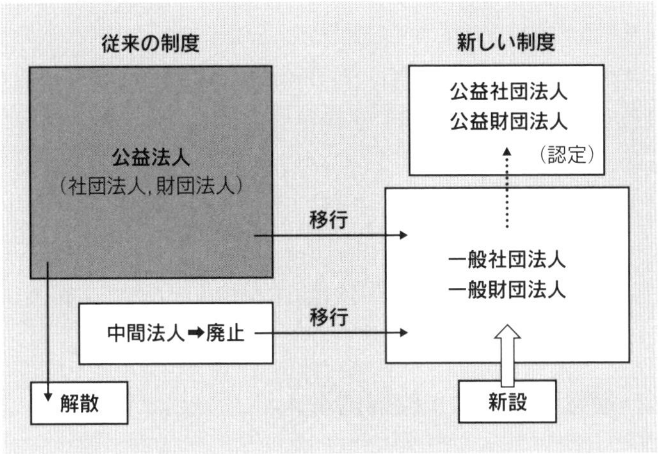

らに簡単で，株式会社の場合と同等に容易になったといえる。法人格を持たない任意団体も，登記だけで一般社団・財団法人として法人格を取得できるため，NPO法人にならないで一般社団・財団法人となる道を選ぶ団体も増えている。

一般社団・財団法人のうちで公益法人認定法の基準を満たしていると認定される法人は，公益社団法人または公益財団法人となって優遇税制の適用を受けることができる。そのためには，後述するように，民間有識者からなる公益認定等委員会など合議制の機関の判断をもとに，**行政庁**（内閣総理大臣または都道府県知事）から公益性を認定される必要がある。

民法に基づく従来の公益法人（民法法人）は一般社団法人，一般財団法人に移行の認可を受けるか，解散などの道をたどった。新たに公益認定を受けて公益社団法人や公益財団法人となったものもある。新旧の制度については，**図2-2**に示す。

新制度の施行に伴い，2000年に定められた**中間法人**制度は廃止された。もともと中間法人制度は，1972年以前に設立された古い公益法人の中に，非営利目的とはいえ公益性の低いものが交ざっていたため，それらを公益法人から切り離すことを目的としてつくられたものである。しかし，中間法人は新制度による一般社団法人ときわめてよく似ていることから廃止され，残った中間法人は一般社団法人に移行するか，解散した。

一般社団・財団法人の数は，2019年11月現在で6万7000余りに達していると思われる。市民活動団体の中にも，これらの法人形態をとるものが増えてきている。また公益社団・財団法人の数は，2018年12月現在で9493となっている。[4] 一般法人は旧公益法人や中間法人から移行したものを含む。公益法人の中にも旧公益法人から移行した法人がある。

4-2 ▸ 一般社団法人と一般財団法人

▸ 特徴

一般社団・財団法人制度の大きな特徴は，自由度の高い設計となっていることである。法人の設立はきわめて簡単であり，事業目的や事業内容の制限も特にない。法律の条文には営利を追求してはならないという規定すらなく，極端にいえば法律に違反しない限り何でもできる。しかし，新制度による一般社団法人・財団法人は，剰余金の分配を行うことができないという点で，株式会社など剰余金の分配を目的とする法人と制度的に異なる。

また，法人の設立や運営に際しての行政の関与が最小限にとどめられている代わりに，法人自身の**内部統治（ガバナンス）**については法律に詳しい規定があり，それに沿った管理運営が求められる。これも特徴の1つだといえる。

▸ 設立

一般社団法人の場合は，社員（団体のメンバー）2人から設立できる。社員は法人であってもかまわない。NPO法人と異なり，理事の判断で社員の入会制限をかけるようにすることができる。

一般財団法人の場合は，設立者（複数も可）が財産を拠出・給付するが，設立時の資産が300万円を下回ってはいけない。どちらの場合も，行政機関の許認可は必要なく，設立者が定款を作成して公証人の認証を受けるだけでよい。この場合の認証は，どちらかというと形式的な要件が整っているかどうかをチェックするのが目的である。

一般社団法人の社員が退社する，すなわち社員を辞めるのは原則として自由である。定款に別の規定をすることは可能であるが，やむをえない事由があればいつでも退社できる。

▶機関

《一般社団法人》

一般社団法人は，法定・定款事項の決議機関である社員総会を必ず置かなくてはならない。社員総会は一般社団法人の最高意思決定機関である。しかし社員は委任状を提出して代理人による議決権を行使したり，書面による表決を行ったりすることもできる。また，メールなど電磁的方法を使ってもかまわない。

一般社団法人には，業務執行にあたる理事が1人以上いなければならない。ただし，業務執行の決議機関としての理事会は，ケースによっては置く必要がなく，監事も特には設置の必要がない。このように，社員総会と理事1人だけからなる，きわめて簡素な機関構成にすることが可能である。しかし，一般には複数の理事を置き，定款や総会決議に基づいて代表理事を設置する。

一般社団法人の機関構成は，次の5つのうちのどれかになる。

①	社員総会	理事			
②	社員総会	理事		監事	
③	社員総会	理事		監事	会計監査人
④	社員総会	理事	理事会	監事	
⑤	社員総会	理事	理事会	監事	会計監査人

非営利型の一般社団法人（後述）は，理事の数を3人以上とし，さらに監事を置かなくてはならない。負債額が200億円以上の**大規模一般社**

団法人は，監事の他に会計監査人を必ず置く必要がある。**会計監査人**は公認会計士か監査法人でなければならない。

なお，一般社団法人は，定款に定めれば**基金**の制度を設けることが可能である。この場合の基金とは，法人に拠出された財産で，拠出者に対して返還義務を負うものをいう。これに対し，財団法人の基本財産は寄付されたものであり，返還する義務がない。

《一般財団法人》

一般財団法人は制度的に社員を有しないので，社員総会も存在しない（賛助会員制度を設けることはできる）。しかし3人以上の理事，理事会，監事を置く必要がある。また，理事が法人の目的に反した運営を行わないよう，牽制・監督する仕組みとして**評議員**3人以上，および**評議員会**を必ず置かなくてはならない。評議員は理事や監事の選任，解任や定款変更など法人の基本的な事項を決議するなど，大きな権限を持つ。

大規模一般財団法人も，監事の他に会計監査人を必ず置く必要がある。

一般財団法人の機関構成は，次の2つのうちのどれかになる。

①	評議員	評議員会	理事	理事会	監事	
②	評議員	評議員会	理事	理事会	監事	会計監査人

《一般法人共通》

代表理事は代表権限を持つ理事を指す。複数人でもかまわない。理事には権限に応じて理事長，副理事長，常務理事などの肩書を適宜付けることができる。理事会設置型の一般社団法人では業務執行のみを職務代行する**業務執行理事**を置くことも可能である。

役員報酬は定款や社員総会の決議（監事については監事の協議）により，支給することができる。NPO法人の場合のように報酬を支給する役員の割合に関する制限もないが，**役員報酬支給基準**と支給総額を定めるのが一般的な取扱いとされる。公益法人では，透明性を高めるために各役員の報酬額が推定可能なことが求められる。

一般社団・財団法人の理事会や評議員会には理事・評議員本人が出席しなくてはならない。社員の社員総会への議決権行使の場合とは異なり，代理人の出席や書面による表決参加は原則として認められない。このため，名ばかりの理事や評議員を多数選任すると，理事会や評議員会の開催が成立しなくなるおそれが出てくる。

評議員，理事，監事および会計監査人は，**「善良なる管理者としての注意義務」**を負う。専門家としての能力，社会的地位などから考えて通常期待される注意義務を負うのであり，一般的注意義務よりは厳しい義務とされる。役員（理事，監事）に職務執行情報の管理や，損失の危険を管理する体制などを整備する義務が課せられ，役員の損害賠償責任が明記されたのは，新しい一般社団・財団法人制度の特徴である。これは，法人自らがその適切な管理運営を図るような制度設計となっているからである。

なお理事，監事，評議員には欠格事由があり，それに該当する者は役員になれない。

▶ 指導監督

一般社団・財団法人は，行政の許認可を経ないで設立されるものであり，設立後も行政庁が特に運営に関与することはない。基本的には法人の自主的な管理運営に任される制度となっている。

ただし，裁判所が公益を確保するため，その法人の存立を許すことができないと判断する場合には，法務大臣または利害関係人の申立てにより，解散を命ずることができる。また，制度悪用への対策として，長らく実質的に活動を行っていない法人（**休眠法人**）は，登記官が解散の登記を行うことにより，**「みなし解散」**となる。

▶ 税制と会計

一般法人の会計は，一般に公正妥当と認められる会計の慣行に従わなくてはならないが，必ずしも特定の会計基準を用いなければならないわけではない。どのような会計基準を用いるにしても，各事業年度にかか

表2-4▶一般社団・財団法人のタイプ

一般社団法人 **一般財団法人**	非営利型の法人	非営利性が徹底された法人	収益事業からの所得以外の所得は非課税
		共益的活動を目的とする法人	収益事業からの所得以外の所得は非課税
	非営利型以外の法人		全所得が課税対象

注：収益事業は税法上の収益事業（34種）を指す。

わる**計算書類**（**貸借対照表**，**損益計算書**）および事業報告書，付属書類を作成しなければならない。

一般社団・財団法人は，税法上3つのタイプに分けられる（**表2-4**）。

非営利型の法人には非営利性が徹底された法人と，共益的活動（会員に共通する利益を図ること）を目的とする法人があり，これらは収益事業からの所得にのみ法人税が課税され，それ以外の所得，たとえば会費，寄付金，助成金からの所得は非課税とされる。

非営利型以外の法人は税法上，普通法人とされ，株式会社と同様に全所得が課税対象となる。

非営利性が徹底された法人であるためには，以下の要件をすべて満たす必要がある。

①剰余金の分配を行わないことを定款に定めていること。
②解散したときは，残余財産を国・地方公共団体や公益法人など，一定の公益的な団体に贈与することを定款に定めていること。
③上記①，②の定款の定めに違反する行為を決定したり行ったりしたことがないこと。
④理事とその親族等である理事の合計数が，理事の総数の3分の1以下であること。

共益的活動を目的とする法人であるためには，以下の要件をすべて満たす必要がある。

①会員に共通する利益を図る活動を行うことを目的としていること。
②定款等に会費の定めがあること。
③主たる事業として収益事業を行っていないこと。
④定款に特定の個人または団体に剰余金の分配を行うことを定めていないこと。
⑤解散したときに，残余財産を特定の個人または団体に帰属させることを定款に定めていないこと。
⑥特定の個人または団体に特別の利益を与えることを決定し，または与えたことがないこと。
⑦理事とその親族等である理事の合計数が，理事の総数の3分の1以下であること。

非営利型の法人であるための要件を満たせば，特に手続きをとらなくても一定の税優遇を受けることができる。ただし，要件が1つでも欠けたら普通法人の扱いを受けることになり，税法上の優遇はなくなる。

▶合併と解散

一般社団法人は，定款で定めた存続期間の満了，解散事由の発生，社員総会の決議，社員の欠亡，合併，破産，不正の目的で設立された解散命令や判決などによって解散する。

一般財団法人についても同様である。ただし，一般財団法人は設立者の定めた目的を実現すべき法人であることから，法人内部の機関の決議による解散はできないとされる。また，一般社団法人にはない解散事由として，法人法に規定されているのが，目的である事業の成功の不能による解散や純資産が2期連続して300万円を下回る場合である。

法人法によると，一般社団・財団法人は，他の一般社団・財団法人と合併することができる。一般社団法人同士が合併する場合は，合併後に存続する法人が一般社団法人でなければならない。同様に，一般財団法人同士が合併する場合は，合併後に存続する法人は一般財団法人でなければならない。合併に際しては一定の手続きを経る必要がある。

一般法人が解散したときには，清算手続きが行われる。債務を差し引いた後に残余財産があれば，その帰属先を決めなくてはならない。法人税法では，一般法人の残余財産の帰属先について次のような規定がある。

①定款の定めがあるときは，定款の定めによる。
②定款に定めのないときには，社員総会または評議員会の決議によって定める。
③上記①または②で決まらないときは，国庫に帰属する。

一般社団・財団法人は，法人法により，定款であらかじめ社員または設立者に剰余金または残余財産の分配を権利として与えることを禁止されているが，上記からは，社員総会または評議員会の決議で残余財産を分配することが制限されていないことがわかる。

非営利性が徹底されていない一般社団法人があることから，そうした法人を利用した相続税の回避も発生した。このため，税務当局による対策がとられるに至った。

5　公益法人の制度

5-1 ▸ 制度の特徴

公益法人とは，簡単にいうと，高い公益性を認められ，手厚い税制上の優遇を受ける社団法人や財団法人のことである。公益社団法人は公益認定を受けた一般社団法人のことであり，公益財団法人は公益認定を受けた一般財団法人のことである。公益社団・財団法人は，一般社団・財団法人としての基本構造を持ちつつ，**公益認定の基準**に適合する法人ということになる。公益法人認定法では，公益社団法人，公益財団法人を総称して公益法人と呼んでいる。

公益法人は当然ながら公益目的の事業を行う。公益法人認定法による

表2-5▶公益法人認定法第2条四の別表に掲げる事業

①　学術および科学技術の振興を目的とする事業

②　文化および芸術の振興を目的とする事業

③　障害者もしくは生活困窮者または事故，災害もしくは犯罪による被害者の支援を目的とする事業

④　高齢者の福祉の増進を目的とする事業

⑤　勤労意欲のある者に対する就労の支援を目的とする事業

⑥　公衆衛生の向上を目的とする事業

⑦　児童または青少年の健全な育成を目的とする事業

⑧　勤労者の福祉の向上を目的とする事業

⑨　教育，スポーツ等を通じて国民の心身の健全な発達に寄与し，または豊かな人間性を涵養することを目的とする事業

⑩　犯罪の防止または治安の維持を目的とする事業

⑪　事故または災害の防止を目的とする事業

⑫　人種，性別その他の事由による不当な差別または偏見の防止および根絶を目的とする事業

⑬　思想および良心の自由，信教の自由または表現の自由の尊重または擁護を目的とする事業

⑭　男女共同参画社会の形成その他のより良い社会の形成の推進を目的とする事業

⑮　国際相互理解の促進および開発途上にある海外の地域に対する経済協力を目的とする事業

⑯　地球環境の保全または自然環境の保護および整備を目的とする事業

⑰　国土の利用，整備または保全を目的とする事業

⑱　国政の健全な運営の確保に資することを目的とする事業

⑲　地域社会の健全な発展を目的とする事業

⑳　公正かつ自由な経済活動の機会の確保および促進並びにその活性化による国民生活の安定向上を目的とする事業

㉑　国民生活に不可欠な物資，エネルギー等の安定供給の確保を目的とする事業

㉒　一般消費者の利益の擁護または増進を目的とする事業

㉓　全各号に掲げるものの他，公益に関する事業として政令で定めるもの

出所：電子政府の総合窓口e-Gov「公益社団法人及び公益財団法人の認定等に関する法律」(elaws.e-gov.go.jp)。

と，**公益目的事業**とは学術，技芸，慈善その他の公益に関する同法の別表に掲げる23種類の事業（**表2-5**）であって，不特定多数の者の利益の

増進に寄与するものである。

公益法人の設立に際しては，行政庁が**公益性の認定**を行う。2つ以上の都道府県に事務所を設置したり事業を実施したりする法人，および国の事務事業と密接に関連する事業を行う法人については内閣総理大臣が，それ以外の法人については，都道府県知事が行政庁となる。

公益認定にあたり，行政庁すなわち国や都道府県は，民間有識者による**合議制の機関**（国については公益認定等委員会，東京都の場合は東京都公益認定等審議会）に諮問を行う。その結果を行政庁は尊重しなくてはならず，事実上，民間有識者による合議制の機関の判断が公益認定を左右する。これが2008年施行の新しい公益法人制度の大きな特徴である。

公益認定の基準は，公益法人認定法第5条に示されており，公益認定などの運用にかかわるガイドラインも，内閣府公益認定等委員会のウェブサイトで公表されている。ガイドラインは「不特定多数の者の利益の増進に寄与するもの」の事実認定を行う際の留意点を示したものである。こうしたことにより，認定の際の行政庁の裁量権を狭めており，要件が整えば公益認定を受けられるような仕組みにしている。

▶公益認定の基準

認定法第5条に記載されている基準のうち，主なものを以下に示す。

- 公益目的事業を行うことを主たる目的とするものであること。
- 公益目的事業を行うのに必要な経理的基礎および技術的能力を有するものであること。
- 事業を行うにあたり，社員，評議員，理事，監事，使用人（職員のこと）ら，当該法人の関係者に対し，特別の利益を与えないものであること。
- 事業を行うにあたり，営利事業者や特定の個人・団体らに対し，寄付その他の特別の利益を与える行為を行わないものであること。
- 公益目的事業に係る収入が，その実施に要する適正な費用を償う額を超えないと見込まれること（**収支相償**）。

- **公益目的事業比率**が100分の50以上となると見込まれること。
- 必要限度を超えて**遊休資産**を保有しないこと。
- 社員の資格に不当な差別的条件を付けたり，議決権行使に不当に差別的取扱いをしたりしないこと。

5-2 ▶ 公益社団法人と公益財団法人

▶ 機関

公益社団法人の場合は，次の2つのうちのどちらかの構成をとる。

①	社員総会	理事	理事会	監事	
②	社員総会	理事	理事会	監事	会計監査人

公益財団法人の機関構成は，一般財団法人と同様に，次の2つのうちのどちらかとなる。

③	評議員	評議員会	理事	理事会	監事	
④	評議員	評議員会	理事	理事会	監事	会計監査人

公益社団・財団法人のうち，大規模法人は会計監査人を置かなくてはならないので，②または④となる。ただし，大規模法人の場合の基準は一般社団・財団法人と若干異なる。

それぞれの機関の役割などは，一般社団・財団法人の場合と同様である。ただし，公益法人の場合は一般法人法に加えて公益法人認定法の規定を充足させなければならない。たとえば，役員が欠格事由に該当すると，公益法人の場合は，それが公益認定取消しにつながることに留意する必要がある。

▶ 指導・監督

行政庁（実際には，公益認定等委員会や都道府県の合議制の機関）は，公益法人の適正な運営を確保するために必要な限度で報告を求めたり，立入り検査を行ったりすることができる。主な目的は，公益認定基準が守られているかどうかをチェックすることである。公益認定基準の中でも収支相償，公益目的事業比率，遊休資産の保有に関する基準（あわせて**財務3基準**と呼ばれる）を毎年度満たすために，各法人が頭を悩ますところである。

行政庁は，相当の理由のある場合は，必要な措置をとるようにその法人に勧告することができ，従わなければ改善命令を出すこともできる。場合によっては公益認定取消しをすることもある。ただし，勧告，命令，認定取消しにあたっては，そのことを公表，公示する必要がある。

▶会計と税制

公益法人の会計は，一般法人と同様，特定の会計基準を用いなければならないわけではない。しかし，内閣府公益認定等委員会は，旧来の公益法人会計基準の基本枠組みを維持しつつも，公益認定制度に対応した新しい公益法人会計基準を2008年に定めた。

この会計基準は2008年12月から実施されている。公益法人はこの基準に従って**財務諸表**（貸借対照表，**正味財産増減計算書**，**キャッシュフロー計算書**のこと）および付属明細書，財産目録を作成している。

法人税の課税に関しては，公益法人は収益事業についてのみ課税される。しかし，収益事業が法人税法施行令に掲げる34種（第3章表3－5参照）に該当する事業であっても，それが公益法人認定法に記載されている公益目的事業であれば非課税扱いとなる。つまり，その法人としての本来事業であればすべて法人税が非課税になるので，NPO法人よりも有利な扱いとなっている。

さらに，法人税法施行令上の収益事業34業種に該当する事業であって，その公益法人自身も収益事業としている事業についても，そこからの収益が自らの公益事業のために使われるのであれば，**みなし寄付金制度**と**公益法人特別限度額**の適用によって損金算入を認めており，やはり法人税の課税対象とならない。

寄付者への優遇措置については，公益法人は税制上，すべて**特定公益**

増進法人として個人の寄付者への寄付金の所得控除が認められている。一定の要件を満たした法人の場合は寄付者が税額控除を選択することもできる。相続税に関しても優遇措置がある。法人の寄付者の場合は，一般の寄付金とは別枠で損金の額に算入することができる（特定公益増進法人としての税優遇については第3章4節参照）。

このように，公益法人は税制上の優遇度が非常に高い。

▶合併と解散

公益法人は他の公益法人と合併することができる。公益認定が取り消された場合は，ただちに解散する必要はなく，一般法人として存続することも可能である。しかし，その場合でも公益目的事業財産は国，地方公共団体または類似の事業を行う他の公益法人などに贈与しなければならない。

6 社会福祉法人の制度

6-1 ▶ 制度の趣旨

社会福祉法人は，社会福祉法（2000年6月までは社会福祉事業法）に基づき，社会福祉事業を行うことを目的として設立される団体である。社会福祉以外の分野での事業展開を禁止されているわけではないが，主たる事業は保育所，老人福祉施設，児童福祉施設，知的障害者援護施設，身体障害者更生援護施設，保護施設，母子福祉施設の運営など，社会福祉分野の事業でなければならない。

社会福祉法は，第2条で**第一種社会福祉事業**，**第二種社会福祉事業**を定めている。このうち第一種社会福祉事業は，原則として国，地方公共団体または社会福祉法人だけが経営することができる（社会福祉法第60条）とされている。このことからも，社会福祉法人に高い公共性があると認められていることがわかる。

社会福祉法人は社会福祉事業の他に，公益事業，収益事業を実施することができる。公益事業とは社会福祉事業（第一種，第二種）以外の公益的な事業を指す。具体的には介護予防サービス事業，居宅介護支援事業，有料老人ホームなどであり，社会福祉と全く関係ないものは公益事業として認められない。公益事業と収益事業は社会福祉事業に支障のない限り実施できる。

社会福祉法人には法人税などの減免や寄付者に対する優遇措置，施設の職員を対象とした退職手当共済制度への公費助成，施設の整備に対する国や地方公共団体から高い割合の補助金など，手厚い支援がある半面，規制・監督はNPO法人などと比べて厳格である。これは，制度発足の経緯とかかわっている。

戦後間もない時期には課題が山積するにもかかわらず，公的な社会福祉の体制が整っておらず，民間団体の力を借りる必要性があった。当時はまだ社会福祉法人の制度がなく，民間社会福祉事業は旧公益法人（いわゆる民法法人）によって担われていた。

ところが，公益法人自体への信用が低下しており，質的な格差が大きかった。公益法人制度は法的にも整備されたものではなかったため，社会福祉の質と公共性を確保するために，公的な資金による支援と監督が必要だと認識された。

一方，戦後日本を支配していた連合国軍総司令部（GHQ）の指示では，生活困窮者の保護は国家責任とされ，この責任を民間または半官半民的なものに転嫁してはならないとされた。この考え方は日本国憲法にも反映された。

そこで社会福祉専門の非営利法人として新たに社会福祉法人の制度をつくるにあたり，民間社会福祉事業に対する公金の支出を禁じている日本国憲法第89条の解釈を変更したうえで，措置委託が開始された。措置委託とは，都道府県や市区町村が行政主体として，また，その責任において，サービスの提供を行ったりそれを他組織に委託したりすることを指す。社会福祉法人は，いわばその「受け皿」としてつくられたといってもよい。

表2-6▶社会福祉法人数の推移

	1990年度	2000年度	2005年度	2010年度	2015年度	2017年度
社会福祉協議会	3,074	3,403	2,077	1,848	1,900	1,900
共同募金会	47	47	47	46	47	47
社会福祉事業団	105	152	147	132	129	125
施設経営法人	10,071	13,303	15,852	16,408	17,482	18,186
その他	59	97	135	293	411	540
総数	13,356	17,002	18,258	18,727	19,969	20,798

注：各年度末の数字について，2015年度までは2つ以上の都道府県の区域にわたり事業を行っている法人（厚生労働大臣および地方厚生局長所管の法人）は含まれていない。2010年度末は，東日本大震災の影響により，福島県（郡山市といわき市以外）を除いて集計した数値である。
出所：厚生労働省「厚生統計要覧（平成29年度）」，厚生労働省「平成17年度社会福祉行政業務報告（福祉行政報告例）」「平成29年度福祉行政報告例の概況」より作成。

危機的であった民間の社会福祉施設の経営は，これによって安定したが，他方では，社会福祉法人が日本国憲法でいうところの「**公の支配**」に属する法人になり，民間の自由な活動による福祉の発展を妨げることにもなった。

社会福祉法人の事業収入は，原則として社会福祉事業にのみ充てることができ，配当や収益事業に充当することはできない。事業の実施のために寄付された財産はその法人のものとなり，財産分与（持分の設定）は認められない。このようにして非営利性の徹底が図られている。

社会福祉法人は，過去における行政の指導もあって，1つの法人が1つの施設しか運営しない零細規模のものが多かった。しかし，介護保険制度の開始を契機にして複数の施設を経営する法人が増えている。なかには100以上の施設を運営し，職員数が1000人をはるかに超えるような大規模な法人もある。法人単位での経営により，経営基盤の強化を図る方向がとられているといえる。

社会福祉法人の総数はこれまで緩やかに増え続け，総数は2017年度末で2万798となっている。大部分は施設運営型の法人である。一時，市町村合併のために社会福祉協議会の数がかなり減り，その影響で社会福祉法人の総数もやや減少したが，その後再び増加に転じている（**表2-6**）。

6-2 ▸ 設立の要件は何か

社会福祉法人の設立は所轄庁の認可による。所轄庁は都道府県知事または指定都市，中核市の長である。ただし，事業が2以上の都道府県にわたる場合は，厚生労働大臣または地方厚生局長が所轄庁となる。

社会福祉法人は，社会福祉事業を行うのに必要な資産を備えなければならない（社会福祉法第25条）。所轄庁は申請者がこの**資産要件**を満たしているか，また，定款の内容，設立の手続きが法令の規定に違反していないかなどを審査したうえで認可を決定する。主な審査基準は以下のとおりである。

- 社会福祉法に定める社会福祉事業が，その法人の事業のうち主たる地位を占めるものであること。
- 社会福祉事業の経営が，社会福祉法第3条，第4条，第5条の趣旨を尊重し，第61条の事業経営の準則に合致するものであること。第3条は福祉サービスの基本的理念，第4条は地域福祉の推進，第5条は福祉サービス提供の原則について述べた条文である。また，第61条は経営の責任や自主性について規定したものである。
- 社会福祉事業は，法令に基づく施設の最低基準その他の要件を満たしているものであること。
- 社会福祉法人は社会福祉事業以外の公益事業（たとえば訪問看護）や収益事業を行うことができる。しかし，それらは社会福祉事業に必要な財源の大半を収益事業に求めるような計画の下に行われるものであってはならない。
- 資産については，基本財産として，社会福祉事業に必要な土地，建物などの資産を所有するか，それらの物件を国もしくは地方公共団体から貸与あるいは使用許可を得るのが原則である。すべての不動産について貸与または使用許可を受けて施設を使用する場合は，1000万円以上に相当する資産を基本財産として有さなければならない。都市部など土地の取得が難しい地域や，特別養護老人ホーム，保育所を経営する法人，小規模な障害者通所授産施設を設置する場合については，資産に関する要件がやや緩和されている。
- 施設を経営しない法人は，原則として1億円以上の基本財産を有していることが必要である。ただし，委託費などにより安定的な収入が見込める場合は，所轄庁が認める額でよいとされる。また，居宅介護等事業や地域・共同生活援助事業を行う場合は，一定の条件を満たせば1000万円以上に相当する資産を有するだけでよい。

設立申請者が上記のような要件を備え，予定している事業や定款が法令に違反していなければ，所轄庁は原則として法人の設立を認めなければならない。なお，市区町村の社会福祉協議会が社会福祉法人となる場合は，別途要件が示されている。

6-3 ▶ 内部の機関とその働き

社会福祉法人は理事6人以上，監事2人以上を置かなくてはならない（社会福祉法人定款準則による）。社会福祉法（第36条）では理事3人以上，監事1人以上を置くこととしているが，実際の認可にあたっては厚生労働省の設定する社会福祉法人審査基準に従わなくてはならないのである。

理事長は理事の中から選出される。代表権は各理事が有していても差し支えないとされるが，各理事と親族などの特殊な関係にある者のみが代表権を有する理事となることは適当でないとされる。また，理事には学識経験者または地域の福祉関係者，および社会福祉施設を経営する法人の場合は施設長を加えることとされる。

関係行政庁の職員が法人の役員となるのは，公私分離の原則に照らして不適当だという理由で差し控えるべきこととされる（社会福祉協議会を除く)。地方公共団体の長など，特定の公職にある者が慣例的に理事長や理事に就任したり，実際に法人運営に参画できない者が名目的に役員に就任したりすることも望ましくないとされる。親族など特殊な関係にある者の役員選任についても制限がある。

2016年改正の社会福祉法などでは理事会を業務執行に関する意思決定機関として位置づけ，理事・理事長に対する牽制機能を働かせるようにするとともに，理事などの義務と責任を法律上規定した。

評議員会は，従来は任意設置の諮問機関とされていたが，2016年改正社会福祉法では，社会福祉法人の内部統制(ガバナンス)の強化を図る観点から，その設置が例外なく求められるようになった。理事・監事・会計監査人の選任や解任，理事・監事の報酬の決定などには評議員会の決議が必要である。

監事の権限，義務(理事会への出席義務)や責任も法律上規定され，一定規模以上の法人については，第三者としての会計監査人による監査が義務づけられるようになった。

6-4 ▸ 指導監督

社会福祉法人は，毎年，事業報告書，財産目録，貸借対照表，収支計算書を含んだ**現況報告書**を作成して所轄庁に提出しなくてはならない。2～4年に1回は所轄庁によって一般監査が行われ，法令遵守の状況や法人本部，施設の運営に問題がないか確認される。個々の施設，事業所で実施されている社会福祉事業も監査の対象となり，所轄庁の職員による実地監査も行われる。法人監査と施設・事業所監査は，あわせて**指導監査**と呼ばれる。一般監査には定期監査の他に随時監査がある。指導監査の結果はインターネットで閲覧できるようになっている。

指導監督に関する権限として，所轄庁には次のことが認められている。

- 所轄庁による業務，会計の状況に関する報告の徴収，業務・財産の状況の検査を行うこと。

- 法令やそれに基づく行政庁の処分，法人自身の定款に違反したり運営が適正でなかったりする場合，期限を定めて必要な措置をとるよう命ずること。
- 命令に従わない場合は，業務の停止，役員の解職を勧告すること。
- 他に方法がない場合は，解散を命ずること。

このように，社会福祉法人には所轄庁に役員の**解職勧告**や法人の**解散命令**など，NPO法人や公益法人の場合にはない強力な手段が法律により付与されているが，その適用例は少ないとされている。

なお，2016年の社会福祉法改正で，役員報酬基準の公表など事業運営の透明性の向上や財務規律の強化が求められることになった。また，地域における無料・低額の福祉サービスの提供など，公益的な取組みの実施も責務となった。

6-5 ▶ 会計，税制，その他

社会福祉法人は社会福祉法人会計基準に従って事業活動を記帳しなくてはならない。特定の会計基準を用いる必要のある点がNPO法人や公益法人と異なるところである。

社会福祉法人の会計は社会福祉事業，公益事業，収益事業に区分されて処理される。課税対象となるのは駐車場，貸しビルなど収益事業からの所得のみであり，社会福祉事業と公益事業からの所得は法人税が非課税である。さらに，収益事業からの所得の50%（または200万円）までは，みなし寄付金として課税対象から外されて社会福祉事業や公益事業に繰り入れることができる。さらに残りの50%にも**軽減税率**が適用される。地方税に関しても，さまざまな優遇がある。

寄付に関しては，公益法人と同様に，税制上の特定公益増進法人として個人の寄付者に寄付金控除（場合によっては税額控除）が認められている。相続税に関しても優遇措置がある。法人の寄付者の場合は，一般の寄付金とは別枠で損金の額に算入することができる。このように，税制上の優遇度は大変高い。

6-6 ▸ 合併と解散

社会福祉法人は，所轄庁の認可を得て他の社会福祉法人と合併することができる。解散はその法人の議決，定款に定めた解散事由，目的とする事業の達成不能，合併，破産，解散命令により行われる。解散時の法人の残余財産の帰属先は，定款で定める。その場合，帰属先は法人でなければならない。定款で定めない場合は国庫に帰属する。

7 その他の主な非営利法人

7-1 ▸ 宗教法人

▸ 趣旨

神社，寺院，教会，信者団体などは宗教法人となることができる。その根拠法は，1951年に公布・施行された**宗教法人法**である。敗戦直後の1945年に，宗教団体，宗教法人の認可などについて定めた戦前の**宗教団体法**はGHQ覚書により廃止されたが，宗教団体の財産を維持運用するためには法律上の能力を与えることが必要であると認識された。このため，一定の要件に当てはまる宗教団体に法人格を付与できるよう，新たな法律が制定されたのである。

宗教法人法の制定に際しての基本的な考え方は，①軍国主義・超国家主義の根絶，②信教の自由の保障，③政治と宗教の分離である。占領軍は，戦前・戦中期において日本で神道が国家神道とされ，全体主義国家をイデオロギー面で支える役割を果たしたことを重く見て，宗教を国家から完全に分離させるとともに，信教の自由を保障するよう指示した。

これを反映して，宗教法人法は国が宗教団体に対していかなる干渉，統制もしないことを定めている。国家が宗教の自由を保障するために，

表2-7▶宗教法人数の推移

	2008年	2010年	2012年	2014年	2016年
包括宗教法人	399	399	397	399	399
単位宗教法人	182,202	181,997	181,803	181,411	181,098
総数	182,601	182,396	182,200	181,810	181,497

注：各年12月31日現在の法人数。
出所：文部科学省「宗教統計調査（平成29年度）」より作成。

国家による資金投入などの支援措置も禁じられることになった。したがって，宗教団体に対する国の補助金の支出は行われていない。しかし，拝観料，さい銭，お布施，おみくじの販売収入が非課税とされるなど，税制上の優遇措置は手厚い。

宗教法人法でいう宗教団体とは，宗教の教義を広め，儀式行事を行い，および信者を教化育成することを主たる目的とする団体であって，以下のものをいう。

①礼拝の施設を備える神社，寺院，教会，修道院その他これらに類する団体。
②前号に掲げる団体を包括する教派，宗派，教団，教会，修道会，司教区その他これらに類する団体（宗教法人法第2条）。

①に掲げられている宗教団体は単位宗教団体，②に掲げられている団体は包括宗教団体と呼ばれる。なお，宗教団体は法人でなくても宗教活動を自由に行うことができる。

宗教法人の総数は，少しずつではあるが減少する傾向にある。しかし，2016年12月末における宗教法人の総数はなお18万を超えており，公益的な法人の中でも群を抜いて多い（**表2-7**）。

❖宗教法人法における信教の自由の規定

憲法で保障された信教の自由は，すべての国政において尊重されなければならない。従つて，この法律のいかなる規定も，個人，集団又は団体が，その保障された自由に基いて，教義をひろめ，儀式行事を行い，その他宗教上の行為を行うことを制限するものと解釈してはならない（宗教法人法第1条第2項）。

▸設立

宗教法人は，その**規則**（定款に相当するもの）を所轄庁が認証した後，登記をすることによって成立する。規則には法人の目的，名称，事業所の所在地，役員や代務者などの機関，事業の種類と管理運営，基本財産や宝物などの財産の設定・管理などについて記載する必要がある。

宗教法人は，設立，規則変更，合併，任意の解散についてのみ所轄庁の認証が必要であり，基本財産などの処分については承認の必要がない。事業計画・収支予算の届け出，事業の状況・収支決算・財産目録などの報告も不要である。

このように，公益法人や社会福祉法人などと比べて設立・運営の自由度が高い。しかし，免税制度の悪用など問題が起きるたびに制度の見直しがあり，以前ほど自由ではなくなってきた。所轄庁は文部科学大臣の場合と都道府県知事の場合がある。

▸機関

宗教法人の主な機関には**代表役員**と**責任役員**があり，両者とも必ず常置しなければならない。代表役員は宗教法人を代表し，その事務を総理する。通常は責任役員の互選によって1人が選ばれる。責任役員は宗教法人の事務に関して審議を行う意思決定機関である。法律では1つの宗教法人に3人以上の責任役員を置くように定められている。なお，代表役員にも責任役員にも代務者を置くことができる。監査機関（監事）については宗教法人法に規定がなく，その設置は任意である。

▶監督

以前は宗教法人による自主的管理運営が基本となっており，所轄庁に監督権限が全くなかったが，オウム真理教事件発生後の1996年に宗教法人法が改正され，役員名簿，財産目録・収支計算書，境内建物関係書類などの写しを所轄庁に提出することが義務づけられるようになった。また，所轄庁が一定の条件の下に，宗教法人に対して報告を求めたり質問したりすることも可能になった。公益事業以外の事業の停止や法人認証の取消しもありうる。

▶会計と税制

宗教法人には明文化された会計基準はない。しかし，公認会計士協会は2001年に**宗教法人会計**の指針を公表し，実務の便宜を図っている。

宗教法人の事業や活動は，宗教活動，公益事業，収益事業の3つに区分されている。このうち課税対象となるのは，収益事業だけであり，それ以外の事業，すなわち，宗教活動と公益事業から生じた所得については，法人税（事業税，住民税を含む）が課税されない。お守りやおみくじなどの販売は，収益事業ではなく宗教活動に区分され，非課税である。

また，宗教法人が幼稚園や老人ホームを兼営する場合は，公益事業に該当するとされ，やはり課税対象から除外される。さらに，収益事業からの収益の20%までは「みなし寄付金」として宗教活動または公益事業に充てることができ，残りの80%には軽減された法人税が課せられる。

寄付者に対する優遇は，相続税の優遇についてはあるものの，一般の寄付に関しては特にない。それでも上記からわかるように，全体として宗教法人の税制上の優遇は意外に手厚い。

7-2 ▶医療法人

▶趣旨と性格

医療法人制度は，医業の非営利性を損なうことなく法人格を取得することにより，資金の集積を容易にして医療機関の経営に永続性を付与し，個人の経営する医療機関の困難を緩和する趣旨で設けられた。根拠法は，1948年制定，1950年施行の医療法である。

医療法人とは，医療法に基づいて病院，医師もしくは歯科医師が常時勤務する診療所，または老人保健施設などを開設する社団（**社団医療法人**）あるいは財団（**財団医療法人**）のことをいう。

厚生労働省の「医療施設調査」によると，病院の7割弱は医療法人によって開設されている（2016年10月1日現在）。数からいえば，国や地方自治体ではなく医療法人が病院の主要な担い手であることがわかる。同じ調査で，一般診療所については個人（42.1%），医療法人（40.5%）の順となっているが，間もなく順位が逆転するものと思われる。

医療法人は非営利法人の一種であり，医療法（第54条）によって剰余金の配当を禁止されている。しかし医療法人の大部分を占める**持分の定めのある社団医療法人**の場合は，非分配原則が貫徹されているとはいえない。なぜなら，このタイプの医療法人は，解散したときに資金の拠出者が原則として持分に応じて残余財産の払い戻しを受けることができるからである。

このため，2007年4月1日以後に設立申請された社団医療法人については，持分の概念をなくして拠出によって設立するものとし，解散時の残余財産は国，地方公共団体や他の医療法人などに帰属させることになった。したがって，拠出者には原則として資金が返還されない。ただし，持分の定めのある社団医療法人は，経過措置としてこれからも存続できるとされているので，非分配原則が貫徹されない医療法人が今後も長く存続することになる。

財団医療法人は，もともと資産の寄付すなわち一方的な財産の移転によって設立されているので，持分が存在しない。2007年3月31日以前に設立申請された財団医療法人は，解散時には理事会などで残余財産の処分を決め，所轄庁の認可を受けて処分を行うことになっているが，それ以後に設立申請を行った財団医療法人は，社団医療法人と同様に，解散時の残余財産を国や地方公共団体，他の医療法人などに帰属させなければならない。このようにして，財団医療法人についても，非分配原則を貫徹する方向での改革が行われた。

社団医療法人は拠出による基金の設定が可能である。しかし，この場合の基金は，財団の財産とは異なり，拠出者に対して各自の拠出額を限度として返還されるべきものである。

医療法人の主要な業務は病院，診療所，介護老人保健施設の運営である。しかし，それらの業務に支障のない限り，**付帯業務**として，医療関係者の養成または再教育，医学または歯学に関する研究所の設置，疾病予防施設，薬局，訪問看護ステーション，精神障害者社会復帰施設の設置，さらには保育所，デイサービスセンター，グループホームなどの運営ができる。

その一方で，医療法人は付帯業務とならない収益事業を行うことはできない。病院内の食堂や駐車場は，患者や家族を対象とした付帯業務としてのみ認められる。

医療法人の中には，特定医療法人と社会医療法人という，公益性が高いとして特別に優遇されているタイプが存在する。**特定医療法人**は，税制の箇所で述べるように，法人税の軽減措置を受ける医療法人である。**社会医療法人**は，2006年の医療法改正により，救急医療，へき地医療や小児医療，周産期医療などを担う新しいタイプの医療法人として制度化された。

医療法人がいくつかの要件を満たして社会医療法人に認定されれば，社団型，財団型を問わず一般の医療法人には認められていない収益事業を営んだり，社会医療法人債という債券を発行したりすることができる。社会福祉法に基づく第一種社会福祉事業のうち一定のもの，たとえば児童養護施設や障害者支援施設の経営も，社会医療法人だけに認められている（ケアハウスはすべての医療法人が経営できる）。

医療法人の数は増加し続けている（**表2-8**）。ただし，増えているのは，持分の定めのない社団型の医療法人であり，財団あるいは持分の定めのある社団のタイプは，むしろ減少傾向にある。

また，医療法人全体の中で，いわゆる一人医師法人の占める割合は8割以上に達している。一人医師法人とは，診療所に常勤する医師もしく

表2-8 ▶ 医療法人数の推移

		1990年	1995年	2000年	2010年	2015年	2018年
財団		366	386	399	393	386	369
社団	持分の定めあり	13,796	24,170	32,067	42,902	41,027	39,716
	持分の定めなし	150	169	242	2,694	9,453	13,859
	小計	13,946	24,339	32,309	45,596	50,480	53,575
総数		14,312	24,725	32,708	45,989	50,866	53,944

注：1995年までは暦年末，それ以後は3月31日末現在の数字。
出所：厚生労働省「医療法人・医療経営のホームページ」（https://www.mhlw.go.jp/stf/seisakunitsuite/bunya/kenkou-iryou/iryou/iryou/index.html）より作成。

は歯科医師が1～2人の小規模な医療法人のことをいう。個人経営の診療所を法人化したものだと考えるとわかりやすい。

▶ 設立

医療法人は都道府県知事の認可によって設立される。ただし，複数の都道府県にわたって診療所などを開設する医療法人は，厚生労働大臣の認可による。

設立認可の申請にあたり，申請者は定款に目的，法人の名称，開設する病院等の名称と所在地，事務所の所在地，資産および会計に関する規定，役員に関する規定，医療法人社団の場合は社員資格の取得・喪失に関する規定，解散に関する規定などを記載しなければならない。設立に際しての資産要件は2006年の第5次医療法改正で撤廃された。

なお，診療所を開設する際は別途，許可が必要である。

▶ 組織

社団医療法人の場合，法人の最高意思決定機関は総会であり，役員の選任・解任，定款の変更，予算，決算，毎年度の事業計画，重要な資産の処分，社員（従業員ではなく，社団の構成員のこと）の入社および除名，解散，他の医療法人との合併，その他重要事項についての議決・承認は総会で行う。社員の数は3人以上が望ましいとされる。社員の出資の有無あるいは出資金額の大きさにかかわらず，社員総会の決定は多数決による。この点で株式会社と異なる。

財団医療法人では総会が置かれないが，評議員会を設置しなくてはならない。

医療法人は原則として3人以上の理事を置かなくてはならない。また，1人以上の監事を置かなくてはならない。社会医療法人の場合は，理事を6人以上，監事を2人以上置く必要がある。

理事の中から理事長1人が選出される。理事長は原則として医師または歯科医師の中から選出され，法人を代表する。理事長の解任も理事の権限に属する。

▶監督

医療法人の業務もしくは会計が法令等や定款に違反している疑いがあったり，運営が著しく適正を欠く疑いがあったりする場合には，都道府県知事などの所轄庁がその法人から報告を求めたり，会計状況の検査をしたりすることができる。

具体的には事務所，病院，診療所などに立ち入り，検査をするというようなことである。知事は期限を定めて，医療法人が必要な措置をとるように命ずることもできる。命令に従わない場合には，業務の停止を命じたり，役員の解任勧告を行ったりする権限もある。さらに，設立認可の取消しもありうる。

▶税制

一般の医療法人は，原則としてすべての所得が課税対象となる。法人税については株式会社と同率で課税される。ただし，小規模な法人には一定の範囲で軽減税率の適用がある。法人事業税については，社会保険診療報酬に対応する所得が非課税となる。

医療法人の中には，すでに触れたように，特定医療法人という公益性が高いとして国税庁長官に承認されるものが存在する。特定医療法人に対しては，規模が大きい法人の場合でも軽減された法人税率が適用される。社会医療法人も同様である。

7-3 ▸ その他の主な法人

これまで取り上げてきたもの以外にも，学校法人，更生保護法人など公益的な法人の種類がある。**図2-3**はこれらを整理したものである。また，管理組合法人・団地管理組合法人，認可地縁団体，各種の協同組合，共済組合などのように，非営利目的ではあるが必ずしも公益的とはいえない法人も存在する。これらのうちのいくつかについて，ごく簡単に見ていこう。

▸ 学校法人

学校法人は私立学校を設置するための法人形態である。戦後，私立学校は国公立学校の補助機関ではなく，それらと同等の役割を担う公教育機関として自由に開設できることが権利として認められたが，その根拠法となったのが，1949年に成立し，1950年に施行された**私立学校法**である。この法律の成立以前には，財団法人が私立学校を開設していた。

学校法人を設立しようとする者は，**寄付行為**（学校法人の基本的な規則。社会福祉法人の定款に相当）に法律の示す事項を定め，文部科学省令で定める手続きに従って，所轄庁（文部科学大臣または都道府県知事）に認可を申請しなくてはならない。所轄庁は申請者が施設，設備，これらに要する資金，経営に必要な財産を備えているか，寄付行為が法令に違反していないかどうかなどを審査したうえで認可を決定する。

認可にあたっては，所轄庁は私立学校審議会または大学設置・学校法人審議会の意見を聞かなければならないとされている。これらの審議会により，所轄庁の権限を制限し，私立学校の自主性を確保するのが目的とされる。

しかし，現実の運用面では所轄庁である文部科学省の意向が強く働いてきたことは否めない。私立学校も社会福祉法人と同様に，戦後の財政危機から救うために公費助成を受けるようになり，それに伴って「公の

図2-3 ▶ 主な非営利法人の系譜

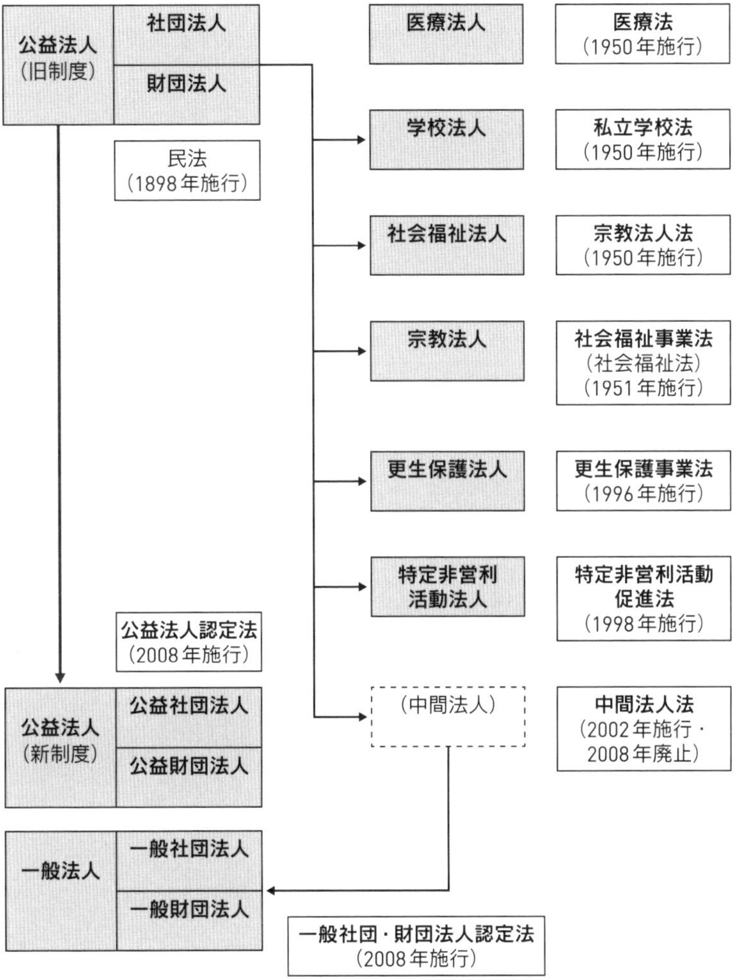

支配」に属するようになったのである。

現在，私立学校に対しては，経常費補助をはじめとする私学助成が行われている他，日本私立学校振興・共済事業団の貸付事業などがある。学校法人は特定公益増進法人として税制上の優遇度も高い。

文部科学省には私立学校の廃止，閉鎖，設置者の変更，法人の解散命令などの権限がある。2004年には私立学校法が改正され，理事，監事，評議員会の各制度の改善など，学校法人自身の管理運営機能の強化と財務情報などの公開が図られた。

2019年11月末現在で8141の学校法人が存在している。[5)]私立学校が学校教育に果たす役割は大きく，大学・短大の学生の約8割，高校生の約3割，幼稚園児の約8割，専修学校・各種学校の学生のほぼ10割が私立学校に在学・在園している。

▶更生保護法人

更生保護法人は，刑務所から釈放された人や保護観察中の人のうち，身寄りのない人などを対象に更生保護事業を行う民間団体をいう。更生保護法人は更生保護施設を運営して被保護者に対する宿泊所を提供する他，帰住の斡旋，金品の給貸与，生活の相談，連絡調整，更生保護に関する啓発などを行っている。

更生保護法人は**更生保護事業法**（1995年制定，1996年施行）を根拠法として法務大臣の認可により設立される。更生保護法人は特定公益推進法人として税制上，優遇される。

更生保護法人は全国に164法人が存在する。[6)] 近年は，わずかであるが社会福祉法人やNPO法人の中にも更生保護事業を行う法人が出現している。

▶認可地縁団体

認可地縁団体は，自治会・町内会などの地縁団体のうち，財産管理上の都合のため市町村（都道府県ではない）によって法人化を認められたものである。

自治会，町内会（町会，部落会，区会，区などともいう）は地方自治法でいう「**地縁による団体**」すなわち「町または字の区域その他市町村内の一定の区域に住所を有する者の地縁に基づいて形成された団体」（地方自治法第260条の2）だとされる。

「地縁による団体」は，区域の住民同士の連絡，環境の整備，集会施設の維持管理など，地域的な共同活動を行っている。祭りなど地域の行事，高齢者との交流，声がけや見守り，防災や防火などを実施している団体も多い。自治会，町内会などは，法人格を持たない「権利能力なき社団」である。2013年4月1日現在で，全国に29万8700団体ある（総務省調べ）。

地縁団体の中には土地・建物などを実質的に所有するものがあるが，法人化しない限り個人名義で不動産登記をする必要があり，保有不動産をめぐる問題が生じたために，1991年の地方自治法改正によって認可地縁団体の制度がつくられた。

この制度により，土地など財産を保有している自治会・町内会等は市町村の認可を得て法人になることができる。認可地縁団体は，2013年4月1日現在で全国の約83％の市町村に4万4008団体が存在する（総務省調べ）。

▶管理組合法人，団地管理組合法人

管理組合法人，団地管理組合法人は，区分所有された建物や土地を集合的に管理しているマンション管理組合や団地管理組合を法人化したものである。1983年改正の「**建物の区分所有等に関する法律**」を根拠法とする。マンション管理組合は，法人となることにより不動産登記など登記行為が可能となる。法人化は登記のみによって成立し，許認可は必要とされない。

▶消費生活協同組合

消費生活協同組合（生協）は1948年制定・施行の**消費生活協同組合法**を根拠法とした法人であり，組合員の相互扶助を目的としている。その特徴は組合員組織だという点であり，組合員たちは，必要な資金を出しあい，事業を利用するとともに組合の運営にもかかわることになっている。

生協の場合，議決権や選挙権は出資額などにかかわらず，1人1票とされている。協同組合としては，他に農業協同組合（農協），漁業協同

組合（漁協），森林組合，信用協同組合（信組）などがある。

消費生活協同組合法は，生協が組合員に最大の奉仕をすることを目的としていること，営利を目的として事業を行ってはならないことを定めている（第9条）。その意味では非営利組織の仲間だといえる。税制上の優遇も少し受けている。しかし，剰余金を出資額または利用分量に応じて組合員に割り戻したり，出資金を返還したりすることが認められているので，非営利性が完全に貫かれているわけではない。

生協は店舗販売や共同購入が中心であるが，別法人を設立して病院，診療所，グループホームの経営，火災共済や生命共済などの共済事業，住宅や宅地の分譲，賃貸などを行うものもある。性格も，チェーンストア的なものから社会変革を志す運動性の強いものまで多様である。

生協は地域または職域で組織されるとともに，連合会を形成している。厚生労働省の「平成29年度消費生活協同組合（連合会）実態調査」によると，活動中の組合数は2017年現在で938，組合員数は6635万人となっている。

考えてみよう

問-1 ウィキリークスは公益的だろうか。

ウィキリークス（WikiLeaks）は匿名で寄せられた政府，企業などの内部告発情報を公表するウェブサイトで，2006年にジュリアン・アサンジ氏によって創設された。ウィキリークスは自身を，多国籍のメディア機関および関連のライブラリーであるとしている。この組織は，これまで米国の外交公電，イラク戦争の米軍機密文書，IT関係の大手企業の極秘内部文書などの膨大な機密文書を公開しており，米国をはじめ各国政府を困惑させた。他方で，数々の国際的な賞を受賞してきた。

ウィキリークスの運営は寄付でまかなっているとされてき

たが，既存の報道機関と緊密に連携しており，それらと契約関係にあることから，現在では事業収入が主要な財源になっていると思われる。ウィキリークスは非営利組織だとしても，公益的といえるだろうか。それとも，公共の利益に反する活動を行う組織なのだろうか。

問-2 自治会，町内会は非営利組織といえるだろうか。

自治会，町内会などの地縁団体の中には，明治時代の市制町村制施行（1889年）以前の町村を源流とするものがある。第2次世界大戦中に大政翼賛会の下部組織へと改変されて行政に組み込まれたため，1947年に占領軍によって禁止され，日本の独立回復後に復活したという経緯もある。さらに，一定の区域のみで活動し，地域によっては世帯単位での全戸加入という考え方に立つなど，NPOとは異なった面を持つ。

活動に関しては，ほとんどの自治会などが市区町村から回覧や広報紙の配布などの業務を受託している。募金や住環境の整備，防災活動で市町村と連携している団体も多い。行政から補助金や活動拠点の提供を受けていることも多いが，他方で地域住民の行政に対する要望の取りまとめ・陳情も行っている。こうした自治会，町内会などの地縁団体は非営利組織といえるだろうか。つまり，非営利セクターに属すると見なしてよいのだろうか。第1章1節1-4での判断基準に即して考えてみよう。

問-3 農業協同組合（農協）は，今も非営利組織だといえるだろうか。

農業協同組合法（農協法）は従来，農協が営利を目的としてその事業を行ってはならない，と規定していた。しかし，2015年9月公布の改正法により，この条文が削除された。農協法の他の条文や組合の実態から見て，農協は今も非営利組織だと見なせるのか，検討してみよう。なお，条文はウェブサイト「電子政府の総合窓口e-Gov」で検索することができる。

第3章 NPOマネジメントの諸側面

1 NPOに必要なマネジメントとは

2 経営資源を開発する

3 NPOの組織運営

4 寄付と税制

5 成果を出し，信頼される存在になる

6 NPOの活動を支援する仕組み

マネジメントという概念は，もともと営利企業の世界に属するものであった。しかし今日では，NPOにも政府機関にもマネジメントの視点が必要だという認識が広がっている。

本章では，非営利組織の中でも特に市民活動団体を念頭に置いて，組織の方向性の決定，財源開発，組織運営といった非営利組織のマネジメントの諸側面について論じ，あわせて外部からNPOを支援する方策についても見ていく。

1　NPOに必要なマネジメントとは

1-1 ▶ NPOマネジメントの特質と課題

NPOが一般の営利企業と違うところは，何らかの社会的な課題に取り組むために設立されている点である。このため，NPOに企業の経営手法が大幅に取り入れられるようになっても，そのマネジメントには営利企業とはやや異なる点がある。

株式会社などの営利企業は，いうまでもなく利益を追求するための仕組みである。多くの出資者から資金を集めて事業を行い，利益が出たらそれを出資者に分配するというのが一般的なあり方だといえる。出資者もそれを期待して，リスクを分担しつつ資金を出す。現代の企業は株主だけでなく，従業員，顧客，地域社会など多様な**利害関係者**（**ステークホルダー**）にも配慮しなければならないが，その一方で株主が利益分配を強く求める傾向も相変わらず強い。

これに対して，非営利組織は何らかの社会的な課題の解決をめざすところから出発する。社会的にどうしても必要なことだと思われたら，それがコスト的に引きあうか引きあわないかにかかわらず，とにかく取り組んでみようという発想をするのが，NPOの特徴だといえる。

しかし，主要な目的が社会的課題の解決であったとしても，活動をすれば必ずコストが伴う。それをまかなうためには，何らかの形で収入を確保しなくてはならない。長期的に支出が収入を上回り，赤字経営が続けば，やがてその組織は存続できなくなるからである。その点ではNPOも営利企業も変わるところがない。

企業と違う点があるとすれば，会員から会費を集めたり寄付を募ったりして収入を確保しようとする点だろう。もちろん，NPOも利益分配さえしなければ事業で資金を稼ぐことが許されているが，企業や行政と比べて会費や寄付金のような収入源に頼ることが多いのも事実である。

もっとも，上記のことは一般論であって，NPOの発展段階によってかなりの違いがある。たとえば，設立後間もない時期は，それこそ「お金は後からついてくる」とばかりに走り出す団体も多いと思われるが，その時期を過ぎると，どの団体も先の見通しを立てて活動するようになるだろう。

NPOには，その活動趣旨に賛同して，ボランティアとして無給で活動に参加する人が少なくない。有給職員が1人もいなかったり，経営者がすべて無報酬であったりすることも多い。そのために，予算が少ないわりに活発に活動できたりもする。ボランティアの存在は，NPOが低コストで活動できる最大の要因といってもよい。

しかし，一般にスタッフが活動にかかわる動機は高額の給与ではないだけに，業務命令で仕事をさせることは，企業や政府機関に比べると難しい。自発性に基づく，相対的に「**平たい組織**」であることも，NPOの特徴だといえるだろう。

多くのNPOは慢性的に資金が不足しているために，スタッフを十分に雇うことができない。しかし，やるべきことは多く，少ないスタッフが事業の企画・実施から広報，会計に至るまで，多様な職務をかけ持ちでこなさなければならない。そのために「NPOの仕事は普通の人ではこなせない」などと言われたりもする。人並み以上の能力や動機づけがなくても仕事をこなせるよう業務の内容を明確にし，可能な範囲で作業を標準化することもマネジメントの課題である。

実際，学生ボランティアがシフトを組んで事業運営を行ったり，管理業務を担当したりできるようにマニュアル化を徹底している団体もある。もちろん，組織がある程度大きくなって分業が進むと，バックオフィス業務と呼ばれる管理的な業務を専門的に担うスタッフも現れ，1人の人間があらゆる業務を水準以上にこなす必要性は薄れてくる。

特定の社会問題に関して人々の注意を喚起したり，政策変更をめざしたりする団体には，**運動性と事業性**のバランスの問題がある。社会運動から出発した団体は，一方では運動性を持ち続け，社会にメッセージを発信していきたいと考えるが，世論形成や人権擁護のような活動は収入に結びつきにくいので，寄付や助成金に頼る傾向が強くなる。

団体の目的と矛盾しない収益事業を立ち上げて，自己財源を充実させることができればいいと思われるかもしれない。しかし，一般に収益事業には社会運動とは違う発想が求められる。社会運動家はそれが得意ではないことが多い。かといって，分業体制を敷いて収益事業を得意とする専門のスタッフを置くと，組織内に全く発想の異なる2つの部門を抱えることになり，マネジメント上の困難を引き起こしかねない。

とはいえ，社会運動と事業が互いに全く相容れないというわけではない。「ケア・センターやわらぎ」の石川治江氏は，「もう1つの手」である社会運動の手を動かしてきたからこそ，介護保険指定事業者としての営業をしなくても済んでいる，それだけ信用されている，という趣旨のことを述べている。[1)]

社会運動を行ってきたことが，結果的に収入確保にも役立っている，ということである。そして，行政からお金をもらったからといって，それを理由に行政に対して口をつぐむ必要もないと主張する。行政からお金をもらうということは，いわば活動を認知されたということなので，もらった以上に行政に対して物を言っていけばよい，というのである。

1-2 ▶ 方向性を明らかにする

あれも必要，これもやらないといけない，と事業を次々と増やした結果，多くのバラバラな事業が存在するようになり，団体として何をめざしているのか見通せなくなった，という経験はないだろうか。

団体の方向性が不明確で，全体がどこに向かっているかがわからなくなると，スタッフが不安になり，周りの人たちも積極的に活動に参加したり支援したりするのがためらわれたりする。会員が次第に減ったり，スタッフがよく入れ替わったりする現象の根底には，関係者の間でベクトルが揃わないという大きな問題がある。

団体の方向性を言い表すものとして，**ミッション**という言葉がある。米国から入ってきた用語で，使命，あるいは社会的使命と訳されたりしている。その団体が何のために存在するのか，何を求めていくのか，という根本のところを言い表すのに使われる。このミッションを明らかにし，関係者の間で共有して事業体系を組み立てることが大切である。

ミッションとともによく使われる言葉が，**ビジョン**である。こちらは，団体の直接の活動を超えて，究極的にどのような社会をめざすのかという大きな理想を表す用語である。ミッションは，自分たちの団体がどのような活動を通じてビジョンを実現するか，ということだといってよい。

では，ビジョンやミッションを示した実例として，どのようなものがあるだろうか。実は，団体のミッション（社会的使命）という用語を用いてそれをウェブサイトやパンフレットに明瞭に，わかりやすく掲げているところは多くない。ミッションという言葉自体になじみがないせいかもしれない。

NPO法人「フローレンス」は，ビジョンとミッションをウェブサイトに明瞭に掲げている。[2)]

〈ビジョン〉

「みんなで子どもたちを抱きしめ，子育てとともに何でも挑戦でき，いろんな家族の笑顔があふれる社会」
〈ミッション〉
「親子の笑顔をさまたげる社会問題を解決する」

ウェブサイトでは，ミッションにすぐ続いて病児保育問題，ひとり親問題，待機児童問題，障害児保育問題，孤独な子育て問題，赤ちゃん虐待死問題，のような課題領域が並べられており，それらに取り組んでいることが示されている。

第1章で取り上げたNPO法人「ブリッジフォースマイル」は，ビジョンやミッションという言葉は使っていないが，実質的にそれに相当するものとして，「私たちが目指すもの」をウェブサイトに掲げている。[3)]

「子どもたちがどんな環境で生まれ育っても，夢と希望を持って笑顔で暮らせる社会を目指します」
「私たちは次の3つの活動を通して，児童養護施設で生活する子どもたちを，社会につなぐ架け橋になります」

3つの活動とは，自立支援，啓発活動，人材育成である。かなりわかりやすく，共有されやすい例だと思われる。

日本の非営利法人は従来，ビジョンやミッションというよりは設立目的や理念という言葉を使ってきた。公益法人やNPO法人は，団体の根本規則である定款に法人の設立目的を記載することになっており，そこに活動の理念が盛り込まれているためでもあるだろう。

しかし，それらは往々にして形式的，抽象的なものである。団体の役割をたびたび再定義しなくても済むように，わざと幅広く解釈できるような抽象的な表現がなされてきたからかもしれない。団体のめざす社会のあり方や団体の使命は，むしろ設立趣意書を見たほうがわかりやすいことが多いが，これは設立当時につくられるものなので，実態にあわなくなることもある。

ミッションという言葉を使うにせよ，設立目的や理念という言葉を使うにせよ，それらが組織の基本的な方針を示すものとして力を持つためには，以下のようでなければならない。

- 簡潔明瞭で，わかりやすい。
- 具体的で，実際に活動の指針となる。
- 覚えやすい。

1-3 ▸ 戦略的に計画を立てる

ビジョン，ミッションは組織の方向性を明確にするうえで重要なものであるが，それだけではまだ組織全体を大まかに方向づけているにすぎない。

具体的に事業展開を行うにあたっては，何を達成するかという目標を掲げた計画を策定するのが望ましい。一般に3～5年のタイムスパンを持った中期計画を立てる団体が多い。中期計画の策定では事業活動だけでなく，経営基盤の強化に関する重点課題も洗い出して目標を設定する。

毎年度の事業計画とは異なり，中期計画では将来を見越した戦略的なプランニングを行うので，日常的な活動と切り離し，専門のチームあるいは委員会を編成して計画づくりを行う。メンバーは理事，会員，スタッフを中心とするが，特に決まっているわけではない。大事なことは，参加したメンバーがコミットメントを持つことである。必要に応じて外部からファシリテーターを入れる。

計画策定チームが行うのはミッションの確認と，何を実現したいのかの確認である。何を実現したいのかは，計画期間の終了時に実現したい到達点を明らかにすることでもいいし，計画期間における中心テーマでもよい。そのためにも組織の現状を把握する必要がある。

まずは，自分たちの組織が置かれた**外部環境**を見渡すべきである。経済情勢や政治情勢など世の中の流れはどうなっているのか，関係する法律，規制，行政の意向はどうであるか，同種の事業を行っている組織と競合しないか，といったことを調べておかなくてはならない。

図3-1▶ミッションと戦略的計画

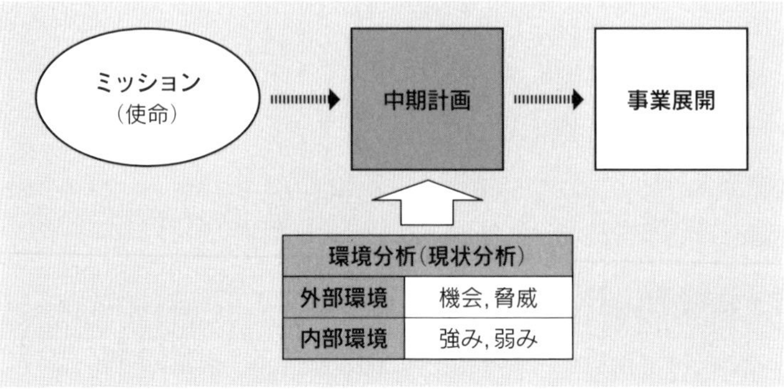

同時に，自分たちの組織の強み，弱み，使える人的資源や資金の状況など組織の**内部環境**を把握しておかなくてはならない。企業でいえば自社能力分析に相当する。これらを「強み（strengths）」「弱み（weaknesses）」「機会（opportunities）」「脅威（threats）」に分けて検討する手法は**SWOT分析**と呼ばれる。この手法はわかりやすく，簡単に実施できるので環境分析に広く用いられている。以上を簡潔にまとめたのが，**図3-1**である。

中期計画と重なるものとして5年計画の中期ビジョンを策定したNPO法人「日本NPOセンター」の例では，まず設立当時にめざしたことを再確認したうえで，民間非営利セクターに関する基盤的組織としてのあり方が検討された。

そして，現状を分析したうえで，5年間の取組みの主眼は価値創出の推進役になることだと結論づけた。具体的な取組みとしては「担い手が増え，育つ仕組みを強化する」「さまざまなアクターとの連携の強化を図る」など6点を掲げ，それぞれについてさらに詳しく述べている。さらに，中期ビジョンを実現するために5年間の経営計画を作成している。

以上が，プログラムすなわち事業体系を作成するための基本中の基本ということになる。こうした検討のプロセスは1回やれば終わり，ということでは決してない。変化の早い今日，非営利組織といえども将来にわたり存続していけるとは限らないため，何年かおきに，あるいは内外の環境が大きく変わるごとに，繰り返し実行するべきものである。さらにいえば，非営利組織は変化への対応を体制に組み込んだ「**学習する組織**」でなければならない。

非営利組織のための経営学の祖ともいうべきピーター・ドラッカーは，強みを知ることの重要性を強調する。弱点を補強するよりも，すでに成果があがっている強いところに集中して，さらに強くするのが成功の秘訣であるという。

その理由は，多くのことを同時にできないからだという。できることが限られているとすれば，得意なことに集中すべきである（今日，これは企業経営では「選択と集中」という命題として知られている）。

非営利組織では，事業の優先順位を付けられないままいろいろなことに手を出したり，専門性を十分に養う前に走り出してしまい，後で息が切れてしまったりする例がしばしば見られる。収支の見通しが不明確なまま，新しい事業を始めることも多い。成果を出すために，自らの比較優位は何かを知っておくことが大切である。

1-4 ▸ 非営利組織のマーケティング

自分たちの組織の「顧客」は，具体的にどういう人たちなのか。その人たちは何を望んでいるのか，彼ら彼女らにとって一番大事なことは何か。その中でどの顧客層に焦点を絞り，どこの地域でサービスを提供するのか。そうしたことを調査・分析によって把握し，戦略的に意思決定を行うための資料を提供するのがマーケティングである。

非営利組織にマーケティングの考え方が導入されたのは，米国でも1970年代になってからである。それまでは営利を目的としない組織にマーケティングの手法を取り入れるなどということは考えられなかったという。しかし，現在ではNPOでかなり実践されており，病院，大学だけでなく，博物館や劇団などでも導入されている。

マーケティングといえば，強引な市場開拓や押込み販売というようなイメージが持たれがちである。しかし，非営利組織のためのマーケティングの創始者であるフィリップ・コトラーがドラッカーとの対話において語ったところによると，顧客のニーズをつかみ，掘り起こしてニーズに即した「商品」を提案することで販売促進を不要にするのがマーケティングの機能なのだという。[4)]

営利企業も非営利組織も，顧客に満足してもらおうと思って商品やサービスを提供する。しかし，顧客がそれを受け入れるとは限らない。マーケティングとは，そうした失敗を防ぐために，市場をよく調査し，顧客（消費者，利用者）の視点に立ち，無理なく適切なサービスを供給するための活動だといってよい。料金や寄付の金額をどれくらいに設定すればよいかということについても，マーケティングが重要な判断材料を提供してくれる。

代表的なマーケティングは，次のような点に沿って行われる。[5)]

- 市場の調査
- 市場の分節化（セグメンテーション）
- サービスを提供したいと思う対象集団の特定（ターゲティング）
- 市場における自分たちの組織の位置づけ（ポジショニング）
- 対象集団のニーズに合ったサービスの創出

まず市場，すなわち顧客をよく知ることが重要である。そして，そのために必要な調査を行わなくてはならない。次に，これをもとにして市場の分節化（セグメンテーション）を行う。これは，あるサービスに対して1つの大きな市場があるのではなく，たくさんの小さな市場があると考えて，特定の関心ごとに市場を分けていくことをいう。

分節化された市場の中で，自分の組織がどの部分，どの顧客層にねらいを定めるかという作業，つまり対象集団の特定は，ターゲティングと呼ばれる。

誰もが知っているように，化粧品や雑誌などの市場は，性別，年齢層，職業などによって，顧客のターゲットは細かく分けられている。20代後半のキャリアウーマン向けの雑誌，などとはっきり対象を絞ったほうが，売れ行きが良くなるのである。私立大学の例でいえば，18歳人口が継続的に減少する中で，資格志向の社会人に焦点を絞る，というのがそれに相当する。そのうえで，対象集団のニーズに合ったサービスを創出するのである。

そのとき，特定化した市場の中で自分たちをどこに位置づけるかを考えなくてはならない。これがポジショニングである。どのような点に比較優位を持つのか，市場において優位な位置を占めるための「売り」をどうつくるのか，検討する作業だといってもよい。

先の私立大学の例でいえば，他大学にない独自の科目を置く，特定の資格が取得できるようにする，体系的なキャリア形成の指導を行う，などの特色づくりがそれに当たる。このようにして，誰に向けて，どのようなサービスを提案するのかを明確にしてから広報宣伝を行うと，その効果が高まるとされる。

2　経営資源を開発する

NPOの経営資源には，人材，資金，情報，活動スペース，機器・設備，専門分野にかかわる知識・技術，諸権利，人的ネットワーク，さらには組織としての信用やブランドなどがある。なかでも「人」は，マネジメントの最も重要な要素だといってよい。

2-1 ▶ スタッフに求められること，スタッフが求めること

▶ NPOで働いている人たち

まず，NPOの活動を担っているのはどのような人たちなのかを見ていこう。

独立行政法人「労働政策研究・研修機構」（JILPT）が2014年に行ったNPO法人の全国的な調査によると，NPO法人で働く人は役員を含めて45人（平均値）おり，そのうち約2割が有給職員である。[6] 正規職員は

1～4人が多く，平均値は3人，中央値[7]は0人であった。これは，正規職員のいない団体が非常に多いことを表している。非正規職員は平均値が6人，中央値が1人であった。

JILPTが2004年に行った調査人数の総数と比較すると，総数は倍近くに増え，有給職員の占める割合も大きくなっている。その背景には，NPO法人の財政規模が大きくなっていることがある。一般に団体の財政規模が500万～1000万円になると有給職員が存在し始め，1000万円増えるごとに有給職員が1人増えるという。[8]

内閣府が2017年に行った調査では，NPO法人の有給職員の中央値は認定を受けていないNPO法人で2人，認定・特例認定NPO法人で6人という結果が出ている。常勤職員はそれぞれ1人と2人である。[9]

独立行政法人「経済産業研究所」（RIETI）は2017年にNPO法人だけでなく，一般法人（非営利型），公益法人の常勤・非常勤職員の数を調べた。その結果，これら法人の常勤と非常勤をあわせた有給職員の中央値は4人，常勤の有給職員の中央値は2人というデータを得た。[10]

このように，調査によって職員数に差があり，しかも，どの調査でも団体によるばらつきが大きい。たとえば，内閣府の調査では有給職員が1人もいない団体が全体の約22％もある一方で，2859人もの有給職員のいる団体も存在するという結果が出ている。

しかし，いずれにしても一般のNPOには有給職員が1桁台しかおらず，そのうち週に30時間以上働くような常勤の職員は，半数かそれ以下といってよい。NPOは，専従化が進んでいるとはいえ，やはりボランティアによって支えられているところが大きいのである。

活動者の男女別の構成比は，JILPTの調査では男性がやや多い程度で，だいたい半々である。しかし，全体として中高齢者が多く，50～60歳代が最も多い年齢層となっている。半数の団体には定年退職者がおり，その多くはボランティアとして働いている。

NPOは特に，男性の定年退職者が社会とかかわり続けるための受け皿となっているが，これはNPOが高齢化と世代交代の必要性という課題を抱えていることも示している。

表3-1 ▶ 不足している人材

（%）

	肯定した団体（複数回答可）
IT関連技術に通じた人	27.2
企画能力に優れている人	29.1
専門の知識や経験が豊富な人	36.4
会計，経理に明るい人	29.0
人事，労務，教育訓練に明るい人	14.6
法律，行政制度に明るい人	17.5
資金集めが得意な人	32.4
団体運営全般ができる人	30.7
交渉，対外折衝が上手い人	18.8
人脈が豊富な人	20.5
年齢の若い人	37.2
体力に自信がある人	16.8
その他	2.8
特にない	14.1
無回答	4.5

出所：労働政策研究・研修機構編（2015）より作成。

▶ どのような人材が求められているか

NPOの求人案内などを見ると，パソコンの操作を含む一般的な事務能力，情報整理能力といったスキルの他，応募先の団体の目的や理念をよく理解し，問題意識を共有できる人材が求められていることがわかる。これはNPOに特徴的なことだといってよい。

NPO法人が不足していると感じている人材について，JILPTが2014年に調査を行ったところによると，全体として最も割合が多かったのは，「年齢の若い人」（37.2%）であった。次いで「専門の知識や経験が豊富な人」（36.4%），「資金集めが得意な人」（32.4%）という選択肢が多く選ばれている（**表3-1**）。

ただし，団体の規模による違いもあり，年間収入が1000万円以上の

図3-2▶正規職員の年間給与額

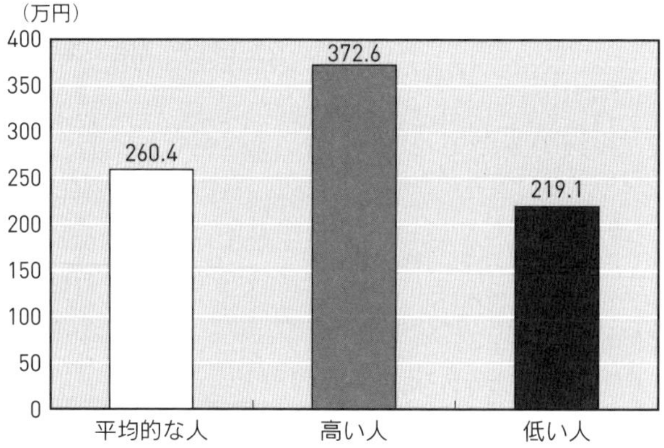

出所：労働政策研究・研修機構編（2015）より作成。

団体は，「専門の知識や経験が豊富な人」の不足を最も多く挙げている。

上記の調査報告にも表れているように，NPOは若い人をスタッフとして強く求めるようになってきている。リーダー層の高齢化も進んでおり，リーダーの円滑な交代も，多くのNPOで課題となっている。

▶スタッフはどのようなことを求めているか

NPO法人の有給・無給のスタッフは，活動を通じてどのようなことを求めているのだろうか。2014年のJILPTによる調査で，NPO法人で活動を始めた動機について尋ねたところ，「人の役に立ち，社会や地域に貢献するため」「NPO法人の理念や活動目的に共感したため」という回答が多かった。

これは特にボランティアに強く当てはまる。有給職員，特に若い人たちでは「収入を得るため」が大きな動機になっている。しかし，「新しい知識や技術，経験を得るため」や「将来働く際に有利な経験を得るため」も，20歳代，30歳代で比較的強く意識されている。

NPO法人の正規職員の賃金水準は上がってきており，JILPT調査では「平均的な人」の給与額が年収ベースで約260万円という結果が出ている（**図3-2**）。

これは回答団体の答えの平均値であり，一般企業に勤める普通の労働者の平均的な賃金とされる336万円[11]と比較すると少ないが，10年前と比べると差が縮まっているという。一般企業では賃金水準が10年間でほとんど変わっていないのに対し，NPO法人では上昇している。こうしたことから，市民活動団体も今では就職先の選択肢とされている。

正規職員の年収は，団体の規模や認証年の古さと関連しており，規模の大きい団体ほど，またNPO法人として認証された年が古いほど職員の年収が高い傾向がある。

同じ調査で，非正規職員の賃金は「平均的な人」の場合で時給991.9円となっており，一般の労働市場での賃金とあまり変わらないという結果も出ている。とすれば，NPO法人でも正規職員と非正規職員との賃金格差が開いていることになる。

▶ NPOの労働環境

雇用・就業などにかかわる諸規定や福利厚生制度は，愛知県のNPO法人の場合，**表3-2**のような整備状況にある。

正規職員の場合，雇用契約書や社会保険など最低限の整備は，団体の収入規模にして1000万円あたりから始まり，3000万円を境に賞与，残業規定，休暇の充実が進む。賃金表や退職金制度など，スタッフの将来の見通しにかかわるものは，規模が大きくても整備率が低い。

また，正規職員と非正規職員を比べると，正規職員のほうが規定や制度が整備されている。総じて待遇や労働環境は，以前よりは整備されてきたものの，NPO法人の場合はあまり良いとはいえない。

▶ キャリアパスとしてのNPO

NPOで職員の定期採用を行っているところはほとんどなく，欠員補充という形で，折に触れてスタッフを募集する団体が多い。その際，NPOは即戦力を求める傾向が強い。ゆっくり人材を育てる余裕がないからである。スタッフの入れ替わりは比較的多く，平均勤続年数は6年

表3-2 ▶愛知県のNPO法人の諸規定，諸制度の整備状況

（%）

	正規職員雇用団体	非正規職員雇用団体
雇用契約書	75.2	69.0
就業規則	70.2	62.0
職員倫理規定	36.1	31.0
残業にかかわる協定（三六協定）	34.5	23.4
変形労働時間制	25.6	22.3
労働保険（労災保険・雇用保険）	77.7	59.8
社会保険（健康保険・厚生年金保険）	71.4	34.2
年次有給休暇	69.3	46.7
産前産後休暇·育児休暇·子の看護休暇等	42.0	21.7
介護休暇	29.4	17.9
年末年始・夏期休暇等	72.3	50.0
慶弔休暇	59.2	34.8
人事考課（能力・業績等の評価制度）	17.2	10.9
職務規定（職務の権限・範囲等の取決め）	31.9	23.4
賃金表	42.9	33.2
賞与	56.3	25.0
退職金	33.2	25.0
健康診断	57.1	32.1

出所：愛知県県民生活部社会活動推進課（2011）。

ほどである。

NPOでは待遇や労働条件が良いとはいえないうえ，勤続年数とともに給与を上げていくことが難しいので，若いうちはともかく，結婚して子育てをするようになると生活を支えきれなくなり，他の仕事を求めて人が去っていくことになる。このように，待遇や労働条件が，優秀でやる気のある人材の安定的雇用を妨げる大きな要因となっていることは否めない。

それでも，NPOで働きたいと希望する人は多い。その理由としてよく挙げられるのは，やりがいがある，自分であり続けることができる，などの精神的満足である。こうした面にひかれて，公務員や会社員を辞

めてNPOに職を求める人も珍しくない。

逆に，NPOを辞めて転職する人たちも多い。そうした人たちは，どのような職に就くのだろうか。

NPOなどのスタッフ・役員のネットワークである愛知県名古屋市の「東大手の会」は，NPOで働く人には5つのキャリアモデルがあるとしている。同じ職場で内部昇進を果たす「内部育成型」，いろいろなNPOを渡り歩く「キャリアアップ転職型・渡り鳥型」，学者，政治家，専門家，会社員などになる「転身・兼業型」，専門スキルを生かして複数のNPOの業務を継続的に担当する「多業／マルチワーク型」，そして「起業型」である。

NPOに入職する若い人たちも，将来自分がどのようなキャリアを歩むか，ある程度見通せるようになってきたということである。

団体側から見て，せっかくの人材が他のセクターに流出しないようにするにはどうしたらよいだろうか。待遇を大幅に改善するのが最も効果的に違いないが，それはただちには望めない。だとすれば，せめて人への投資をして，勤続年数を長く伸ばしたいところである。

長期研修という形で早めの「充電」を行うこともその1つだろう。人もお金も足りない中でスタッフを長期間，研修に出すのは難しいかもしれないが，人が「財産」であるNPOとして，これだけは将来への投資として絶対に必要だという合意の下に，計画的にリフレッシュしてもらうのである。

研修の効果は，単に受講者が新しい知識やスキルを身につけるだけにとどまらない。参加者同士の交流によってネットワークが広がったり，他団体のことを知って自分の属する団体のことを相対化して見ることができたりする効果も大きい。

大学，行政，企業などとの人材交流を制度化し，人材の流動化を図るのも一策である。地方自治体の中で，職員を一定期間NPOに出向させるところが増えてきた。また，NPOで働きたいという中高年の社員に対して，会社が給与の一部を保証したうえで，「第二の人生」を模索してもらうという制度を始めた企業も出現している。

さらに最近では，現役世代の社会人が**プロボノ**，つまり専門性を持つボランティアとしてNPOにかかわることも珍しくなくなった。学校を卒業してすぐにNPOに「就職」するよりも，そうした形でかかわるほうが大きな貢献ができるかもしれない。

人の集まりであるNPOは，その専門性や人的ネットワークもそこに集う人間に大きく左右される。なかでもトップリーダーの存在が大きい。志の高さ，構想力，人望，気力といったリーダーの資質は，団体が小さく，しかも新しいNPOでこそ強く求められる。創設者には，そのような資質を持つタイプの人が珍しくない。

しかし，経営のことがよくわかっている非営利組織のリーダーとなると，数はずっと少なくなる。コストやリスクを計算しながら，業務をシステムとして進めていくことが得意でない人が多いのである。

組織が小さいうちは，リーダーが先頭を切って何でもバリバリこなすことが必要だろう。しかし，組織が拡大・発展すると，有能な人にも限界が訪れる。大局的な方針の決定から細かい事務作業に至るまでの仕事をすべて抱え込むと，意思決定が滞り，組織が沈滞する。

その段階に達すると，いかにスタッフを信頼して権限の委譲を進め，システム化を図り，次世代リーダーを育成できるかが重要になってくる。問題解決能力や求心力を保ちつつも，その他の面では内外の環境にあわせて変身していくのも，資質の1つということになる。

2-2 ▶ 財源をいかに開発するか

非営利組織の財源には，会費，寄付金，助成金，補助金，事業収入，さらにいえば借入金，財産運用益，創立者ら特定メンバーの個人負担金などがある。それぞれの資金源の長所や内包するリスクは異なっているので，それらをバランス良く組みあわせながら増やしていくことは，マネジメント上の重要な課題である。

特に留意しなくてはならないのは，特定の財源に依存する構造をつくらないことである。寄付金であれ，補助金であれ，特定のところから大

図3-3 ▶ NPO法人の収益の内訳

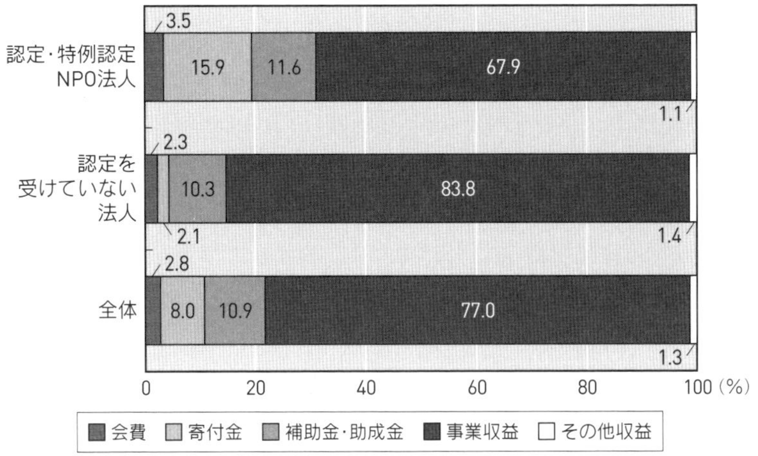

出所：内閣府（2018）。

口の資金を得ていると，どうしても資金の出し手の意向におもねることになる。すると，団体が本来追求すべき使命から外れる危険性が増すので，できるだけ財源を分散させたほうがよい。

これと関連して，会費収入や事業収入をある程度確保することにより，自己財源比率を一定以上保つことも重要である。

ところで，平均的なNPOはどのような財源構造を持っているのだろうか。一般には会費や寄付による収益が大きな割合を占めると思われるかもしれない。確かに以前はそうした傾向が見られた。

たとえば，NPO法人の制度が発足して間もない2001年の内閣府調査では，任意団体が調査対象の大半を占めていたこともあって，市民活動団体の収益の内訳は，会費が30%以上を占め，行政からの補助金は17%，独自事業の収益は10%ほどにすぎなかった。

しかし，その後は事業収益の割合が増す一方である。2017年に内閣府が行ったNPO法人の実態調査での収益の内訳を見ると，NPO法人全体では，会費と寄付金はあわせても1割程度であり，事業収益が圧倒的に多くを占めている（**図3-3**）。

事業収益の多くは介護保険関係などの認可事業からの収益と見られる。この傾向は寄付優遇の認定を受けていないNPO法人で特に強く表れている。

次に，それぞれの資金源の性格と資金を増やす方策について述べる。日本の経済は，今後もあまり高い成長率を示さないものと予想される。経済規模が拡大しないと，非営利組織に回る資金も増えにくいと考えられるが，それでも非営利セクターの財源はまだ開発の余地がある。現存の限られた財源を取りあうだけでなく，みんなで知恵を絞って新たな財源を開拓し，NPOのための資源量自体を増やすことを考えるべきだろう。

▶会費

NPO法人はすべて会員制の団体であり，その正会員（法律上の「社員」）は，団体の正式な構成員としての議決権を持つ。そして，自分たちの団体の運営のために定期的に会費を払う。

法人化されていない市民活動団体の中にも，会員制をとっているところが少なくない。正会員の他，賛助会員，購読会員など何種類かの会員を持つ団体もある。賛助会員は会の意思決定には参加せず，活動の趣旨に賛同して賛助会費を払う支援者である。したがって，賛助会費は定期的な寄付という性格が強い。

介護サービスなどを行っている団体は，利用会員という制度を設けていることもあるが，その場合に支払われる会費は，サービスへの対価という側面がある。ニューズレターや機関紙の購読会員も，情報を受け取るための対価を支払っているといえる。

会員からの会費は，その性格上，広く，薄く集めるものである。すなわち，多くの人や団体から少しずつ集めるところに財源としての特徴がある。多年度にわたって会員であり続ける人も多いので，財源としての安定度は相対的に高い。

とはいえ，会員の継続率は一般に7割程度といわれているので，会員拡大のためには，既存の会員を大事にして継続率を高めつつ，新たな会員を募集する必要がある。

会員を大事にしなくてはならない理由は他にもある。その団体で活動するボランティアが同時に会員でもあることが多いからである。もちろん，その反対に，活動会員というカテゴリーを設け，会費を少し低額に設定する団体もある。

会員を増やすためにはまず呼びかけをすることである。会員になるよう依頼されたら，応じてもよいと考えている人は意外といるものだ。

また，会費をあまり高額にしないほうがよい。NPOでは2000～3000円にしているところも多い。しかし，その程度の金額では，機関紙などの発行経費や発送料をまかなうのが精一杯で，財源としての実質的なメリットは少ないというジレンマがある。このため，会員にいくつかの段階を設け，会費を多く払う人にはそれに見あう特典を付けて，少しでも多くの会費を集めようとすることも行われている。

▶寄付金

寄付金もNPOの代表的な財源である。会費と違って，寄付には特に決まった額があるわけではなく，定期的に行う必要もない。資金だけでなく，物品や不動産の提供による寄付も行われている。さらに，遺産の一部が提供される場合もある。

寄付金は一般に対価性が低い。すなわち，お金を出しても代わりにモノやサービスが特に得られるわけではない。それでも，工夫次第では寄付金収益を増やすことができる。

たとえば，相手の年齢や所得階層によってお願いする寄付金額を変える，などである。マーケティングの手法を使って，寄付者の「市場」を分節化するのである。寄付者との関係が深まっていけば，寄付金額も上げていくことができる。

会費や寄付金は使途の制約の少ない良質の財源といわれる。だからといって，いったん受け取ったら後は団体のほうで使い道を勝手に決めてよい，というわけでもない。会員の望んでいることと大きくかけ離れた使い方はできないといってよい。

たとえば，開発協力団体の場合，現地の実情をよく把握し，能力も高い途上国の現地NGOを通じた間接的な協力のほうが効果的だとスタッフは思うかもしれないが，寄付者が現地の貧しい人々に直接資金を使うことを希望していれば，それは難しいだろう。

「寄付の文化」が日本よりも発達しているとされている米国でも，2001年の同時多発テロの際，寄付者の圧倒的多数は犠牲者の直接的な支援のために資金を使うよう要求し，間接経費への使用に抵抗を示したという。

方法論的には正しいと思えても，目に見える形をとらず「わかりにくい」ものには寄付が集まりにくい。NPO支援センターのように間接的な活動を行うような団体が苦労するのも，そのような理由からである。

寄付者や会員の意思を尊重しつつ，段階的に理解を深めてもらうほかはない。寄付教育が必要なのである。寄付者や会員の獲得は単なる資金獲得ではなく，土をよく耕し，作物を育てるような地道な行為だといえる。

▶助成金，補助金

助成金や補助金もNPOにとっては重要な財源の1つである。助成金と補助金には本質的な違いはないといってよい。強いていえば，資金の出し手が税金を原資とする行政機関の場合は，補助金と呼ばれることが多いようだ。

助成金や補助金は支援的な性格が強い。資金を出す側は，団体の活動に対して，1年などの期間を限って外から支援を行い，発展を促すのである。

助成や補助は，その団体の活動を伸ばすことを目的に行われるので，成果を出すことは求められても，対価は要求されない。1件当たりの金額が数十万～数百万円と比較的大きいのも魅力である。時には1000万円あるいは1億円以上になることもある。

しかし，一般には競争的資金なので，獲得できるかどうかはわからないというリスクを伴う。受け取る側は，助成金等があくまで一時的，補完的な財源なのだと位置づけたうえで，組織が質的に新しい段階に入ったときなどに利用すると効果的だろう。

1980年代の半ばまでは，市民活動に対して助成金を出すような助成財団はほとんどなかった。しかし現在では，市民活動に対する理解が広まったため，NPOへの助成を行う財団や企業は多くなっている。地方自治体などで基金を設け，NPOを支援するところも増えた。

また，国，都道府県，公営ギャンブル系の補助金でNPO向けのものもある。公益財団法人「助成財団センター」は『NPO・市民活動のための助成金応募ガイド』を発行しており，その2018年版には600近い助成機関が収録されている。

このように，全体としてはNPO向けの助成金，補助金のプログラムは著しく増えたが，一方では新しく設立されるNPOも多いので，資金獲得をめぐる競争は結構激しい。また，助成金や補助金の出し手は，NPOの自助努力を促すために事業費の一部についてのみ助成・補助を行い，管理コストなど間接経費への補助を抑えようとする傾向があるため，事業主体であるNPOは別の財源からも資金を用意しておかなくてはならない。そうでないと，「助成金貧乏」という状態になりかねない。

間接経費がなかなか補助対象にならないのは，資金を出す側が「NPO＝ボランティア団体」，つまり，奉仕的な団体あるいは好きで活動している団体という認識から抜け切れないからでもある。NPOが特定の領域で独自の専門性と使命を持つ組織だという見方は，まだ社会に定着したとはいえない。

また，資金の出し手の審査能力が不十分なため，リスクの査定ができないのも大きな理由である。助成側のスタッフが十分な訓練を受けていなかったり，審査・評価にかけるべきコストを圧縮したりすると，当然ながら十分な審査ができなくなる。本章6節で述べるように，専門職としてのプログラムオフィサーを日本でもっと育てて，審査能力を高めるようにしなくてはならないだろう。

それと同時に，NPO側も助成を受けたい事業で何をめざしているのかを一層明確にする必要がある。助成申請書を書くときには，このことを否応なしに考えさせられるので，申請という行為自体も団体の力量向上に寄与することがある。

▶事業収益

事業収益はサービスやモノの販売への対価として得られる資金である。収益がそれを得るのにかかった経費を上回れば，剰余金が団体として自由に使える自己資金となる。反対にコストがかかりすぎると損失が生じ，他の財源でカバーしなくてはならなくなる。

寄付金や会費を増やすのは時間と手間がかかる。助成金や補助金は期間が限定され，その後は「自立」を迫られる。このため，NPOは成長するにつれて事業収益の割合を増やす傾向を持つ。

事業収益には，いわゆる本来事業から得られるものと，そうでないものがある。NPO法人の場合，特定非営利活動が団体としての本来事業にあたる。一般論でいえば，本来事業で収益をあげるのが，組織の使命を全うする意味でも，得意な領域で勝負するという意味でも望ましい。

たとえば，開発協力を行う団体が村落開発の経験を生かして，発展途上国の農村調査を受託したり，他機関の開発プロジェクトの評価を行ったりして事業収益を得るケースがそれにあたる。この場合は，資金が手に入ると同時に，組織としての知識・情報の蓄積ができる可能性もある。

事業収益には，施設などの管理運営にかかわる指定管理料や，以下に述べる委託金なども含まれる。

▶委託金

委託金は行政や企業，あるいは他の非営利団体が事業を自ら行わず，NPOなどにその実施を委ねる場合に支払われる資金である。もちろん反対に，NPOが企業など，他の主体に業務を委託する場合もある。一般には行政が委託者となり，NPOが受託者となる。

いずれにしても，委託金は仕事に対する対価として委託者から支払われ，それを受け取る側から見ると受託事業収益となる。これに対し，NPOなどが自ら事業実施主体となって得る収益は自主事業収益となる。

委託金と助成金・補助金は，一般にNPOが資金の受け手になるという点で共通している。しかし，両者の性格は基本的に異なる。助成金や補助金の場合は，それを受けるNPO側が事業主体となり，その支援のために資金が交付される。これに対し，委託金の場合は委託者（行政など）が事業主体となり，資金は受託者に仕事を請け負ってもらう対価として渡されるのである。

この点だけを見ると，助成金のほうが事業主体としての自主性が確保でき，NPOにとって都合が良いといえるが，助成金は通常，事業費のみが対象で，それも必要な経費の一部にすぎない。これに対して，委託金には事務職員の賃金や事務所の賃貸料など事務局経費も含められるのが普通で，いつも管理経費の不足に悩んでいるNPOにとってはありがたい資金である。

もっとも，第4章で論じるように，その金額が十分なものであるかどうかは別問題である。また，契約が継続される保証もないので，助成金の場合と同様，これに頼りすぎないほうがよい。

▶その他の資金源

その他の資金源には財産運用益や借入金がある。金利が高かった時期には，基金を積み立て，それを定期預金や債券保有の形で運用することで非営利組織も安定した収入源を確保することができた。しかし現在のような低金利が続く限り，基金は**運用益**をわずかしか生まないので，基金はほとんど蓄えの意味しかない。

これに対し，**借入金**は資金源としての重要性を増している。かつては小さなNPOが金融機関から融資を受けることは難しかった。施設の改築をしたり，資金繰りのためのつなぎ融資を受けたりしたくても，貸してくれるところはなかった。このため，代表者らが個人としてお金を出しあったり，市民債券という私募債を発行して支援者に引き受けてもらったりするほかはなかった。

幸いにしてその後，NPOやコミュニティビジネス向けの非営利的な融資システムが登場するようになった。**NPOバンク**と呼ばれるこれらの融資システム[12]は，市民からの出資で資金を集め，それを低金利・無担保で貸し出す。

特徴は「顔の見える関係」の中で融資を行う仕組みだということであ

る。資金の使い道だけでなく，事業と出資者の間につながりが見出せるかどうかが，融資を決定する際の重要な判断基準とされるのである。

現在では労働金庫，信用金庫，さらには地方銀行や政府系金融機関の日本政策金融公庫などもNPOへの融資を行うようになっている。補助金や委託金では資金の交付が事業完了後になる，すなわち後払いになることも多いので，特に事業型のNPOにとっては，融資機会が増えることはありがたいことである。

3 NPOの組織運営

3-1 ▶ ガバナンスと意思決定の仕組み

非営利組織の世界でも，**ガバナンス**という言葉をよく耳にするようになった。ガバナンスは，統治あるいはそのための体制や方法のことを指す。組織だけでなく国や地域についても使われ，もともとは利害関係者の主体的な作用による意思決定，合意形成のシステムというような意味を持つのだという。このため，「協治」という訳語が提案されたりもしたが，今のところ普及していない。

企業統治に関しては，不祥事の防止や対策の観点からの内部統治という意味で使われることが多く，非営利組織にもその影響が及んでいる。残念ながら非営利組織では，理事長ら代表者の専横，大きな内部対立，放漫経営などが散見され，放置すると組織が深刻な打撃を受けるので，そうしたことが生じないようにしなければならない。しかし，適切なガバナンスは組織力や信用力を向上させる点でも重要である。

ガバナンスを働かせるのは，組織を構成する各機関である。総会，理事，理事会などはすべて機関であり，相互の牽制によって組織の統治が確保されるようにする。以下では，それらの役割，責任や相互関係について簡単に見ていく。

▶社員と社員総会

NPO法人は「人」に基礎を置く社団型の法人である。社団型の法人には社員総会という機関が置かれる。この場合の社員というのは，社団の構成員すなわちメンバーという意味であって，株式会社の社員のように従業員を指すわけではない。一般には会員といったほうが，通りがよい。NPO法上の社員には団体や法人も含まれ，それらのみで社員を構成することもできる。

NPO法人の場合，社員総会（会員総会）は会員全体の意思を反映させる機関として必ず設置しなくてはならない。後述するように，定款で規定すれば多くのことを理事会の議決事項とすることができるが，定款の変更，法人の解散や合併など，最も重要な事項の決議は，特定非営利活動促進法（NPO法）の規定により総会の権限に属し，理事会などに委譲することができない。その意味で，総会はNPO法人の最高決定機関である。

総会には，年に1回以上開かなくてはならない通常総会と，必要に応じて招集される臨時総会とがある。実際に総会に出席する人の割合が少ない団体の場合，従来は苦労して委任状のハガキを集めたりしていたが，法律改正により，電磁的方法，すなわち電子メールなどによる表決や委任が可能になったので，以前のような苦労はなくなった。各社員の表決権は一者一票であり，出資額に応じて議決権が決まる株式会社の場合とは異なる。

NPO法では，法律の規定上どうしても総会で決めなくてはならないこと以外は理事会で決定できるよう，定款で定めることができるとされている。総会の開催頻度は一般に低く，機動的な意思決定ができないので，「理事会重視型」の仕組みをつくっているNPO法人も多い。

しかし，予算・決算，理事や監事の選出と解任，会員の入退会，報酬の金額，委員会の設置などについて，すべて総会で議決を行う「総会重視型」の団体も存在する。大多数のNPO法人では，少なくとも理事の選任は総会の議決事項とされており，やはり総会の役割は重い。

なお，財団法人や社会福祉法人，学校法人のような財団型の法人には

図3-4 ▶ NPO法人の機関

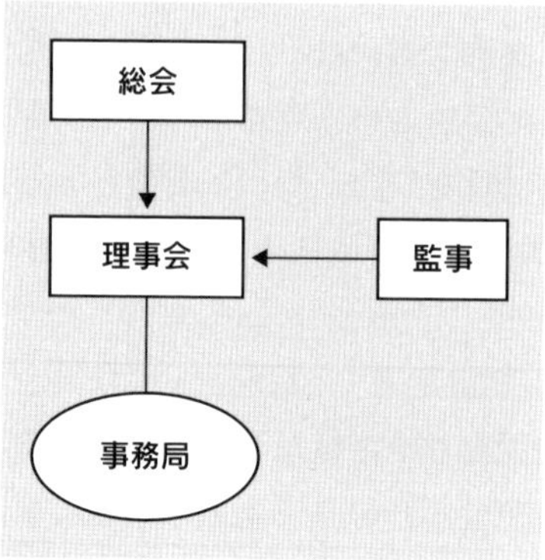

図3-5 ▶ 財団型の法人の機関

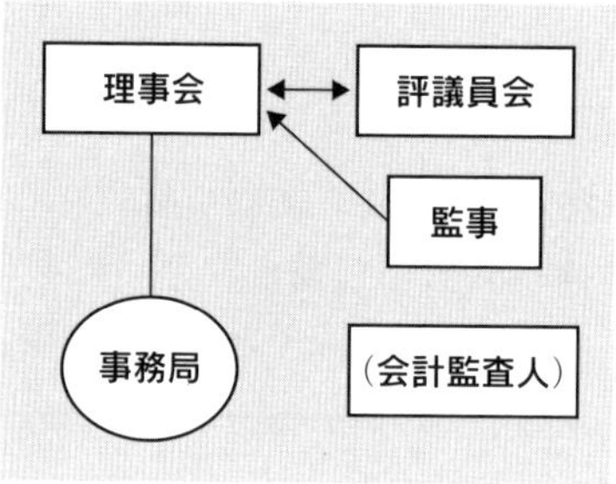

社員総会がなく，理事会が最高決定機関とされる。そして理事会の独走を防ぐために，評議員会を設置するよう法令で規定されている（**図3-4**，**図3-5**）。

▶ 理事の役割と機能

理事の役割とは何だろうか。法律によると，特定非営利活動法人（NPO法人）の理事は法人を代表し，業務上の決定を行うことになっている。つまり，理事は団体の「顔」であるとともに，団体の基本的な方向づけ，意思決定を行う人である。

社会的に信用があり，人脈を有する人に理事に就任してもらうと，団体としての信用を高めることができ，企業や行政，他団体とのネットワークの広がりが期待できる。資金集めのパイプを太くするなど資金調達も期待されるが，たとえ理事が直接，募金のために動かなくても，団体の信用が増すことによって寄付の集まりが良くなることもあるだろう。

団体の方向づけに関しては，理事が知識や経験を生かして中期的な視点からの計画や事業戦略の決定を行うことが役割として期待される。組織の統括者としての理事には，団体の責任者としてスタッフが働きやすいように環境を整えたり，事務局幹部の選任や監督，後継幹部の選任・育成による団体の継続性の確保，危機管理などを行ったりする重要な役割もある。

危機管理とは，大きな赤字が出て経営が危機に陥った，スタッフ間に大きな対立が生じた，その他異例の事態が発生したとき，すみやかに適切な判断を下すといったことを指す。理事会はスタッフが危機管理に失敗したときの「最後の砦」である。理事に組織運営の経験が豊かな人や法律に詳しい人など，視野の広い人たちが加わることで，その機能が発揮されることも多々あるだろう。

法的には理事1人ひとりが法人を代表して対外的に責任を負い，業務の決定を行うことができるとされる。しかし，理事が個々別々に法人を代表して発言すると混乱が生じる可能性があるので，一般には定款によって代表権を制限し，代表理事や理事長（名称はその団体で決めてよい）といった特定の理事に代表権を集中させている。

そのことにより，意思決定も早くなる。ただし，決裁権限の集中は特定理事の暴走を招く危険性があるので，理事会をつくって合議制により理事間の意見調整を行う。

NPO法では，定款に特別の定めのないときは，理事の過半数をもって業務を決するとしている。理事会は各理事を監督する役割も有している。

米国のあるNPO関係者は，理事の起用に際して「3W＋1V」すなわちwork，wealth，wisdom，visibilityを重視すると述べている。そこには理事にも実際に動いてもらい，資金，知恵を出し，団体としての存在を社会に向けてアピールしてもらうという意図が込められている。

日本のNPOが理事に期待することと大きくは違わないように見えるが，米国では各理事が能動的に活動し，組織に貢献すること，特に資金集めが期待されているようである。社会的に意義の深い活動をしているNPOの理事になることが，社会的ステータスになり，理事は文字どおり名誉職ということになる。

NPO法人など非営利目的の法人の理事には，それなりの責任がある。NPO法人の場合，理事は法人との間の委任に似た契約によって就任し，契約の受任者として通常期待される一般的な注意義務を負う。それを怠れば，賠償責任などが発生する可能性もある。

この点については，2008年12月に施行された「一般社団法人及び一般財団法人に関する法律」の規定がNPO法人にも準用するとの条文がNPO法に付け加えられることで，法律にも明記された。[13)]

だから，名前を貸すだけの理事にはなるべきではなく，スタッフもそのような理事を迎えることは避けるべきである。一定の基準をつくったうえで，欠席の多い人は退任してもらうぐらいのことはしてもよい。しかし，そうすると理事のなり手がいなくなるかもしれないため，理事の候補を日頃から探し，候補者に声をかけておく必要がある。

逆に事務局の期待するような人を理事に迎えるためには，その人たちがNPOに対して持つ期待や動機について知っておいたほうがよいだろう。理事は就任すれば，かなりの時間とエネルギーを割いて，特定の理事を除いて無報酬でNPOにかかわることになる。

その動機は何なのだろうか。これはあまり調査されていないが，他の理事や事務局スタッフと交流して情報交換ができること，自分の人脈の維持拡大につながること，自分のステータスにつながること，などが理事を引き受ける動機と考えられる。もちろん，自分が重要な活動を行っていると思う団体に，責任者としてかかわることに喜びを感じるという側面もあるに違いない。

▶監事の仕事とは

NPO法では，監事の職務は理事の業務執行の状況における監査（業務監査）と，法人の財産における状況の監査（会計監査）であるとしている。監査の結果，NPO法人の業務または財産に関して不正の行為または法令や定款に違反する重大な事実を発見した場合には，社員総会または所轄庁に報告しなければならない。

理事の業務執行の状況や法人の財産の状況について，理事に意見を述べるのも監事の職務に属する。そのために，議決権はなくてもできるだけ理事会に出席するのが望ましい。ただし，NPO法人の場合は，一般法人，公益法人や社会福祉法人と違って，理事会への出席は義務ではない。また，一般法人の監事のように，社員総会に理事が提出しようとする議案や書類を調査する義務もない。

前述のように，監事は会計監査だけでなく業務監査も行うことになっている。しかし実態としては，監事が非常勤であったり，NPO法人の業務監査の手法が確立されていなかったり，監査費用が予算化されていないため，業務監査はあまり行われていない。

NPO法人の監事は，法人の信頼性を担保することによって寄付者，会員その他の資源提供者の利益を守る役割を持つ，ガバナンス上重要な存在である。監事の活性化もNPOにとって課題であることは間違いない。

3-2▶リーダー，職員，ボランティア

▶理事会とスタッフの関係

理事会はガバナンスの要となる機関のはずだが，理事会が十分に機能せず，職員を監督するどころか事務局に追随するだけの団体も少なくない。その大きな理由は，理事会が年に数回開かれるだけでは，大部分が非常勤である理事にとって，団体の実態を十分に把握するのが困難なことだからである。

組織が大きくなればなるほど，業務の細部まで把握することが難しくなる。そして，法律上は「使用人」にすぎない事務局職員，特に事務局

長が業務上の豊富な情報量を背景に，全体を取り仕切ることになる（業務量が非常に少なければ，そもそも事務局を置く必要はない）。行動することに大きな価値が置かれる市民団体にあっては，アドバイザーとしての役割を果たしているにすぎない理事がスタッフに遠慮してしまうということもあるだろう。

理事会と事務局には，このように法律上の建前と実際の間に矛盾がありがちなので，団体としては理事会がきちんと機能するように努力しなければならない。確かに業務に関する情報量は，常勤の事務局スタッフのほうが非常勤の理事よりもはるかに豊富に持っており，その差は容易に埋められないだろう。そのため，理事は日常的な業務執行をスタッフに任せ，事業に細かく口を出すことはやめたほうがよい。

理事の任務は別のところにある。それは，日常の業務に忙殺されている事務局スタッフとは異なった視点に立ってものを考えることである。理事はそれぞれの持つ経験や知識を生かして，大局的な判断を下すべきなのである。

事務局としても，理事とのコミュニケーションを良好に保つよう，意識的に努力する必要がある。なかなかできないことだが，日常的に連絡をとっておくと，いざというときに無理が利く。特にかかわりの薄い理事や後から加わった理事には，事務局から出向いてでもオリエンテーションを行い，組織の歴史，背景，事業，他の理事のことなどについて丁寧に説明して，理事を「教育する」べきである。時間が許せば，「研修」のような形で互いによく知りあい，情報を共有し，理解しあう機会を持つことが望ましい。

理事は，「強力なボランティア」ともなるだけに，参画意欲を持って気持ち良くかかわってもらうためには，事務局側に多少の配慮も必要である。「活動する理事会」をめざすのはいいが，理事に一方的に仕事を割り振るのは疑問である。

理事会と事務局との間に適当な緊張関係を保ち，チェック機能を互いに働かせることも大切である。うるさい，わずらわしい，と考えるのではなく，相互の適切な緊張関係が全体にとってプラスになるという認識を持って，問題があれば率直に議論し，共に解決にあたることができるよう，開かれた関係をつくるのである。

▶スタッフの燃え尽きを防ぐ

NPOの活動者の入れ替わりは比較的多い。「自分探し」が目的でもあるボランティアは別として，職員やトップリーダー層でも最初の意気込みとは裏腹に，組織を去る人が少なくない。

1つには，NPOそのものの性格による。NPOでは，有給職員にしても，ボランティアにしても，自分なりの「思い」や問題意識を持って組織の活動にかかわっている。そうした「自発性」が，かかわりの出発点だといってよい。

ところが，組織には組織としての論理があり，個人の「思い」が必ずしも組織の活動に反映されるわけではない。これがフラストレーションのもととなる。良いとはいえない待遇と厳しい労働条件の下で一生懸命やっているのに，報われないというわけである。

社会福祉法人「大阪ボランティア協会」の早瀬昇氏は，金子郁容氏のいう「自発性のパラドックス」という概念を用いて，この現象を説明する。[14)]

NPOやボランティア団体には，どこまでやればよいのかという基準が必ずしもない。一方，取り組むべき問題は山のようにある。だから，どうしても無理をしてしまう。その結果，ボランティアはやはり信用できない，という評価が下され，またまた無理をしてしまう。その結果，疲労と無理な努力の悪循環に陥り，燃え尽きるというのである。

開発協力NGOの現地駐在員として海外に派遣され，その後，事務局長も務めた中田豊一氏は，「**選択のジレンマ**」というキーワードで，責任者が直面する問題を表現する。

発展途上国の膨大な貧困の問題は，さまざまな要因が複雑に絡みあい，容易には解決しない。ことに外国人が短期で成果をあげるのは，もともと無理な話である。にもかかわらず，効果的で持続的な援助プロジェクトを形成しようと，職員は一生懸命努力する。そのために，リーダーは募金を増やすことを考えたり，全体に目配りをして，資金配分のバランスをとったりしなくてはならない。

しかし，それが日本から現地に来たばかりのボランティアや，他のスタッフに理解されるとは限らない。それだけではない。団体がある角度から社会的課題に取り組むことを責任者として決定すると，それによって受益者の範囲を決めることになる。

これは「誰かを選ぶことは，選ばなかった人を切り捨てること」でもある。そうしたつらい選択が個人としてではなく，集団の意思として行われるとき，「決定を下す立場にある者は大きなストレスを抱え込む」という。

「ボランティアは，かかわればかかわるほど，選択のジレンマを内に抱え込む。それがふとした契機に仲間からのことあげとして顔を出し，選択と切り捨てにかかわる者たちを苛む。ボランティア活動においてリーダーシップをとることは，こうしたボランティアのジレンマを引き受けることである。組織の理念や目的が崇高であればあるほど，内部の人間関係に亀裂が入った場合の確執は厳しいといわれるが，ボランティア団体の場合もまさにそれが当てはまる。私の知るいくつかの団体をみても，内部の人間関係は愛憎相半ばする泥沼状態である。（中略）リーダーシップをとった者の多くは，感情的なトラブルに疲れ果て，やがて離れていく。ボランティア団体がいつも人材不足に喘いでいる最大の理由はここにある」15)

支援のニーズが差し迫っており，やらなくてはならないことが山積しているとき，スタッフにかかるストレスが大きいことは想像に難くない。NPOは分野的にも保健医療福祉という，対人サービスを行う仕事が多い。そのような職種ではバーンアウト（燃え尽き），すなわち仕事に対する意欲を失い，休職・離職に至る人の多いことが知られている。

JILPTは，NPOの活動者を対象として，「情緒的消耗感」と「個人的達成感の低下」という2つの側面からバーンアウトに関する質問紙調査を行った。

それによると，バーンアウトの程度は活動のきっかけ，動機，メリット，意欲，活動への関与といった個人的要因と関連していた。「自分で設立」「自ら応募」など自分の意思が強く関与している人たちは，バーンアウトの程度が低い傾向が見られた。

一方，活動への関与度が低くなるにつれて，「個人的達成感の低下」が強くなった。また，活動時間の長さは「情緒的消耗感」と，給与額は「個人的達成感の低下」に関連していた。高い給与を得ている人は個人的達成感がそれほど低下しない傾向を見せたということである。[16)]

当然のことではあるが，「情緒的消耗感」と「個人的達成感の低下」の両面でバーンアウト傾向が強くなると活動意欲が低下し，活動からの離脱につながりやすくなる。活動者の維持のためには，NPOも活動時間の偏りや活動に対する報酬に目を配る必要がある，とJILPTは結んでいる。

働きやすい職場づくりは，NPOにとっても重要なマネジメント上の課題である。振替休日をしっかりとる，育児中の職員の働き方に多様性を持たせる，といったことを意識的に推し進める必要がある。研修の充実，上司などとの面談，相談の機会を増やすことも離職率の低下につながると報告されている。

▶職員とボランティア

同じ組織の中で，職員（有給のスタッフ）とボランティア（無給のスタッフ）が一緒に活動するとき，両者がどのような関係をつくるかということは，多くのNPOが直面する課題である。一方は仕事の対価として（不十分であっても）給与をもらうのに対し，他方は基本的に無償で仕事をし，交通費などの経費すら自弁のことが多い。これを反映して，時には職員とボランティアの間に緊張関係が生じることもある。

それだけに，職員はボランティアが楽しく働ける環境をつくるように努めなくてはならない。ボランティアは無償で組織にかかわるからこそ，自分を生かせる場を持ち，成長したいと願うものである。そこで，職員には共通の目標に向かって仕事を分担していく，という姿勢が必要である。「ボランティアの安使い」という感じを抱かせてはならない。

そのときに責任を多く背負うのは，やはり職員である。ボランティアだからといって，間違ってもいいとか，責任がないというわけでは決してない。ボランティアにも守秘義務があり，職業倫理が求められる。しかし，最終的には，職員，特に幹部はボランティアの分まで責任を負う心構えがなければならない。

職員とボランティアの間には，時として大きな情報ギャップがある。四六時中，事務所にいて，さまざまな人や情報に接する機会のある職員と比べると，時間のあるときにしか活動をしないボランティアは，どうしても情報が限られてくる。自分の関心領域に限定して動くために，組織全体のことには通じていないことも多い。このギャップを埋めるために，情報や組織全体のことについて，ボランティアと共有する努力を職員がボランティアとともに行わなくてはならない。

NPOのほとんどは小さな組織なので，ともすると人間関係が煮詰まり，内向きになる。ボランティアは，そうした中にあって活動に広がりをもたらし，活気を与える存在なのである。

4　寄付と税制

4-1 ▸ 日本人はどれくらい寄付するか

▸ 寄付金の総額

日本には**寄付文化**がない，つまり当たり前のように寄付する習慣がない，などといわれる。後で見るように，米国と比べると1人当たりの寄付金額は確かに桁違いに少ない。

しかし，東日本大震災の被災者のために日本赤十字社，共同募金会，NHKなどに寄せられた義援金は，震災の発生した2011年3月11日から約半年後の12月7日の時点で約3400億円と発表されている。これを

図3-6▶個人による寄付と会費の推計総額

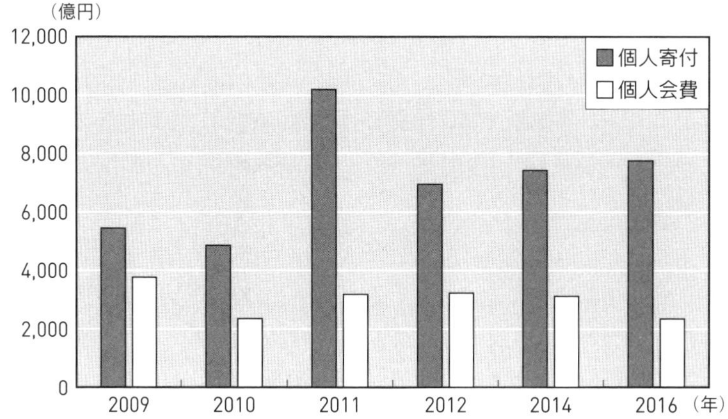

出所：日本ファンドレイジング協会編（2017）より作成。

日本の総人口で割ると，赤ちゃんも含めて1人当たり2600円を超える。数百億円といわれる海外からの義援金が含まれるにしても，決して少ない金額ではない。本当に必要だと感じたら，日本人も寄付をするのである。

大規模災害が起きたときなど特別な場合は別として，平常時に日本の人たちはどれくらい寄付をするのだろうか。日本ファンドレイジング協会の『寄付白書2017』によると，個人寄付総額の推計値は2009年に5455億円であった。東日本大震災のあった2011年は1兆円を超えたが，これは異例で，2012年にいったん落ち込んだ後，着実に増えて2016年には7756億円になったと推計されている。

これとは別に，会費についての集計も行われている。2016年における個人会費の支払額は2328億円と推計されており，こちらはむしろ減少傾向をたどっている。しかし寄付と会費をあわせると，2014年も2016年も，合計1兆円余りの金額が個人によって支払われていることがわかる（**図3-6**）。

日本ファンドレイジング協会では，2016年の寄付実施人口は4571万人にのぼると推計している。これは同年の15歳以上人口の約45.4％に相当するという。以前思われていたより多くの人が寄付をしている，ということである。

寄付は性別，年齢，所得などと関係する。性別の比較では女性のほうが寄付を行う人の割合が高い。ただし，寄付1件当たりの金額は男性のほうが大きい。年齢別では，年齢が高くなるにつれて寄付する人の割合が高くなる。しかし，寄付1件当たりの金額は30代，40代の人が多く，高年層は少ない。

ボランティア活動と寄付との関係では，これまでも両者の間に相関のあることが指摘されてきたが，『寄付白書2017』でも同様の傾向が確認された。ボランティア活動をしている人は寄付をよく行い，寄付を行う人は寄付しない人よりもボランティア活動を行う，というのである。

▶他国と比べるとどうか

では，日本における個人寄付の状況を他の国と比較してみるとどうだろうか。

2016年の米国の個人寄付総額は2818.9億ドル，日本円に換算すると30兆6664億円と推計されている。日本の同年の寄付総額が7756億円だったので，日本のおよそ40倍ということになる。国内総生産（GDP，名目値）比では米国が1.44％，日本は0.14％なので，10対1ぐらいの計算になる。

米国は特別だとしても，韓国も名目GDP比が0.5％あり，日本よりだいぶ高い（**表3-3**）。

なお，米国やイギリスでは寄付総額に占める個人寄付の割合が9割以上なのに対して，日本では5割程度にとどまっているという。日本では個人による寄付の割合が相対的に低い，ということである。

▶NPOへの寄付

では，NPOへはどれくらい寄付されているのだろうか。残念ながら現在はNPOへの寄付金総額を調べた精度の高い調査はないので，詳しいことはわからない。

表3-3 ▶ 日韓英米4カ国の個人寄付総額の比較（2016年）

	寄付額（現地通貨）	寄付額（円換算）	名目GDP比
日本	7756億円	7756億円	0.14%
韓国	7兆900億ウォン	6736億円	0.50%
イギリス	97億ポンド	1兆5035億円	0.54%
米国	2818.9億ドル	30兆6664億円	1.44%

注：1. 韓国は2014年の数字。
　　2. 100ウォン＝9.9円，1ポンド＝155.0円，1ドル＝108.8円のレートで換算。
出所：日本ファンドレイジング協会編（2017）より作成。

内閣府の「平成28年度 市民の社会貢献に関する実態調査」によると，2015年に「寄付をしたことがある」とアンケートに回答した人の寄付先としてNPO法人，その他の非営利法人，社会福祉法人を挙げた人の割合は高くない。公益社団法人，公益財団法人を挙げた人は意外に多いが，それでも共同募金会（赤い羽根共同募金）や日本赤十字社，町内会・自治会に比べると割合が低い。

同じ調査で，寄付の妨げとなる要因について尋ねたところ，「経済的な余裕がないこと」，次いで「寄付先の団体・NPO法人等に対する不信感があり，信頼度に欠けること」が多く挙げられた。NPO法人が比較的新しいタイプの団体類型だということもあるが，国際比較調査では日本で慈善団体や宗教団体に対する信頼度が明らかに低いという結果も出ており，根はもっと深いと思われる。

▶ 法人による寄付

日本では，昔から法人によって寄付がなされてきた。企業寄付は意外に多い。2015年度に税法上，内国普通法人とされている法人（株式会社など）で寄付をしたのは42万社で，国税庁の統計によると支出した寄付金総額は7909億円にのぼる。これは経常所得の1.4%に相当するという。[17)]

4-2 ▸ ファンドレイジング

ファンドレイジングは，寄付集めをはじめとする資金調達のことである。ここでは，寄付をする側と資金を集める側の両方について見ていく。

▸ 寄付の動機は何か

寄付は金品の一方的な移転であって，出す人の得にはならない。多くの人は他人よりも自分がかわいいと思っている，つまりかなり利己的であるとすると，なぜ多くの人が寄付をするのだろうか。

困っている人を助けたいという感情，社会問題の解決に向けて一生懸命活動している人を応援してあげたい，相手に感謝されるのが嬉しいという気持ち，寄付者としての名誉心など，いろいろなことが考えられる。

実は，寄付の動機やきっかけについても，質問紙調査などによるデータがあり，近年は行動経済学者による実証研究も増えている。

内閣府が2016年に実施した「市民の社会貢献活動に関する実態調査」では，寄付をした理由として，「社会の役に立ちたいと思ったから」「町内会・自治会の活動の一環として」「自分や家族が関係している活動への支援」「職場の取組みの一環として」が多く選ばれている。

前述の『寄付白書2017』では，主な寄付の動機，きっかけを尋ねたところ，「自治会や町内会が集めに来たから」（回覧も含む），「毎年のことだから」「関心があったから」が上位に並んだとしている。「自治会や町内会が集めに来たから」というのは，日本赤十字社，共同募金会（赤い羽根募金），自治会・町内会，女性会（婦人会），老人クラブ，子ども会などへの寄付を指す。

寄付という行為は，積極的な気持ちばかりではなく，惰性や受け身でなされることも多いことがわかる。特に拒否する理由がなければ，何となく寄付してしまうのである。地域では特に「お互いさま」という考えも強い。以前の調査では「付きあいとして」「人に頼まれたから」寄付をしたという人が多いという結果も得られていたが，そのこととも符合する。

人間のこうした同調性や互恵性の考え方を寄付集めに利用することは，昔から行われてきた。地域で神社や寺の建築物の造営などのための寄付集め（勧進）を行うときには，寄付した人の名前，寄付された金品の品目や数量を奉加帳という帳面に記し，回覧するというやり方がごく一般的であった。その際，家の「格」に応じて寄付額の目安を示すことも行われてきた。名誉心をくすぐると同時に，社会的地位と経済力に見あった相応の寄付をしないと恥ずかしいという共同体の規範を利用したのである。

名誉心といえば，自分の評判を高めるための寄付もありうる。どれだけ利他的な心を持ちあわせているかを，寄付の多さによって示すのである。日本では「陰徳を積む」という考え方があって，かつては寄付をしたことを公開しないことも多かった。評判を聞きつけて寄付をどんどん頼みに来られるのをおそれたからかもしれない。しかし，現在では寄付の情報が公開されることも増えており，「セレブ」が寄付をするのは当たり前になってきている。

▶寄付をすると幸せになるのか

寄付は自己満足であるとか，偽善だとかいう人がいる。寄付は人のためにするのだろうか，それとも実は自分のためにするのだろうか。

動機はともかくとして，近年の研究では寄付することによってお金を減らすことになる寄付者が，寄付によって幸せになる傾向があるとされている。寄付やボランティア活動が幸福感や健康に与える正の効果については，今や多くの研究結果が蓄積されている。

『寄付白書2017』の執筆者たちは，寄付をする満足感で最も代表的なのは利他性で，利他性には2種類あると主張する。1つは，寄付の結果に受益者が満足することによって，寄付者本人も満足するという「純粋な利他性」である。もう1つは，寄付という行為自体から寄付者が満足を得る「暖かな光」と呼ばれるものだという。[18]

前者は，社会的課題の解決に寄与したことへの満足だといえる。後者は，たとえば自分の子どもを早くに亡くした人が，子どものための事業を行っているNPOに寄付し，それによって子どもの霊を慰めて心の平安を得るというケースが考えられる。高齢の人が，たとえ寄付の成果を見届けられなくても，より良い社会を残したいという思いから寄付し，満足を得ることもそれに近い。実際，近年は遺言による寄付や相続した財産の寄付も増えており，NPOもそうした資金の獲得を積極的にめざしている。

▶ファンドレイザーという資金調達のプロ

NPO法人「日本ファンドレイジング協会」の代表理事である鵜尾雅隆氏によると，ファンドレイジングの第1の原則は，それが単なる資金集めの手段ではなく，「社会を変えていく手段」だと捉えることである。

そして第2の原則は，それが「施しをお願いする行為」ではなく，社会に共感してもらい，自らの団体の持つ解決策を理解してもらう行為だと考えることである。[19] なるほど，そうすればより体系的・戦略的に，より自信を持って資金を集めることができるだろう。

米国にはずいぶん前からファンドレイジングの専門家としてのファンドレイザーが存在してきた。ファンドレイザーは，マーケティングの考え方を応用して寄付や社会的投資資金を集める。NPOだけでなく，著名な大学や交響楽団も多くのファンドレイザーを雇用している。

米国をはじめとする海外の事例にならって，日本でもファンドレイザーが養成されるようになった。日本ファンドレイジング協会は，2012年度からファンドレイザーの資格認定を行っている。認定は2段階あり，准認定ファンドレイザーは未経験者でも研修を受けて試験に合格すれば取得可能な資格である。

そして，認定ファンドレイザーになるには3年の実務経験が必要とされる。要求されるのは単なる広報スキルだけではなく，組織の成長・発展戦略を検討する力，プレゼンテーションの能力である。資格を取得した人の数は着実に増えている。

4-3 ▶ 寄付者と法人の税制優遇

寄付は税制上，優遇されることがある。優遇によって寄付を促進するためだ。社会福祉法人，公益法人，NPO法人などには優遇税制の適用がなされている。メンバーの共同利益を目的とした非営利的な法人，たとえば労働組合や協同組合の中にも，法人税の軽減措置を受けているものがある。

優遇制度はそれぞれの法人によっても違いがあり，複雑なうえにしばしば変更される。ここでは主としてNPO法人の場合について述べる。細かい点よりも，要点を理解することが大切である。

▶ 法人自身に対する税の優遇制度

優遇税制は，寄付を受ける法人自身の所得に適用されるものと，法人に対する寄付者に適用されるものに大別される。寄付者には個人だけでなく，会社などの法人がなることもある。いくつかの場合に分けて見ていこう。

株式会社など，税法上は**普通法人**と呼ばれる法人に対しては，法人税，事業税，住民税，利子・配当収入に対する所得税など，さまざまな税が課せられる。非営利目的の法人については，公益性の程度に応じて税の減免が行われる。

税法上は**公益法人等**と称されている法人は，原則として本来事業には課税されず，収益事業からの収益のみ，課税の対象とされる。NPO法人は，この公益法人等に準じる扱いを受けており，やはり収益事業からの収益だけに法人税が課される。会費や寄付金，非収益事業を対象とした補助金などは課税対象とならないのである。[20)]

公益法人等は，法人住民税についても減免措置を受ける。住民税のうちの法人税割（法人税に一定の税率を掛けたもの）については，収益事業からの収益のみに対して課税される。法人住民税の均等割（一律の金額）についても，ほとんどの地方自治体では何らかの減免措置をとっている。

表3-4 ▶ NPO法人の収益事業に対する課税

		NPO法上の事業	
		本来事業	その他の事業
法人税法上の事業	収益事業	課税	課税
	その他の事業	非課税	非課税

注：NPO法上の「その他の事業」とは，収益事業および構成員の互助利益を目的とする事業を指す。

表3-5 ▶ 法人税法施行令（第5条）による収益事業

1. 物品販売業	12. 出版業	23. 浴場業
2. 不動産販売業	13. 写真業	24. 理容業
3. 金銭貸付業	14. 席貸業	25. 美容業
4. 物品貸付業	15. 旅館業	26. 興行業
5. 不動産貸付業	16. 料理店業その他の飲食店業	27. 遊技所業
6. 製造業	17. 周旋業	28. 遊覧所業
7. 通信業	18. 代理業	29. 医療保健業
8. 運送業	19. 仲立業	30. 技芸教授業
9. 倉庫業	20. 問屋業	31. 駐車場業
10. 請負業	21. 鉱業	32. 信用保証業
11. 印刷業	22. 土石採取業	33. 無体財産権提供業
		34. 労働者派遣業

注：身体障害者，高齢者が収益事業に従事する場合は例外規定がある。
出所：国税庁資料。

寄付者の所得税に対する税制上の優遇は，後述するように認定NPO法人（または特例認定NPO法人）という資格がないと得られない。

ここで気をつけなくてはならないのは，法人税法でいう収益事業と，NPO法人自身が定款に収益事業と記載しているものとは異なる場合があるということである。**法人税法上の収益事業**と**NPO法上の収益事業**は，必ずしも一致しない（**表3-4**）。

NPO法人の側から見ると，その団体が行っている特定非営利活動は公益的性格を持つ本来事業であり，収益事業ではないので，そこから生じる所得に課税されるのは納得できないだろう。

しかし税務当局は，団体にとっての事業目的とは関係なく，その事業が法人税法施行令でいう収益事業の業種（**表3-5**）に該当するかどうかによって課税の判断を行う。

こうした取扱いになっているのは，株式会社など営利企業との税負担の公平を図る見地からだといわれる。営利企業は原則としてすべての事業からの収益に対して法人税が課される。そこで，営利事業として成立する可能性の高い事業については，非営利組織も営利企業と同等の競争条件の下に置こうというのである。

しかしこのことは，介護保険事業で非営利組織同士の不公平という別の問題を引き起こしている。社会福祉法人や医療法人の場合は，介護保険事業からの所得に対して課税されないのに対して，NPO法人の場合は，介護保険事業が税法上の医療保健業（表3-5の29）に該当するとして，課税扱いとなるのである。

同様に，障害者向けの就労支援は，例外があるとはいえNPO法人では収益事業と見なされるが，社会福祉法人ではすべて社会福祉事業となり，課税対象とならない。

❖任意団体にも税優遇がある？

任意団体であっても，税法上「人格のない社団，財団」と称されるものが法人税法に規定する収益事業を営んでいれば，法人に準じる組織として，その収益について法人税が課税される。

しかし，非収益事業については課税されない。つまり，NPO法人とあまり変わらない課税がなされているのである（相続財産の遺贈についての扱いは異なる）。

一般社団法人や一般財団法人で非営利型以外のものは株式会社と同様にすべての事業について課税されるので，場合によっては一般法人のほうが任意団体よりも課税範囲が広いこともある。

▶寄付者に対する優遇

次に，寄付をする側の主体に対する優遇を見ていこう。NPO法人に寄付する個人は，通常，所得税を払った後の可処分所得の中から寄付をする。しかし，寄付先によっては，実質的に税をほとんど払わずに寄付できる場合もある。

たとえば，国や地方自治体，政府が特別に認めた法人（独立行政法人，地方独立行政法人の一部，日本赤十字社，社会福祉法人，学校法人の一部，更生保護法人，公益社団法人や公益財団法人など）への寄付や，政治献金のうち一定のものは，所得税の減免が受けられる。これは，寄付金の一部を所得税の課税対象から外す**寄付金控除**という制度による。

NPO法人への寄付は当初，寄付金控除の対象とならなかった。しかし関係者の粘り強い働きかけで2001年に**認定NPO法人**（正式には**認定特定非営利活動法人**）の制度ができ，都道府県または政令指定都市から特別の認定を受けたNPO法人については，寄付金控除の適用などの優遇措置がとられるようになった。認定NPO法人制度は2011年に大幅に改正され，適用が広がった。

❖この違いを知っておこう

NPO法人の認証：NPO法人となることを認めること

NPO法人の認定：すでにNPO法人となっている団体が税制上の優遇資格を得ること

▶寄付者が個人の場合

認定NPO法人に寄付をした個人の寄付金控除については，2011年度税制改正により**税額控除**という方式が新たに導入され，**所得控除**と税額控除のどちらか有利なほうを選べるようになった。税額控除は住宅ローン控除にも適用されている方式で，所得の多少に関係なく一律の割合で控除額が決まるので，所得が多くなくて所得税率の低い一般の市民にとっては減税効果が大きい。

ただし，控除の対象となる寄付金額は，その人の年間所得の40%までである。また，寄付金控除の額そのものも，所得税額の25%までというような制限がある。つまり，寄付金額の大きさと控除額の大きさの両面から上限が設けられているのである。

とはいえ，住民税についても，地方自治体の条例指定でさらに10%の税額控除が適用できるので，税額控除の場合，所得税額の最大50%まで寄付金控除として所得税から差し引ける可能性がある。

遺言による寄付や相続財産を寄贈する場合も寄贈分が非課税となるので，寄付を考えている人にとっては，寄付先が認定NPO法人であるかどうかは大きな判断材料となる。

❖ 所得控除と税額控除の比較

その年の寄付金支出額から2000円を引いた額にかける税率が違うことによって，所得控除と税額控除との間に差が出る。

個人の住民税は都道府県民税，市町村民税をあわせて10%控除が基本である。

	控除される所得税	控除される住民税
税額控除	(寄付金支出額－2000円)×40%*1	(寄付金支出額－2000円)×5.105～45.945%*2
所得控除	(寄付金支出額－2000円)×10%*3	

注：1. 政党への寄付は30%。
2. 所得が多いほど税率が上がる。
3. 都道府県のみが認定する団体は原則4%，市区町村のみなら6%。

出所：「寄付先で異なる税還付」『日本経済新聞』（2019年1月19日）を参考に作成。

▶ 寄付者が法人の場合

法人が認定NPO法人に寄付した場合も，一定の額までの寄付金を課税所得から控除できる。いわば経費として落とせるわけである。これを専門用語で**損金算入**という。

寄付先が認定NPO法人（社会福祉法人，公益法人なども対象）であれば，寄付を行う法人は一般寄付金の限度額に加えて，特別枠を使って寄付金を損金算入できるようになる。特別枠は次のように計算される。

（所得の金額×6.25%＋資本金×0.375%）×1/2
＝別枠の損金算入限度額

この特別枠は公益法人などへの寄付と共通で使う枠（限度額）である。法人がこれを使い切ってなお寄付をする場合には，一般枠を使うことができる。一般枠というのは，一般の企業，つまり税制上の普通法人に利益や資本金に応じてもともと認められている**損金算入限度額**のことを指す。以下に計算式を示す。

（所得の金額×2.5%＋資本金×0.25%）×1/4＝損金算入限度額

なお，認定NPO法人になると，その団体自身にとって別のメリットもある。収益事業からの所得の50%（上限は200万円）までを無税で公益的，あるいは互助的な事業のために使うことができるのである。

これは，「儲からない」公益的な事業を収益事業からの「儲け」によって支えることができるようにするためである。会計上の理屈としては，税法上の収益事業から非収益事業への寄付金と見なされるため，**みなし寄付金**と呼ばれている。

みなし寄付金制度は，もともと旧公益法人や社会福祉法人にあったものを，認定NPO法人にも適用したものであるが，従来は20%だったみなし寄付金控除率が2011年度の税制改正で社会福祉法人並みの50%まで引き上げられ，優遇の度合いが上がった。

▶認定されるための要件

認定NPO法人になるためには，いくつもの要件を満たす必要がある。ここでは要件を簡単に示すにとどめる（詳細は，内閣府や国税庁のウェブサイトを参照のこと）。

①**パブリック・サポート・テスト**（PST）に適合すること（実績判定期間において，経常収入金額のうち寄付金額などの占める割合が5分の1以上であること）。
②事業活動において，共益的な活動の占める割合が50%未満であること。
③運営組織および経理が適切であること。
④事業活動の内容が適切であること。
⑤情報公開を適切に行っていること。
⑥事業報告書等を所轄庁に提出していること。
⑦法令違反，不正の行為，公益に反する事実がないこと。
⑧設立の日から1年を超える期間が経過していること。

その他，欠格事由（役員の中に暴力団の構成員等がいることなど）も示されている。

要するに，認定NPO法人となる団体が広く市民に支持され，信頼性や公益性のあることが要求されているのである。これらの要件をすべて満たすのは，現実にはなかなか厳しい。特にPSTのハードルが高いため，認定されるNPO法人は少数にとどまっていた。

そこで，2011年度税制改正では，PSTの壁を乗り越えやすくするための制度改正が行われた。1つは，新たな基準の設定である。PSTの判定にあたって，従来の基準（相対値基準と呼ばれる）に加え，次の2つの基準も選択肢に入れられ，3つの基準のうちから選べるようになったのである。

a. 実績判定期間内の各事業年度において，総額3000円以上出す寄付者が平均100人以上いること（絶対値基準）。
b. 事務所のある都道府県または市区町村の条例により，個人住民税の寄付金控除の対象となる法人として個別に指定を受けていること。要件は自治体が独自に決めている（条例個別指定）。

2011年度税制改正でのもう1つの重要な制度改正は，仮認定制度（現在は**特例認定制度**と呼ばれている）が設けられたことである。

これは，設立後5年以内のNPO法人で，運営組織および事業活動が適正なものは，認定要件からPSTが免除されるというものである。ただし有効期間は3年で，1回限りとなっている。

その後は本認定を受ける必要がある。本認定の場合は，認定NPO法人として認定される期間が5年間であり，更新も可能である。なお特例認定の場合は，みなし寄付金制度や相続財産の寄付の非課税措置は適用されない。

5　成果を出し，信頼される存在になる

5-1 ▸ 指導監督の強化か，団体内部の規律向上か

非営利組織といえども，脱税などの不正や詐欺まがいの行為をする組織があることは以前から知られていた。NPO法人の不正行為は近年も見つかっている。

神奈川県では，NPOが共同で寄付を集め，助成のための基金に積み立てたお金を，経理担当者が使い込む不祥事が起きた。埼玉県では，「休眠法人」つまり事実上活動をしていないNPO法人を買い取り，預金口座を開設して詐欺に使うという事件が発生した。その他，補助金や介護給付費を不正受給した団体なども摘発されている。

問題行動をとる非営利組織への対策として，すぐ頭に浮かぶのが取締りの強化である。事実，（旧）公益法人や宗教法人に対する行政の指導・監督は，しばしば強化されてきた。

ところが，NPO法人の場合は，法人制度そのものが従来の非営利法人とは異なった理念の下につくられている。法人設立にあたって認証主

義をとり，行政の関与をできるだけなくすようにする，というのがその1つである。

また，所轄庁による指導・監督を最小限にとどめ，その代わりに情報公開を進めることによってNPO法人全体の質が維持されるようにする，という方向性もそうである。

その裏には，市民が団体に関する十分かつ正確な情報を持つようになれば団体間の比較がしやすくなるので，良い団体は支持を増やし，質の悪い団体は市民の信頼と支持を失って寄付の「市場」からおのずと消え去るはずだ，という考えがある。NPO法人制度がこのような考え方に基づいているので，安易に行政の指導・監督を強めることは，NPO法人制度の趣旨に反することになるのである。

ところが，実際に上記のような作用が十分に機能しているかといえば，必ずしもそうとはいえない。このため，東京都などは窓口で認証基準を事実上引き上げた。

また，内閣府は2003年に「NPO法の運用指針」を発表し，「主たる目的性」と「非営利性」に関する法人の要件をかなり細かく規定するとともに，疑念のあるNPO法人に対しては自ら情報を提供するよう，「市民への説明要請」を行うことにした。より具体的には，次のことを運用指針に盛り込んだ。

- 特定非営利活動の支出が一定以上であること。
- 収益事業と付帯事業の収益は，すべて主たる目的の事業（本来事業）のために使うこと。
- 収益事業と付帯事業で赤字を出さないこと。
- 管理費の割合を一定以下に抑えること。

こうした行政の動きに対して，全国のNPOの全国的な支援センターであるNPO法人「日本NPOセンター」は，NPOが自らの努力によって社会から信頼されなくてはならないとして，各地のNPO支援センターのリーダーを集めて「民間NPO支援センター・将来を展望する会」

を開催し，2004年に「信頼されるNPOの7つの条件」を発表した。以下がその7つの条件である。

①明確なミッションを持って，継続的な事業展開をしていること。
②特定の経営資源のみに依存せず，財政面で自立していること。
③事業計画・予算の意思決定において自律性を堅持していること。
④事業報告・会計報告などの情報を積極的に公開していること。
⑤組織が市民に開かれており，その支持と参加を集めていること。
⑥最低限の事務局体制が整備されていること。
⑦新しい仕組みや社会的な価値を生み出すメッセージを発信していること。

このように，NPOが単に情報を積極的に発信するだけではなく，安定的，自立的な運営を行う体制をつくること，社会に向けてNPOらしく新しい価値を生み出すメッセージを発信することなどが信頼されるために必要だとしている。

民間の国際協力団体のネットワークであるNPO法人「国際協力NGOセンター」は，会員団体とともに「国際協力NGOのアカウンタビリティ基準（案）」を作成し，公表した。

国際協力団体がアカウンタビリティへの関心を高めた背景には，2002年にある国際協力NGOが外務省の補助金を不正に受給した事件や，その後，補助金対象事業に外部監査が義務づけられたことがある。事件を引き起こした団体は，多額の寄付や補助金を受け入れながら，内部のチェック体制がほとんど機能しておらず，意思決定システムにも問題があった。

こうしたことから，国際協力NGOセンターでは会計，情報公開だけでなく，組織運営と事業実施についてもチェックリストをつくり，アカウンタビリティの達成基準を示して，国際協力団体が信頼性を高めることができるようにした。

このように見ていくと，NPO法人を含む非営利組織全体が質を向上させ，社会から信頼されるようにするために，次の3つの基本的な方策があることがわかる。

①政府や地方公共団体による「上からの」指導・監督。
②利用者，一般市民，他団体や地域の「目」という外部からの監視。
③団体自身の努力による内部からの規律の確保と活動の質の向上。

非営利的な法人に関する制度としては最も新しい一般社団・財団法人制度は，第2章で述べたように，団体内部の機関である理事会，監事，評議員会などに大きな責任を負わせ，十分に機能するような制度設計となっている。NPO法人も，ガバナンスを働かせて，できるだけ内部から信頼性を高めるようにしなければならないだろう。

5-2 ▶ アカウンタビリティという概念

前述の**アカウンタビリティ**とは，いったいどういうことを指すのだろうか。一般になじみの薄い概念なので，簡単に説明しておこう。

日本でこの言葉が知られるようになったのは，オランダ人のジャーナリスト，カレル・ヴァン・ウォルフレンが1994年の著書『人間を幸福にしない日本というシステム』の中で，日本の統治システムの無責任さ，意思決定の不透明さをアカウンタビリティの欠如として捉えたときからだろう。[21] それ以後，政府だけでなく企業や非営利組織についてもこの用語が使われるようになった。

アカウンタビリティという概念の基礎には説明，報告の義務がある。特に会計の報告である。accountを日本語に訳すと，銀行口座，説明などとなるが，アカウンタビリティはそれらと関係の深い概念である。

NPO法人「シーズ・市民活動を支える制度をつくる会」の松原明氏は，この言葉が「管理責任，受託責任の解除」を指すとしている。

「考え方のもとは中世ヨーロッパの荘園制度にまでさかのぼること

図3-7▶最も単純なアカウンタビリティモデル

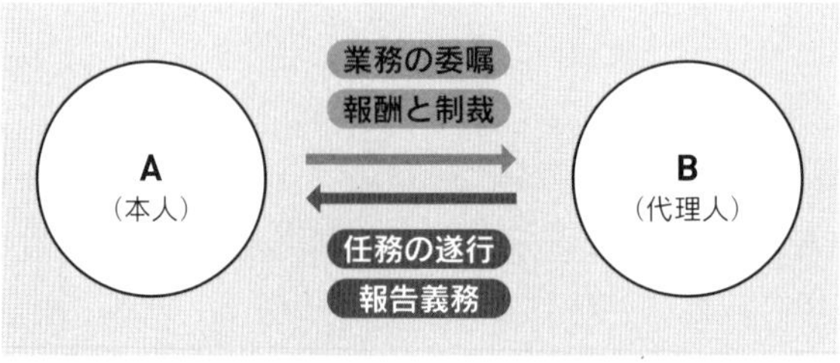

ができます。領主は執事に領地のことをすべて任せており，執事は任されている代わりに1年に1度，その受託責任に対して説明を行い，約束が果たされたとき，はじめてその約束の解除という形においてアカウンタビリティが遂行されたことになります」[22]

ウォルフレンは前述の著書の中で，アカウンタビリティは「あることの結果についての筋道だった説明をする責任」，つまり説明責任を示すと述べている。

しかし現在では，アカウンタビリティをより広く捉える考え方もある。その場合は，あることを任された人が，その結果起こったことについて，それを任せた人に対して十分かつ正確に説明する責任を有するだけでなく，起こった結果そのものについても責任がある，と解される。[23]

アカウンタビリティは，一種の責任を伴うものであることは間違いない。その特徴は，誰が誰に対して説明責任，そして結果責任を負うのか，という関係性の中で責任を負う点にある。

会社の社長は，その会社の出資者である株主に対してアカウンタビリティを有する。なぜなら，最高議決機関である株主総会において，会社の経営を任されたのだから。社長は株主に対して，事業内容や財務内容に関する報告をしなくてはならず，業績が悪ければ経営責任を追及されかねない。

NPOでは，形のうえでは社員つまり会員から業務執行を付託された理事が，会員に対してアカウンタビリティを有することになる。その理事が実質的な業務執行を事務局（長）に委ねているのであれば，事務局（長）が理事に対してアカウンタビリティを有することになる。

このように，アカウンタビリティは「誰が誰に対して」という関係性を前提としている。このため，責任の所在が不明確な場合は，アカウンタビリティも欠如する。ウォルフレンはまさにその点を突いたのである。

図3-7は2者の関係による，きわめて単純化されたアカウンタビリティモデルを示している。業務を頼む（委嘱する）側が「本人」であり，契約によって業務を本人に代わって実施し，報告義務を負うのが「代理人」である。通常，「代理人」はその報酬を得るが，失敗すれば制裁を受けることもある。

すでに述べたように，アカウンタビリティという概念は近年，広がりを見せている。かつては，会計報告が正確になされ，財政が健全であり，業務の執行が手続きどおりに，かつ不正な行為を伴わずに行われていれば，それで済んだ。責任が果たされ，アカウンタビリティは解除されたのである。

しかし，現代の非営利組織は，それだけでは済まされない。その組織の目標に共鳴するさまざまな利害関係者（ステークホルダー）に対して，常に組織の正当性を示していかなくてはならないのである。非営利組織は理事，寄付者，支援機関，職員，ボランティアらに依存しており，成果によって正当性が十分に示されない場合は協力が得られないかもしれない。[24)]

組織の構成員などの内部者だけでなく，外部の支援者や受益者（顧客）の言い分に対しても柔軟に反応し，対応していかなくてはならない。税金を原資とした補助金などを得ているのであれば，ますますアカウンタビリティが要求される。

アカウンタビリティを果たすうえで重要なのは，事業報告や会計報告である。前述のシーズ・市民活動を支える制度をつくる会が組織した「NPOアカウンタビリティ研究会」は，事業報告書の基本的な要素として，法人の目的に対する貢献，次年度以降の活動方針，重要な計画の変更，外部の資源提供を受けて行った活動の内容や成果，組織体制，という5点が含まれるとしている。こうした点がすべてのNPO法人の事業報告書に盛り込まれていれば，それぞれの団体の活動ぶりを知るうえで大いに役立つ。

会計報告書については，従来，所轄庁の例示した書式は存在したものの，実態として会計方式がバラバラであった。このため，各法人の財務内容を比較することが難しく，金融機関もNPO法人に対する融資をためらいがちであった。

統一された会計基準の下で会計処理と会計報告書の作成が行われれば，各法人の財務内容が簡単に比較できるようになり，支援者や融資機関が対象を取捨選択しやすくなる。またこのことが，不正，不良なNPOの淘汰にもつながるものと期待される。

2010年に，NPO法人会計基準協議会によって統一的なNPO法人会計基準が発表されたことは，その意味で大きな前進である。この基準は，社会福祉会計基準などと違って市民参加型で策定されている。その半面，法規によって採用が強制されているわけではないので，普及するには多少の時間がかかるだろう。

5-3 ▸ 成果を出し，信頼性を高めるための評価

NPOが信頼性を高めるうえで重要なのは，単に不祥事を起こさない，法令を守るということだけではなく，それらはむしろ最低限のことにすぎない。活動の成果を出し，それを目に見えるようにすることこそ大切である。

どのような成果があったのか，思うように成果が出なかったとしたら，それはなぜなのか，どうしたらより効果的な事業になるのか，などを知るための手段の1つが事業評価である。

福祉・医療分野では，すでに**第三者評価**がかなり普及している。これらの分野では，利用者，患者は弱い立場にあり，事業者に関する十分な情報を前もって得ることが難しいので，利用者でも事業者でもない，第三者の立場からの評価が行われている。

たとえば，特別養護老人ホーム（特養）の介護サービスについては，決められた評価の基準や項目に従って第三者機関がサービス事業所の評価を行い，その結果を行政に報告している。

▶ 社会的インパクト評価

海外では助成財団や投資家が投下した資金に見あう成果を目に見える形で求めるようになってきている。その影響もあって，日本でもNPOの事業評価が注目されるようになった。2020年に開始される休眠預金を活用した支援制度においては，**社会的インパクト評価**が義務づけられることになっている。

社会的インパクト評価は，インパクト（効果）を「見える化」するための手法の1つである。しかし，インパクトの評価をするためには，まず対象となる事業の内容を把握する必要がある。その事業のめざしていたものは何だったのか。誰のために事業を実施したのか。どんな活動が行われたのか，といったことを知らずに事業の成果を識別することはできない。

そうした事業の組立てを，手段と目的の関係で示すのが**プログラムセオリー**と呼ばれるものである。プログラムとは「ある社会課題を解決するための一連の活動群をさし，それらの活動を実施に導くルールや人材を含む組織体制などの取組み全体をさすものである」。[25)]

日本で事業という場合も，通常は1つの事業の中に複数の活動が含まれており，それら全体を指すので，「プログラム＝事業」といっても差し支えないだろう。

図3-8は，プログラムセオリーの概念を，職業訓練という単一の活動に即して簡単に図式化したものである。この図では，職業訓練という手段によって受講生の技術・能力が向上すること，そしてそれによって卒業生が雇用されることが想定されている。

ここで，成果が想定どおりに出ない場合を考えてみよう。たとえば，職業訓練を実施したのに受講者の技術・能力が向上しないかもしれない。あるいは，技術・能力が向上したにもかかわらず，卒業生の雇用が

図3-8▶プログラムセオリーの概念(例)

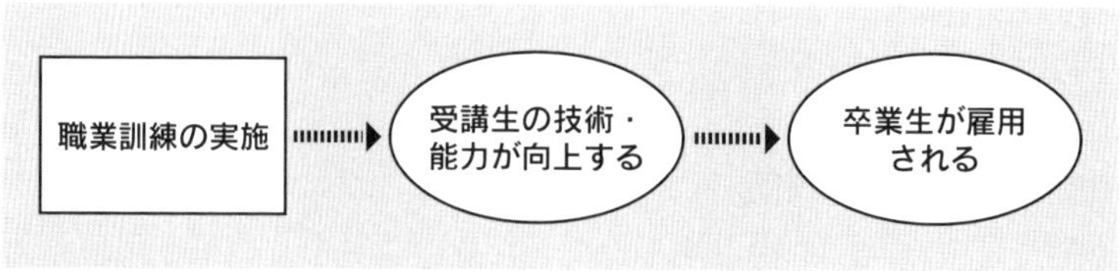

出所：源編著（2016）。

進まない事態もありうる。

そうした場合，そもそも想定に誤りがあったことが考えられる。事業の設計ミスといってよい。受講者の能力は向上したが，身につけた能力と雇用されるために必要な能力との間にミスマッチが生じていたために，雇用に結びつかなかったような場合がこれにあたる。プログラムの実施過程に問題があって，職業訓練がちゃんと行われなかったために，受講生の能力が向上せず，その結果，雇用もされなかった，ということも起こりうる。

いずれもプログラムセオリーに問題があったということになる。プログラムセオリーの検証は，それ自体で意義のあるものなので，セオリー評価として独立に行われることもある。

社会的インパクト評価では，プログラムセオリーの考え方を適用して，手段と目的の関係を体系図にした**ロジックモデル**を作成する。ロジックとは，プログラムの目的と，それをどう達成するかというプログラム展開の論理のことである。

基本的なロジックモデルは**図3-9**であり，活動群から最終的にめざす効果までが系統図のようになっていることがわかる。ここでは地域防災プログラムの例が示されている。一番下に**アウトプット**が4つ並んでおり，下から上に向かって，それによる直接**アウトカム**，中間アウトカム（中期的な成果），最終アウトカム（より長期的な成果）が並んでいる。

似たような用語がたくさん出てくるが，アウトプットは財・サービスを生み出すための一連の活動のことである。それは（図にはないが）投

図3-9▶ロジックモデルの事例──地域防災プログラム

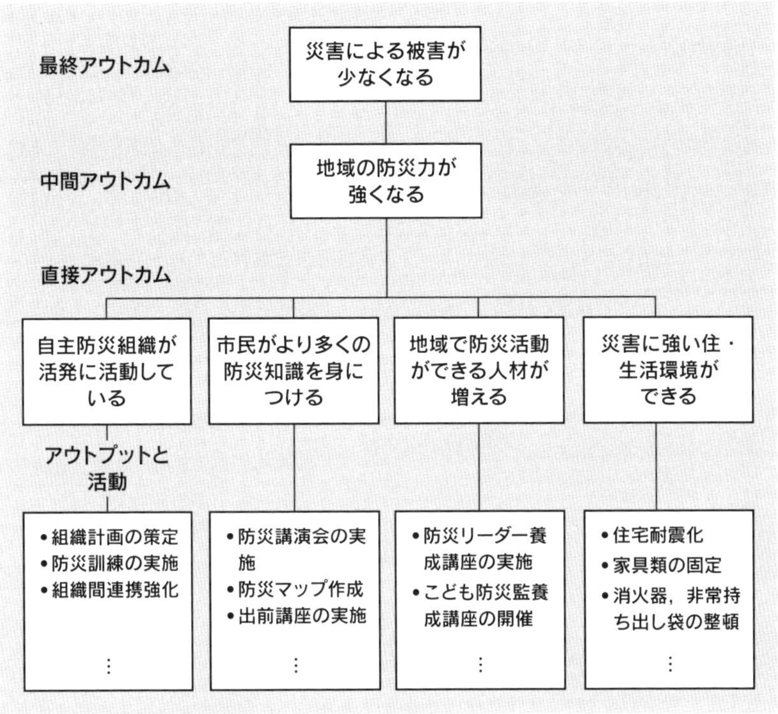

出所：源編著（2016）をもとに作成。

下される資金や人材などのインプットによって生じるものである。インプットがあってアウトプットが生じ，そこからアウトカムが得られる。

アウトカムはいくつもあるので，どれを対象に評価を行うかを選ばなくてはならない。図でいえば，自主防災組織が活発に活動するようになったのかどうかを見るのか，それとも防災活動ができる人材が増えたか否かを検証するのか，というようなことである。

その際には，誰にとっての効果かということも考えなくてはならない。つまり，評価対象となる受益者の特定である。利害関係者の洗い出しを前もって行っておくことは，この作業の役に立ち，またそれ自体としても有用である。

図3-10▶社会的インパクト評価の実践ステップ

Step 0 **評価目的・ステークホルダーを確認する**	評価に取り組む目的は何か（誰に・何のために評価書を読んでもらいたいか），評価対象事業のステークホルダー（受益者を含む利害関係者）は誰かを確認する
Step 1 **ロジックモデルをつくる**	事業目標実現に向けた，事業のインプット，活動，アウトプット，アウトカムのロジック（因果関係）を整理する
Step 2 **インパクトマップをつくる**	ロジックモデル上で特定された，事業のインプット，活動，アウトプット，アウトカムのそれぞれの要素について，どのような方法でデータを収集し，どのような数値・計算式などを用いて定量化するかを一覧的に可視化する
Step 3 **データを収集する**	評価のデザインに沿って，決めた指標についてデータを集める
Step 4 **データを分析する**	集めたデータを分析し，期待した成果があがっているか，課題や阻害要因を分析する
Step 5 **事業改善につなげる** **報告する**	分析した結果に基づき，事業を改善する 結果を組織内外のステークホルダーに報告する

出所：新日本有限責任監査法人「社会的インパクト評価ツールキット」をもとに作成。

社会的インパクト評価では，アウトカムをできるだけ数量化するように求められる。そのためには，どのような指標に基づいて，どのように測定するのかを決めなければならない。アウトカムの指標づくりは難しい作業で，特に教育や福祉分野で受益者の変化を見ようとするとき，数量化が無理だと思われることも少なくない。

そもそも，「こうすればこうなる」という直線的な因果関係を想定しづらいこともある。ましてや，**SROI（社会的投資収益率）**のように一定の投資に対してどれだけの社会的収益があったかという考えに立って，インパクトを金銭換算するようなやり方に対しては批判も多い。

社会的インパクト評価の全体的な流れは，**図3-10**のようになる。

▶評価にかかわる留意点

評価では，いくら体系立った客観的な調査によってデータを収集しても，それをどう解釈するかは人によって，また立場によって異なる。このため，誰が評価を行うかということが重要になる。

第三者が評価を行うことが客観性を保つうえで有効だとしても，評価者が行政や資金提供者に委嘱された場合は，一定の偏りが生じないとも限らない。また，外部の評価者が団体のスタッフや受益者ら重要な利害関係者を巻き込まずに評価してしまうことで，評価結果が団体側に十分に活用されなくなる可能性が出てくる。

こうしたことから，利害関係者に評価の設計から実施，結果の解釈まで主体的に参画してもらう**参加型評価**が注目されるようになった。参加型評価では，現場で起きていることを当事者の声を通して吸い上げるようにする。評価の権限と責任はプログラムの実施者や関係者にも委ねられる。

評価者の大きな役割は，協議の場をつくり，討議や対話のファシリテーターとなることである。最終的に，立場も利害も異なる関係者が合意し，評価の結果について納得することで，評価が生かされることが期待されている。

小規模な団体にとって問題なのは，どの評価手法を選ぶかということもさることながら，評価という手間とお金のかかることを実際に行うかどうかということである。より簡便でコストのかからない手法の開発が望まれるゆえんである。

6　NPOの活動を支援する仕組み

6-1 ▶市民活動の環境を整える

多くの市民活動団体は経営基盤が十分ではなく，資金，人材，マネジメントなどの面で支援のニーズを感じている。このため，個々の団体の支援にとどまらず，法律，制度や支援体制の整備を通じてNPOが全体としてより発展するようにすることも必要である。

NPOにかかわる制度や支援体制の整備は，1990年代後半から現在にかけてかなり進んだ。まず，法律・制度面では，特定非営利活動法人制度が1998年に発足し，市民活動を行う団体が法人となることが簡単にできるようになった。その10年後の2008年には，公益法人制度改革によって，市民活動団体が一般法人や公益法人の形で活動できるようになった。

2001年には特定非営利活動法人の優遇税制が始まった。この「NPO支援税制」は，関係者の粘り強い運動により数度にわたって改正され，当初に比べると支援を受けるための要件は相当緩和された（税制については，本章4節参照）。

資金的支援に関しても前進が見られる。民間企業が市民活動団体向けの助成プログラムを設定したり，大型財団，共同募金会，市区町村，都道府県，さらには国やその関連機関が，NPOを補助・助成したりするようになった。また，NPO向けの融資の仕組みを持つ市民活動団体や金融機関が出現している。休眠預金の資金を活用したNPOやソーシャルビジネスの大がかりな支援の仕組みも動き出しつつある。

NPO法人制度ができてから，NPOや市民活動を多角的に支援するNPO支援組織が多数つくられるようになった。支援組織には全国型のものと地域型のものがある。全国型の支援組織であるシーズ・市民活動を支える制度をつくる会，日本ファンドレイジング協会，日本NPOセンターなどは，NPO界全体の底上げを図ることをめざしている。具体的には調査研究，政府や議会に対する政策提言や，政策の実現に向けた活動を行っている。

また，日本のNPO法人に関する情報のデータベースを構築し，全国のNPO関連の政策や助成プログラムなどの情報をウェブサイトで公開している。同様のことを政府も行っており，「内閣府NPOホームページ」でそうしたことが閲覧できるようになっている。

これに対し，特定の地域のNPOや市民活動を応援する組織も存在す

表3-6 ▶ NPO支援センターの類型

設置者	施設／組織	運営者	実態に即した類型
行政	施設	行政	公設・公営
		行政と民間	公設・協働運営
		民間	公設・民営
民間	組織	民間	民設・民営

出所：日本NPOセンター（2016）をもとに作成。

る。以下でもう少し詳しく見ていこう。

6-2 ▶ NPO支援センターの働き

NPO支援センターは，NPOや地域で活動する市民を側面から支援するための機関のことで，市民活動センターなどと称されていることもある。大多数は活動分野を限定せず，相談に乗ったり講座を開いたりしている。

NPO支援センターの実態については，日本NPOセンターがこれまで数度にわたって調査を行ってきた。2015年のアンケート調査では，全国170の支援センターからの回答を得て分析を行った。

NPO支援センターといっても，組織を指す場合と施設を指す場合がある。また，設置者が行政の場合もあれば民間の場合もある。さらに，設置者と運営者が別の組織の場合も多い。わかりにくいので，日本NPOセンターは，それらを以下の4つの類型にまとめている（**表3-6**）。

NPO法人制度ができた頃は民間の設立・運営によるものが多かった。しかし，その後は行政が競うようにしてNPO支援センターを設立するようになった。現在では，施設は行政が提供し，運営はNPO法人，公益法人，営利企業等の民間組織が担う「公設・民営型」が多くなっている。自治体が関与する場合は，当然ながら特定の都道府県や市区町村がサービスエリアとなる。

NPO支援センターは，どのような活動を行っているのだろうか。

施設を持つタイプのものは，NPOや市民グループのための作業スペースや会議室を持っており，地域の人たちが集まって低料金または無料で活動できるようにしている。また，ボランティアとして活動したい人たちに対して，NPOに関する情報をわかりやすくまとめて提供したり，労務，税金，登記の手続きなどに関する相談に乗ったりしている。

行政と連携して小規模の資金助成を行うNPO支援センターもある。その他，事業企画，財務会計などのスキルに関する研修，講座，NPOやボランティアにかかわる調査研究などを行っており，これらは運営組織の自主事業として行われることも多い。しかし，公設民営型の場合，主な財源は行政からの指定管理料や委託料である。

近年は団体の運営に関する情報やスキルがある程度普及してきた半面，クレジットカードによる寄付の決済システムを導入したい，会員や支援者の情報をクラウド上で一元的に管理できるデータベースを構築したい，中期計画を策定するための支援がほしいなど，より専門的な相談や支援のニーズが増えている。そのため，特定のスキルやノウハウを備えた専門のコンサルタント会社や団体も出現している。

さらに，NPO支援センターの中には役割の見直しを求められているところもある。新たに顕在化したニーズとしては，地縁団体の支援，市民参加のプロデュース，地域のさまざまな活動主体を横につなぎながら地域の課題を解決する場をつくること，などがある。

もう1つの方向として，多文化共生，地域福祉，環境など特定分野への特化も考えられる。愛知県名古屋市では，NPO法人「多文化共生リソースセンター東海」が，地域の日本語教室の運営を改善するための支援を行っている。

NPO法人「地域福祉サポートちた」は，知多半島の福祉系NPOのネットワークとして団体の活動を支援したり，行政等との協働による地域包括ケアを進めたりしている。

環境分野では，NPO法人「地域の未来・志援センター」（第1章4節参照）が環境団体の横の連携を図るとともに，マネジメントの支援をしている。

図3-11▶寄付の仲介を行う組織

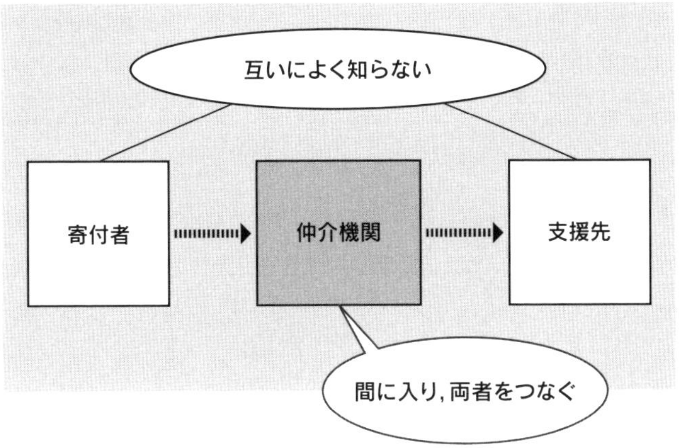

地域，セクターをまたぐネットワークを構築するのは，NPO支援センターの今後の有力なあり方の1つだろう。

6-3▶資金面の支援

▶資金の仲介システム

NPOを支援する有力な方法は，資金的な支援を行うことである。NPO向けに資金を提供する組織には，民間の財団や公益信託，[25]行政系の募金機構や基金などがある。これらの多くはまとまった資金を持ち，利子などの運用益を使ったり基金を取り崩したりしながら助成金を出している。ゆうちょボランティア貯金や共同募金会は，一方で資金を集めながら，他方で助成金，配分金の交付を行うという，資金仲介機関のスタイルをとっている。

資金の仲介機関は，多くの個人や団体から広く薄く寄付を集め，大きくまとめて助成金などとして使う働きをする。つまり，個々人ではNPOに対してインパクトのある寄付ができなくても，多くの人が協力することによって，まとまった助成をすることができるというメリットがある（**図3-11**）。

表3-7▶仲介機関の役割

寄付者にとってのメリット	NPOにとってのメリット
•NPOの情報がわかる •「おすすめ」の団体がわかる	•まとまった資金が手に入る •寄付集めのコストが節減できる

2つ目のメリットは，仲介機関が寄付先のNPOに関する情報を寄付者に提供することにより，一種の信用保証ができることである。個人はNPOに寄付をしたいと思っても，情報不足のため，具体的にどの団体に寄付すればよいのかわからないことが多い。そのような場合に，仲介機関は寄付者と支援先の団体の間をつなぐことで，寄付金の流れをスムーズにすることができる。

3つ目に，支援の受け手にとっては，仲介機関が介在することで募金の手間と経費を減らすことができるというメリットがある（**表3-7**）。同種の団体や同じ地域で活動する団体でつくる仲介機関の場合は，共同の募金キャンペーンのような働きもするだろう。

つまり，単にコストや労力を削減するだけでなく，NPOの存在を社会に向けてアピールし，募金の全体額を増やす効果も期待できるのである。仲介機関に寄付の優遇税制が適用されていれば，寄付者が節税することもできる。

助成財団は多くの場合，資金仲介機関とはいえないかもしれないが，NPOにとっての資金的な支援組織の1つであることには変わりない。

▶新しいタイプの資金仲介システム

今世紀に入り，超低金利時代が続く中で，基金の生む利子に頼らない資金仲介システムがつくられるようになった。

1つは地域で集め，地域の団体を支援する**コミュニティファンド**である。その先駆けとなった公益財団法人の「京都地域創造基金」は，2009年に市民の寄付で設立され，地域づくりを意識しながら「資金の地産地消」を行っている。助成を受けたい団体や市民グループは，独自のテーマ，支援プログラムを提示できるが，基金と一緒になって自らも寄付集めをしなければならない。その代わり，資金以外の支援を受けることができる。

コミュニティファンドあるいはコミュニティ財団は，実は米国では古くから存在してきた。日本でも公益財団法人「大阪コミュニティ財団」が1991年に設立されているが，仕組みとしては一般の募金型助成財団に近い。コミュニティファンドは，現在では全国に30以上もある。

行政による市民活動向けの助成制度としては，**1%支援制度**というユニークな仕組みがある。2005年に始まったこの制度は，個人住民税の1%相当額をNPOなどの支援に充てるというものである。支援の対象となる団体は公募され，資格要件を満たす団体の中から納税者によって選ばれる。

この仕組みを日本で最初に始めたのは千葉県市川市で，愛知県一宮市，奈良県生駒市，大阪府和泉市でも取り入れられた。しかし，市川市は住民税を原資とするこの制度を2015年度に廃止し，代わって市民などのふるさと納税や企業などの寄付を使った「市川ハート基金」を発足させた。

▶ 休眠預金口座を活用した資金配分

金融機関に10年以上放置された預金を休眠預金といい，内閣府によると，日本では毎年約700億円程度発生している（2013～15年度平均）。従来は最終的に金融機関のものとなっていたが，その一部をNPOなどの公益的な活動の支援にまわそうと，民間有志によって「休眠口座国民会議」が発足した。2012年3月のことである。

すでにイギリスや韓国では，休眠預金を社会的活動や貧困層支援に活用していたこともあって，日本の政府や国会議員も関心を高め，2016年12月に「民間公益活動を促進するための休眠預金等に係る資金の活用に関する法律」（**休眠預金等活用法**）が議員立法により成立した。

資金の流れは，**図3-12**のようになる。

休眠預金をもとにした資金配分の仕組みは，金額が大きく，NPOや

図3-12▶休眠預金を活用した資金の流れ

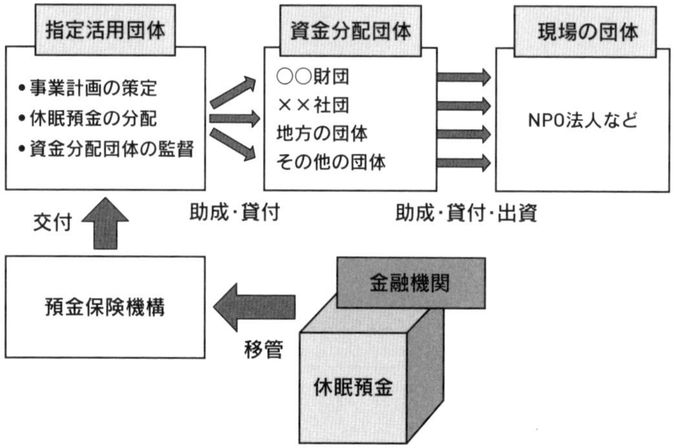

出所：内閣府・金融庁説明資料をもとに作成。

ソーシャルビジネスなど民間で公益活動を行う主体向けであり，民間主導で進められるべきだとされている。資金は国や地方公共団体では対応するのが困難な社会の諸課題の解決を図ることを目的として，公益に資する活動を促進するために使われることになっている。

休眠預金等活用法は，公益に資する活動として，次のような活動を掲げている（第17条）。

①子どもおよび若者の支援に係る活動。
②日常生活または社会生活を営むうえでの困難を有する者の支援に係る活動。
③地域社会における活力の低下その他の社会的に困難な状況に直面している地域の支援に係る活動。

この仕組みは，革新的な手法を促進すると同時に，成果に着目した助成を行うことをめざしている。成果を示すためには，原則として支援対象の事業の社会的インパクト評価を実施しなくてはならない。

▶良い助成プログラムの運営のために

休眠預金を活用した助成が行われることによって，NPOなどが使える助成金は一段と増えることになる。そうした中で「助成金バブル」を生み出さず，効果的な助成を行うためには，事後的な評価を行うだけでなく，助成機関がしっかりとした審査とフォローの体制をつくる必要がある。

良い助成活動をするためには，助成機関が，①独自の理念，助成方針を持つこと，②独立性を確保すること，③専門のスタッフを持つこと，が重要といわれる。独自の理念，方針を持つことは，言い換えると，方針が不明確なまま資金をばらまくことをしない，ということである。財団もまた社会的使命（ミッション）を明確にし，戦略的に助成を行わないと成果が見えないものとなる。

独自の方針を打ち立てるためには，独立性を確保しなくてはならない。親会社に従属していたり，行政の下請け機関であったりすると，それが難しくなる。

専門スタッフの確保は，助成の理念や方針を実際の助成プログラムの企画・実施に移すために必要とされている条件である。専門スタッフがいないために，先駆的な助成プログラムの企画ができなかったり，助成先の発掘，審査，フォローアップが不十分になったりすると，せっかくの助成金が生かされないことになる。

上記のようなことを行う専門スタッフを米国ではプログラムオフィサーと呼ぶ。プログラムオフィサーは，事業の企画・立案，実施のモニター，事業終了後の評価などを行う専門職である。事業型の財団やNPOの専門スタッフにも，そのようなタイトルを付けられることがある。日本では現在のところ，プログラムオフィサーに相当する専門スタッフを持つ財団などは，まだ少ない。

考えてみよう

問-1 　あなたが知っているNPO法人などの団体は，ミッションを明示的に掲げているだろうか。掲げているならば，それをどのように表現しているだろうか。

問-2 　近年，多様で創造的な方法によってNPOの資金調達を支援する組織ができている。本テキストで紹介した以外に，どのような資金調達の方法があるかを調べてみよう。

問-3 　NPOの活動で，ビジネス的な手法になじまなかったり，成果を数量化して評価することが困難だったりするものがある。それはどのような活動だろうか。

第4章 NPOの存在意義

▶ 1 非営利組織はなぜ存在するか

▶ 2 交錯するNPOと企業の世界

▶ 3 NPOと行政の良き関係

▶ 4 NPOらしさとは

本章では，非営利組織がどうして存在するようになったのか，行政や企業との関係はどうなっているのか，NPOらしさとは何か，といったことについて述べる。

また，世界の国々の非営利セクターを概観することによって日本の非営利セクターとの横の比較をしたり，歴史的にたどることによって現代の非営利セクターを縦に比較したりする材料を提供したい。その際，非営利組織全般を指すものとしてNPOを広義に捉え，全体社会の中に位置づける。

1 非営利組織はなぜ存在するか

1-1 ▸ 非営利組織の起源

非営利組織つまり営利を目的としない組織は古くから存在してきた。日本では1898（明治31）年に施行された民法に公益法人についての条文が設けられた。

その第34条には「祭祀，宗教，慈善，学術，技芸其ノ他公益ニ関スル社団又ハ財団ニシテ営利ヲ目的トセサルモノハ主務官庁ノ許可ヲ得テ之ヲ法人ト為スコトヲ得」と規定されていた。

100年以上も前の法律に，公益に関する活動を行う社団や財団で営利を目的としないものは，行政の許可を得て法人になることができると明記されたのである。

民法のこの規定は，海外の制度を参考にしたものだといわれている。実際，ヨーロッパでは隣人愛を説くキリスト教の強い影響の下に，中世から慈善的な活動が教会や修道院を通じて行われてきた。

イギリスの主要地域であるイングランドでは，16世紀末から17世紀初めにかけて，公的救貧体制の整備と並行して，チャリティ（慈善）の振興を企図した法的定義も行われた。そして，18世紀半ば以降，19世紀を通じて，空前の規模で慈善・博愛活動がなされたのである。それらは通例では公的な救貧行政と区別された「民間非営利の自発的な弱者救済行為」とされていた。[1)]

このように，ヨーロッパの非営利組織のもとをたどると，宗教的動機に基づく慈善に行き着く。しかし，慈善を奨励したり実践したりしたのはキリスト教だけではない。ユダヤ教，イスラム教，仏教などでも，慈善は尊い行い，あるいは信仰者としての義務として説かれた。[2)] 日本でも仏教に帰依した皇族や行基らの僧侶によって，古代から慈善的活動が行われたことは周知のとおりである。

世界の大宗教がこぞって，そのような利他的な活動を奨励したのはなぜだろうか。それぞれの宗教によって理由は異なるであろうが，1つには人間の利己的傾向を戒めるためであろう。

人は厳しい環境の下で生き抜くために，他人を押しのけたり危害を加えたりするなど，利己的な振舞いをしがちである。それはいわば自己保存のための本能的行動ともいえる。だとしても，いつも資源をめぐる競争や戦いを続けているのでは，心の平安が得られない。時にはそれとは全く逆に，他人のためになることを行って，自分が救われることもあるだろう。

そもそも，太古の昔から集団をつくり，社会生活を行ってきた人間は，他人と協力して資源を調達し，分かちあうという生き方をしてきた。そのほうが生存にとって有利だからである。譲りあいや助けあいの延長として，時には一方的に与えるということも行うが，それは短期的には損をしても，長期的には自分に返ってくることもあるからだ。こう考えると，慈善も結局は功利的な動機からなされると思われるかもしれない。

しかし，人は時には純粋に利他的な動機から慈善的，博愛的な活動を行う。それは，人間が心情的にも他人とつながって生きているからだろう。辛い経験を涙ながらに語る人の話を聞いて，思わずもらい泣きしたり，喜んでいる人の顔を見て自分も嬉しくなったりする，ということはよくある。

こうした感情の共有は，慈善を行う強い動機となりうる。はるか昔から，孤児，旅先で行倒れになった人，老いた病人などが憐みの対象としてケアされたのも，そうした人間感情がもとであろう。人は本来，利己的であると同時に，利他的でもあるのではないだろうか。

今日では，慈善や博愛的な活動は，多様な動機に基づいて行われている。困窮している人を対象とした支援活動だけでなく，社会のため，不特定多数の人の利益のための活動も活発に行われている。

1-2 ▶ 経済学的にどう説明するか

営利を追求しない組織，さらには積極的に社会の利益を追求する組織は，貪欲さや拝金主義が横行する現代社会にあって異彩を放っている。そこで，非営利的，公益的な組織がなぜ存在し，しかも存続できるのかについて，少し理論的に考えてみたい。

▶ 分析の枠組み

非営利組織は広い範囲で活動している。すでに見てきたように，組織の形態もさまざまである。ここでは教育，医療，福祉などにかかわる「典型的な」非営利組織を想定して，その存在理由について考えることにしよう。

非営利組織の経済学的な定義は，「収入から費用を差し引いた純利益を利害関係者に分配することができないような非政府組織」だとされる。[3)] 株式会社であれば利益の中から株主への配当を行うが，非営利組織は利益分配が制度的に禁止されている。これは非分配原則といわれるものである。非営利組織は利益分配することができないので，企業のように利益を最大化しようという動機，すなわち利潤動機もないとされる。

典型的な非営利組織は，利益の最大化ではなく社会的な目的を優先する。とはいえ，長期にわたって赤字を計上するわけにもいかない。非営利組織であっても，債務超過に陥れば存続が難しい点では企業と変わらないからである。そこで，サービス供給主体としての非営利組織は，収支を均衡させるという制約の下で，効用（満足感）を最大にするようサービスの供給量を決める，と経済学は教える。

サービス供給主体が営利企業であれば，その企業の限界収入と限界費用が一致する点で生産量が決められる。限界収入とは，1単位の収入（たとえば，100円）である。これを増やすのに同じく100円の費用（限界費用）がかかる生産レベルでは，限界収入と限界費用が等しくなり，一番儲けが大きくなるので，そうなるようにサービスの供給量を決めるというわけである。各企業がそのような行動をとれば，社会全体でも最も経済効率が高くなる。

ところが，非営利組織の行動原理に従えば，限界収入と限界費用が一致する点で生産量を決めるというわけではないので，供給主体としての経済効率が低いと考えられる。逆にいえば，たとえ効率が低くなっても，サービスを供給するニーズや意味があれば，できる限り供給するのが典型的な非営利組織だといえる。

非営利組織も（疑似）市場で取引を行う主体なので，経済学の教えるとおりなら，効率の低い供給者は市場から駆逐されるはずである。にもかかわらず，実際には非営利組織のように理論的には効率の低いはずの主体が，営利企業など他の経済主体と同じ市場で教育や医療のサービスを供給し続けている。これはなぜだろうか。

▶市場の失敗

1つの説明は，供給されるサービスの性格にかかわるものである。教育，医療，福祉にかかわるサービスは，公共財の性格を持つ。公共財とは，いったん供給されたら，多くの人が同時に消費できる財・サービスをいう。

テレビ放送，公園，道路などは，公共財の代表的な例とされる。テレビ番組は，いったん放送されると多くの人が同時に視聴できる（非競合性を持つ）ので，誰かが資金を出して放送を開始すれば，他の人がそれを無料で楽しむことが可能である。

つまり，他の人の「ただ乗り」を排除できないということである。これを非排除性という。公園，道路はあまり多くの人が入ると混雑し，効用が下がるので，テレビ放送ほどは非排除性がないとされる。

公共財としてよく例に出されるものに警察がある。警察の公益性についての評価は人によって異なるが，いったんその仕組みが整うと，社会の全般的な安全の確保という利益はすべての人に及ぶ。その意味で警察にも非競合性，非排除性があり，公共財としての性格を持つ。[4)]

このように，公共財は程度の差はあっても，他人に費用を支払わせておいて「ただ乗りする」ことができるという性質を持つので，消費者は自分の選好，すなわち消費者として何をどれだけ欲するかという好みを正直に表明しないで様子を見ようとする。また，財を供給する主体も消費者の選好を予想することが困難である。

そこで「市場の失敗」が起きる。企業にとっては，そのような性格を持つ財を供給することは損失につながるので生産を見あわせる結果，ニーズはあっても，その財が市場に供給されなくなるのである。

公共財の供給を市場に委ねても，需要に見あうほどには供給がなされないと，どうなるだろうか。経済学では，公共財は社会的に必要とされる財なので，市場の失敗が起きると政府が企業に代わってその財を供給する，と説明する。

あるいは，「困っている人を放っておけない」ということで非営利組織がサービスを供給し，不足する収入を寄付や政府からの補助金などで補うこともある。歴史的に見ると，政府が対策に乗り出す前に，まず非営利組織が必要に迫られて活動を開始したという例も多い。

▶政府の失敗

市場の失敗が起きるような場合に，政府がサービスの供給主体となることがあると述べたが，その政府も機能不全を起こす可能性がある。これが「政府の失敗」である。

政府の失敗はなぜ起きるのだろうか。1つには，公共財に対する需要の多様化が進んでいるからだと説明される。政府が現実に供給している公共サービスを見ると，公共財と私的財の中間的な性質を持つ，準公共財といわれるものが多い。

準公共財は非排除性，非競合性という公共財としての性格を完全には持たず，代わりに一般の私的な財の性格を併せ持つ。このような財は，所得階層やライフステージによってサービスへの需要が量的にも質的にも大きく異なる可能性がある。[5)]

このため，多様なサービスが求められるが，政府の供給するサービスは，画一的になりがちである。そこで，政府のサービスだけでは満たされないニーズを，より機動性のある非営利組織が供給することになる。これが，非営利組織が供給者として加わる1つの要因とされる。

実は，現代では多くのサービスについて公共財的な性格の薄れが指摘されている。たとえば保健医療や教育は，豊かな経済の下では，ますます私的財としての性格を強めている。

かつての日本では，国民の疾病のうち感染症の占める割合が高く，その防止と治療が保健医療の役割の大きな部分を占めていた。感染症対策の場合には，予防・治療が特定の人に対して行われても，その効果は社会に広く及ぶ。その場合の保健医療サービスは，非排除性と非競合性を満たしている公共財だといえる。

しかし，今日の日本のように生活習慣病の予防・治療が中心の場合，そのサービスは理容・美容サービスなどと同様に，他の消費者を簡単に排除できる排他性と，他の消費者が同時に消費できない競合性を備えるようになる。そうなると，「何も政府が医療サービスを供給する必要はないではないか，むしろ市場に供給を委ねたほうが効率的だ」ということになりかねない。

現在の医療機関を，公共財理論を使って説明するのは無理がある。[6)] むしろ医療という生命にかかわるサービスを公平かつ安定的に供給する責任，サービスの質の保証，さらにいえば生存権の保障といった観点から説明するほうが説得力を持つ。

教育についても同様のことがいえる。かつて，明治政府は「富国強兵」というスローガンの下で近代国家の建設をめざし，そのために教育，特に初等教育に力を入れた。教育は，確かに個人にとっても生計の糧の確保や立身出世の手段となったが，読み書きのできる均質な国民を育成することが国家のために必要とされたからこそ，国が義務教育制を敷いたのである。

教育は中等教育，高等教育と段階が上がるにつれて，社会よりも個人に対する効果が相対的に高まるとされる。公共財的な性格が薄れ，私的な財としての性格を強めるのである。多様性も求められる。それを反映して私立学校という非営利組織による教育サービスの割合も高くなる傾向がある。

▶ 契約の失敗

非営利組織がなぜ存在するのかを説明する理論の1つに，「情報の非対称性」に基づく「契約の失敗」の理論がある。これは法学者のヘンリー・ハンズマンが提唱した理論とされる。概略は次のようなものである。

患者と医師では，病気や医療に関する情報の量，質が全く違う。もちろん，医師が圧倒的に優位に立っているのである。このため，患者（利用者）は自分の身体のことではあっても，診断や治療を医師に委ねざるをえない。患者と医療者の情報格差が両者の間で力の差を生み，無駄な投薬や検査を行うなど，本当は患者の望まない医療を医者が患者に強要するといった行動につながることもある。このような機会主義的な行動は，市場の失敗の1つだとされるが，非営利組織との関連では，特に契約の失敗といわれる。

契約の失敗の理論では，情報の非対称性の存在が，非営利組織によるサービス供給の根拠とされる。非営利目的の組織は，営利企業と違って利潤を目的としないので，サービスの内容の良し悪しがよくわからない場合は，人々が営利企業よりも非営利組織に信頼を置くというのである。

入居する老人ホームを探している人にとって，それぞれの老人ホームのサービスを契約前に的確に把握することは一般に難しい。つまり情報の非対称性が存在する。そこで，企業ではなく非営利組織の経営する老人ホームに入る，とこの理論では説明される。

実際に，非営利組織が営利追求を全く行わないかといえば，必ずしもそうはいえない。医療経済学者の山田武氏は，動機としての非営利と制度としての非営利を分けて考えなくてはならないと主張する。[7]制度上は非分配原則があるために，非営利組織は営利追求をしない建前になっているが，その行動を見てみると，実質的な利益分配を行うことがあるのではないかという。

多額の理事報酬や職員給与を支払う法人のあることは知られている。また，医療法人，学校法人や宗教法人による営利まがいの行為もよく報道される。それらが，制度上は非営利目的の組織でも，社会的な利益と同時に自己利益の追求という動機を持っており，関係者（理事，医師，教員など）の所得を増加させるような行動をとるからであろう。

医療法人に限ってみれば，今なお大多数は持分のある医療社団であり，いわば所有者のいる組織である。出資者が社団から退社したり，法人が解散したりした場合には，持分に応じて出資金の払い戻しや蓄積された利益の分配を受けることもできる。さらに，医療法人の多くを占める一人医師法人では，法人の収入が個人の所得に直結することも指摘しなくてはならない。

こうしたことから，医療法人では実質的に非分配制約が働いていないと見られる。非分配制約が機能しない場合には，ハンズマンのような理論は成り立ちにくい。なぜなら，契約者の非営利組織に対する信頼のもとである非営利性が揺らぐからである。

契約の失敗という考え方には，他にも疑問がある。たとえば，営利企業も老人ホームのサービス，しかも高額なサービスを終身契約など長期の契約によって供給しているが，営利企業の信頼度が低いのであれば，どうしてそのような営業が長期的に成り立つのかを考えなくてはならない。

確かに怪しげな業者や倒産する業者に関する報道もなされている。しかし，非営利組織であれば絶対に信用できるかというと，残念ながら，そうとも断言できないのである。

1-3 ▶組織論的な見地から

市民活動団体には，運動団体の性格を強く持つものがある。社会運動は，単純にサービスの供給の一種だとはいえない。むしろ，政府や企業に働きかけ，その行動を変化させるという触媒のような働きといってよい。そのような活動はNPOの大きな役割の1つであるが，理論的にはどう説明できるのだろうか。

環境社会学者の舩橋晴俊氏は，環境政策に関連して，行政組織はオールマイティではなく，「政府の失敗」という基本的な欠陥を抱えている，と述べている。[8)]

ただし，舩橋氏のいう政府の失敗，あるいは行政の失敗は，経済学というよりは組織論に基づいている。それは「政府（あるいは行政）組織一般が原理的に示す問題解決能力の限界を意味している」のであり，①力関係に影響された意思決定，②行政組織自体の利益追求の自己目的化，③既存の法体系の中での問題処理の限界，に整理することができる。

①は，政策上の意思決定が，現実には普遍性のある理念や原則に基づくというよりは，利益集団の要素に大きく影響されることを指す。利益集団はさまざまな団体，企業，政治家によって構成される。実は非営利組織の形をとる場合も多い。

②は，「行政自身も，またその構成要素である個人や部局も，自分の利益を追求しようとする根深い傾向を持ち，それが時には自己目的化して，国民や社会の要求を後回しにすることがある」ことを意味する。

③は，政府組織が一般的傾向として前例や手続き，法令にこだわり，機動的・弾力的に物事の処理を進めないことを指す。法令や手続きを重視するというのは，必要なことではあるが，それにとらわれたり，行動を起こさない言い訳として使われたりすると，環境政策が前進しないことも確かである。

非営利組織，特に市民活動団体の中には，小さくても（あるいは小さいがゆえに）機動性に富み，環境問題に関する運動団体として活発に活動しているものがある。最近では，環境に関する大きな国際会議で，数多くのNGOが政府の失敗を鋭く突いたり，代替案を出して，その失敗を補ったりしている。非営利組織の存在理由を，理論的にそのようなところに求めることもできるだろう。

2　交錯するNPOと企業の世界

2-1 ▸ セクターを超えた競争

非営利の世界にも競争原理が導入されるようになった。21世紀に入ってから，日本でも公教育，福祉など非営利組織にとって重要な分野で，政府機関や非営利組織だけでなく，営利企業がサービスを提供できるようになる制度改革が相次いだ。

これらの事業分野では，従来，公益性を確保するという観点から，政府機関（公的機関）や非営利組織のみが事業展開できるという規制が敷かれ，営利企業には参入が認められなかった。しかし近年は，営利を追求する組織であっても公益的なサービス提供が十分にできるのではないかという見方が勢いを得て，規制緩和が進められている。

なぜ，このような規制改革が行われるようになったのだろうか。大きなねらいは，経済学的にいえば効率的な資源配分である。サービス利用者が複数の選択肢の中から自分のニーズや好みに最も合うものを選べるようにしようというのである。

さらに，それぞれの利用者が自分にとって最も良いサービス提供者を選ぶことによって，質が高くコスト効率の良い事業者が生き残り，ニーズを反映させなかったり，コスト効率が悪かったりする事業者が淘汰されることも想定されている。

医療や介護では，社会保険を使ったサービスの料金が政府によって規制されており，また，すべての種類のサービスが営利企業に開放されているわけでもないので，市場原理が貫徹されているとは言い難い。

しかし，それに近づける政策がとられている。セクター間の「垣根」

図4-1▶開設（経営）主体別事業所数の構成割合

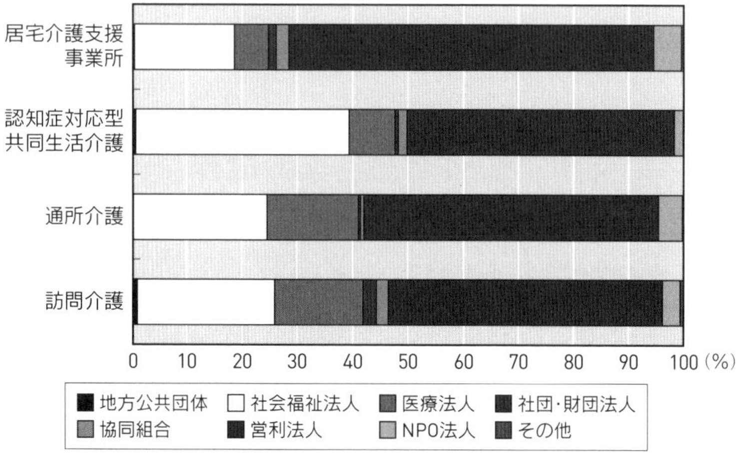

注：1. 2017年10月1日現在の数字。
2. 四捨五入のため，パーセントの合計が100にならない場合がある。
3. 社会福祉法人には社会福祉協議会を含める。
出所：厚生労働省「平成29年介護サービス施設・事業所調査の概況」2018年9月（https://www.mhlw.go.jp/toukei/saikin/hw/kaigo/service17/dl/kekka-gaiyou_01.pdf）。

がどんどん低くなり，サービス提供者同士の競争が増える中で，非営利組織は独自の存在理由を主張できるのだろうか。それとも，他のセクターの組織に簡単に置き換えられるような存在なのだろうか。主要な分野について，状況を見ていこう。

▶福祉分野

まず，介護サービスについて見ていこう。介護サービスの事業所の数を開設（経営）主体別に見た場合，非営利組織はどれくらいの割合を占めているのだろうか。

図4-1は，2017年10月現在の状況を表したものである。訪問介護，通所介護，認知症対応型共同生活介護（グループホーム），居宅介護支援事業所に関しては，すべて営利法人が最大のサービス提供者となっていることがわかる。

次いで割合が大きいのは社会福祉法人で，それに続くのが医療法人である。NPO法人は，どのカテゴリーでもシェアが数パーセントにとどまっている。施設・事業所数の割合ではなく利用者の割合では，平均して事業規模の小さいNPO法人のシェアがこれよりさらに低くなり，逆に営利法人の割合がより高くなると思われる。

こうした傾向は以前から表れていたが，差は開きつつある。営利法人の優位性が強まり，社会福祉法人やNPO法人の割合が減っているのである。特に顕著なのは通所介護であり，2005年には社会福祉法人の事業所が最も多かったのが，2009年に営利法人に逆転され，2017年には，ほぼ半数が営利法人の事業所となっている。

施設系については傾向が異なる。特別養護老人ホーム（特養）など，介護老人福祉施設は制度上，参入規制が厳しいため，社会福祉法人の設立によるものが圧倒的に多い。しかし，特養と類似した機能を持つ介護老人保健施設（いわゆる老健），介護療養型医療施設では医療法人の設立したものが大多数を占めている。なお特養は，構造改革特区[9]においては，公設民営方式などによる特養が容認されている。

次に，障害福祉サービスについて見てみよう。厚生労働省の2016年10月現在のデータによると，居宅介護（ホームヘルプ），重度訪問介護，同行援護，行動援護の各事業については，営利法人の事業所の割合が最も高くなっている。また就労継続支援（A型）事業や放課後デイサービス事業も，営利法人が最大の担い手となっている。

一方，生活介護や相談支援系の事業，短期入所事業，就労継続支援（B型）事業では，社会福祉法人の事業所の割合が最も高い。NPO法人が事業所数で一番多く占める障害福祉サービスはないものの，共同生活援助事業（グループホーム），就労継続支援（B型），放課後デイサービス事業では，NPO法人が20%以上の割合を占めている。

障害者総合支援法による障害者支援施設などについては，社会福祉法人が過半数の施設を経営している。概して，施設の経営は分野にかかわらず社会福祉法人の経営割合が高い。ただし，「その他の社会福祉施設等」とされているものは営利法人の経営によるものが多く，特にサービス付き高齢者向け住宅（いわゆるサ高住）以外の有料老人ホームでは

80%を超えている。

社会福祉分野に含まれる保育については，2000年に企業の保育所経営参入が解禁となった。保育所には認可保育所，無認可保育所，認可外保育所などがある。そのうち認可保育所の総数は緩やかに増え続けており，2016年10月1日現在では2万3475施設を数える。[10)]

このうち52.3%と約半数は，社会福祉法人が運営している。地方自治体は38.1%でそれに次ぐ。株式会社，有限会社によるものは1264施設，5.4%となっている。しかし，首都圏では大手6社をはじめとする企業が新設を積極的に行ってきたため，認可以外も含め，保育所全体に占める割合が2割弱に達している。

NPO法人立の保育所は2016年で142カ所，0.6%と少ないが，2007年と比べると少し増えている。社会福祉法人による保育所も絶対数，比率ともに伸びている。これに対して公立の保育所は絶対数，比率ともに下がっている。[11)]

2016年には，認可基準を満たす施設については積極的に認可を進めるよう地方自治体に働きかけるなど，待機児童解消に向けた規制改革が発表され，企業の保育所新設もさらに進んだが，保育士不足が増設の制約となっている。

▶ 教育分野

学校教育の運営についても，2000年代に規制緩和が行われた。2003年に始まった構造改革特区では，学校選択制，少人数学級，自治体による教員の独自採用などとともに，株式会社やNPOによる学校経営が解禁された。これを受けて，株式会社立による小中学校，高校や大学・大学院の設立が行われるようになった。

この規制緩和は，2005年には全国的に実施されるようになった。株式会社立の学校で多いのは通信制高校であるが，大学院大学も数校存在している。なかには，経営主体の会社が株式市場から資金調達をしている例もある。

NPO法人が学校法人に転換したり，NPO法人そのものが学校を設置

表4-1 ▶ 開設者別の病院数

開設者	病院数	構成比（%）
国	324	3.9
公的医療機関 （都道府県，市町村，地方独立行政法人，日本赤十字社，済生会，北海道社会事業協会，厚生連）	1,209	14.5
社会保険関係団体 （健康保険組合およびその連合会，共済組合およびその連合会，国民健康保険組合）	52	0.6
公益法人	197	2.3
医療法人	5,751	68.8
学校法人，社会福祉法人，医療生協	393	4.7
会社	35	0.4
その他の法人	211	2.5
個人	185	2.2
総数	8,357	99.9

注：2018年12月末現在の数字。
出所：厚生労働省「医療施設動態調査（平成30年12月末概数）」（https://www.mhlw.go.jp/toukei/saikin/hw/iryosd/m18/dl/is1812_01.pdf）より作成。

したりすることも，全国的に可能となった。フリースクール（第1章3節参照）を運営しているNPO法人の「東京シューレ」は，学校法人としてではあるが，実際に中学校を開設した。フリースクール的な学校ができれば，正式な卒業資格を出すことが可能となり，卒業生は就職や進学の面で助かる。組織としては私学助成や税制上の特典などの財政的なメリットも期待できる。

この他に，公設民営の形をとる学校も出現している。地方自治体が設置主体となって敷地や校舎を用意し，学校の運営は民間に委託されているのである。こうしたことにより，経営の安定と教育の質の確保が図られている。

▶ 医療分野

表4-1に示すように，日本の病院は医療法人の開設によるものが多

く，およそ3分の2を占めている。非営利法人の開設主体としては，この他に公益法人，学校法人，社会福祉法人，医療生協などがあるが，構成割合は小さい。

政府セクターに属する病院としては，国，公的医療機関（地方自治体），日本赤十字社，済生会などによるものがあり，構成割合は医療法人に次いで2番目となっている。個人病院は減少傾向にある。

一般診療所の開設主体は，医療法人と個人がだいたい同じくらいの割合となっており，両者で全体の8割以上を占めている。

医療法は第7条において，営利を目的として病院を開設しようとする者に対して，都道府県知事は許可を与えないことができる，と規定している。条文をよく読むと，営利企業の参入を全面的に禁止しているわけではないが，実際には新たに株式会社によって開設された病院はほとんどない。法律の運用上，開設許可が下りないのである。

その一方で，古くからある病院の中には，営利企業によって経営されるものが存在する。こうした病院は，もともと従業員の福利厚生を主目的として設立されたもので，その数は2018年12月末現在で35病院となっている。厚生労働省の「平成17年医療施設静態・動態調査」によると，1990年には85病院，2005年には55病院であったので，かなり減少していることがわかる。

政府の総合規制改革会議は，2003年に株式会社による医療機関の経営を新たに認めるよう提言した。その理由として，自由化によって医療機関の間の競争が促進され，それを通じて良質の医療サービスが提供されたり患者の選択肢が増大したりすること，また，資金調達方法が多様化することが挙げられた。

同会議はさらに，株式会社の開設した現存の病院は，公的保険の適用により公共性を維持していること，過剰診療や患者選別などの弊害のおそれは，病床規制や医師の応召義務など現行の規制，さらに情報公開，第三者評価制度の確立によって回避できること，現在の医療法人の大部分が税務上は営利法人と同様の扱いになっていることを挙げ，株式会社による医療機関経営を禁止する根拠が薄弱であると主張した。

これに対し，厚生労働省は病院経営に株式会社が参入することに対して，日本医師会と同様に否定的な立場をとった。その理由として挙げられたのは，株式会社は利益が生じた場合には，本質的に株主に還元しなければならないため，医療費の高騰を招くおそれがあること，利益が上がらない場合には撤退することにより，地域の適切な医療の確保に支障が生じるおそれがあること，などである。

結局，2005年に構造改革特区に限り，自由診療かつ高度医療であるという条件の下で，きわめて限定的にではあるが株式会社の新規参入が認められることになった。なお，自由診療とは，公的医療保険の対象とならない診療のことであり，高度医療とは，具体的には神経細胞の再生や移植，肺ガンの遺伝子治療などを指す。

2-2 ▸ セクター間でパフォーマンスを比較する

事業主体の属するセクターが異なると，提供されるサービスの質や経営効率に違いが生じるのだろうか。それとも，設立主体によるパフォーマンスの差はあまりないのだろうか。もしも非営利組織が営利企業や政府機関に対して特に優位性を持たないとすると，サービス提供組織としての非営利組織がなぜ存在する必要があるのか，改めて問われることになる。

セクター間でパフォーマンスを比較した実証研究は，これまで主に米国で行われてきた。バートン・ワイスブロットらが非営利組織の運営するナーシングホーム[12]と営利組織の運営するナーシングホームを比較した先駆的な研究では，非営利組織のホームのほうがケアの質が高いという結果が見出された。

ジョン・A・ナイマンが1988年に行った研究では，営利目的のナーシングホームは，非営利目的のホームよりも低コストでサービスを供給しているという結果が導き出された。コストの低さは効率の高さと質の犠牲という2つの要因によって達成されていた。しかし，効率の高いホームでは一般に法令違反が少ないこともわかった。

米国の対人サービスの民営化の研究を行った須田木綿子氏は，非営利組織が事業収入への依存度を高める中で，その支援内容やサービスの対象者に変化が見られるとした。[13] 須田氏は，老人ホームの入所者の収入源を経営主体別に比較した研究では，低所得や不安定就労など社会的に不利な立場にある高齢者を最も多く引き受けているのは公立の老人ホームであることが確認されたとした。

また，営利企業と非営利の中でも公益性が高いとされる組織が経営する老人ホームを比較した研究では，営利組織の経営する老人ホームのほうが低所得者を引き受ける割合がやや高く，非営利の老人ホームのほうがサービス料による事業収入の割合が高い，という研究結果が出ていることも指摘した。これは，非営利組織による老人ホームに特段の優位性がないことを意味する。

経済学者の鈴木亘氏が，介護保険制度が発足して間もない2002年に日本で行った先駆的な実証研究では，非営利事業者は営利事業者に比べてサービスの質が高いとはいえないという結果が出た。[14]

最近の研究では，公共政策の研究者である金谷信子氏が介護保険制度下のグループホーム事業所のサービスの質，経営効率などについて，厚生労働省の資料を用いて行った大規模な統計調査がある。それによると，施設の整備，介護・看護職員の数，介護職員の経験の長さや退職率の低さの点から，非営利法人のほうが営利法人よりもサービスの質が高いという傾向が見られた。[15]

また，営利法人のほうが非営利法人よりも重介護（要介護度4および5）の割合が高かった。介護度が高くなるほど介護報酬も高いので，営利事業者が利益の拡大をめざして介護度の重い利用者を選別する傾向を持つのではないかと金谷氏は推測する。

このように，実証研究からは，営利，非営利いずれの経営主体がサービスの質や効率の点で優位かについて明確な結論が出ていない。また，営利目的の主体だから商業主義に走るとも断定できない。そもそも，規制が緩かったり，生き残りをかけた競争が激しくなったりすれば，どのセクターの組織であろうと，すべて商業主義的になる可能性がある。

前述のワイスブロットは，1998年の著書の中で，民間非営利の病院，博物館，大学が商業化している傾向を指摘した。[16] その後で須田氏は，対人サービスの分野では米国でも日本でも非営利組織の行動が営利企業に近づく「同型化」が起きていると指摘した。[17] これは，営利・非営利という類型よりも，具体的な制度設計が組織の行動に大きな影響を及ぼすことを示唆している。

2-3 ▸ 非営利組織の商業化，企業の社会化

前項で，非営利組織と営利企業の同型化が生じているという指摘について述べた。実際，多くの非営利組織が公共サービスを提供する事業体になっており，同じ分野で事業を展開している企業との違いが不明確になってきている。

他方で営利企業は，本業とは別に社会貢献活動を行うようになっており，その面からいわば企業の社会化が生じている。こうして，営利と非営利の境目があいまいになってきている。本項では，この点について具体的に考えることにする。

▸ 企業の社会貢献活動

営利企業が人を雇用して財・サービスを供給することは，それ自体が社会への貢献だと考えられる。しかし，通常の企業活動のことを社会貢献活動とはいわない。なぜなら，それはあまりにも当たり前のことであって，しかも利益追求の一環として行われるからである。企業の**社会貢献活動**と呼ばれているものは，そうした一般的な企業活動とは少し違う。

日本経済団体連合会（経団連）では，社会貢献を次のように定義した。

「社会貢献とは，自発的に社会の課題に取り組み，直接の対価を求めることなく，資源や専門能力を投入し，その解決に貢献すること」[18]

このように，社会貢献活動は企業が直接の対価を求めないで社会の課

題の解決をめざして行う自発的な活動であり，慈善，地域社会への参画，社会との関係構築，社会への投資といった要素を含むとされる。いわば，NPOがするようなことを営利企業が行うのである。これはなぜだろうか。どのような経緯でそうなったのだろうか。

1980年代までは，企業寄付といえば，祭りなど事業所周辺の地域活動への寄付，企業の名を冠したイベントの協賛がほとんどだった。それらは企業にとって広報の手段であったり，付き合いや設立50周年といった記念行事の1つとしてなされたりするものであって，戦略的な計画の下に実施されていたわけではない。

しかし現在では，大手企業は社会貢献活動を組織的，計画的に実施するようになってきている。そのために，明文化された基本方針を掲げる，活動のための予算を組む，専門の部署を設置する，といったことが行われている。

社会貢献活動が日本企業の間に広まった背景には，経済活動のグローバル化がある。1980年代の後半，米国に進出した日本企業は，現地の企業の従業員が地域で当たり前のようにボランティア活動を行っていたり，企業自身が「良き企業市民」として寄付をしていたりするのを目の当たりにした。また進出企業も，そうした活動を行うことを地域社会から求められた。

1980年代後半は日本経済の絶頂期でもあり，日本全体がその経済力に見あった国際的な貢献を強く求められたときでもあった。こうした時期にあって，日本の産業界の取りまとめを行う組織であり，企業寄付についても業界団体や大企業に対して影響力を持っていた経団連は，米国の社会貢献活動に関する調査を行った。調査の報告は反響を呼び，その後間もなく，日本国内でも企業による社会貢献活動の機運が起こった。

同時期に企業による芸術文化の支援を推進する公益社団法人「企業メセナ協議会」も創設された。メセナは芸術文化の支援を意味するフランス語で，資金援助，文化事業の開催，コンクールなどの顕彰活動といった形で行われる。関西では，大阪商工会議所を中心として「大阪コミュニティ財団」が設立された。このように，1990年頃に企業の社会貢献

図4-2▶社会貢献活動支出額の推移

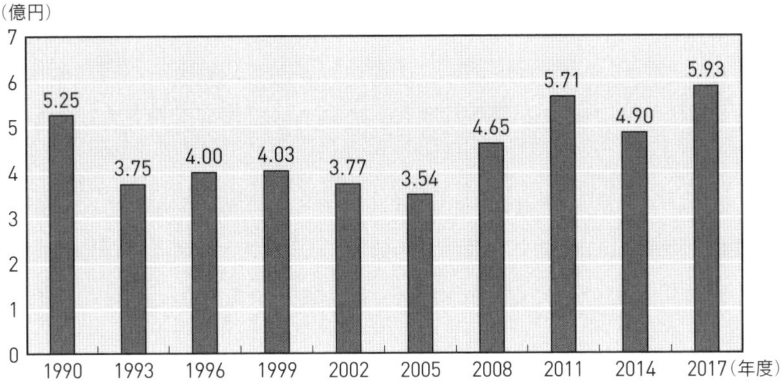

出所：日本経済団体連合会・1%クラブ「2017年度　社会貢献活動実績調査結果」2018年11月13日
(http://www.keidanren.or.jp/policy/2018/097_honbun.pdf)。

活動に関する重要な仕組みが相次いでできた。

現在では，社会貢献活動が企業の間でかなり定着している。経団連の調査によると，関係企業の社会貢献活動支出額は，2017年度で1社当たり約5億9300万円となっている（**図4-2**）。

企業の収益環境が厳しい時期，たとえば2000年前後や2008年に起きた「リーマンショック」以後の数年間も，社会貢献活動支出が行われていることがわかる。経常利益に対する比率は0.89%，売上高に対する比率は0.09%（いずれも2017年度）となっている。売上高比は経常利益比よりも，年ごとの変動は小さいという。

それにしても，企業はなぜ社会貢献活動を行うのだろうか。もちろん，企業はまず顧客により良い商品やサービスを提供し，それによって利益を上げて株主に報いなくてはならない。そうでないと株主から訴訟を起こされる可能性すらある。

しかし，それだけではない。企業は「社会の公器」として**社会的責任**が明確に問われるようになり，株主だけでなく，顧客や従業員，地域社会など多方面の利害関係者に責任が及ぶという考え方が広まっているのである。企業は従業員を過労死させない，安全基準や環境保全に関する目標を守る，税金を納める，といったことに加えて，所在地の地域に貢献することも，当然のこととして求められている。

そこには，地域あるいは社会が衰退すると企業活動の存立基盤も損なわれるので，社会の責任ある一員として，その維持発展のために通常の企業活動とは別の角度から寄与する必要がある，という考え方がうかがえる。

しかし，それだけではない。企業はイメージの向上を求めて，社会貢献活動を戦略的に展開する場合もある。むしろ，そういう例が増えているといってもよい。芸術文化の支援を企業が行うのは，それが企業イメージを高めるのに役立つからだといえる。商品の機能で差がつけにくくなった現在では，雰囲気，美しさ，安全性などの価値が相対的に重視されるようになっており，そうした価値を実現する企業の**ブランド価値**も高まる。

海外に進出する企業については，植林，野生動物の保護，小学校の建設などの活動を地道に続けることで，現地で尊敬される企業となり，従業員の忠誠心を高める結果となっているとの報告もある。

ここで，社会貢献活動と本業の関係について，いま一度考えてみたい。営利企業の中には，社会貢献活動が本業と融合している会社や，社会貢献活動を戦略的に位置づけている会社がある。

チョークやマーカーペンを製造している日本理化学工業株式会社（本社：川崎市高津区）は，従業員84名中62名が知的障害者だとウェブサイトで公表している。[19] きっかけは，学校の教員から障害者の就職を依頼されたことであるが，実際に雇用した人たちの働きぶりが他の従業員に認められた結果，知的障害者の雇用が増えていったということである。つまり，当初は受け身で，おそらくは社会貢献活動という意識もなく行っていたことが本業の一環となったのである。

植物由来の洗剤や甘味料を製造・販売しているサラヤ株式会社（本社：大阪市東住吉区）は，社会貢献活動として売上げの1%をユニセフ・ウガンダの手洗い普及キャンペーンのために寄付していたが，その後，ウガンダで病院向けアルコール消毒液を供給するための子会社を設立した。とりあえずの目的は，現地の医療機関の衛生環境の改善に協力することだが，現地の消毒液の販売が軌道に乗れば，完全に本業と一体となる。

このように，社会貢献事業と本業との区別がつきにくいケースもある。

コンビニエンスストア大手のファミリーマートは，2019年から「ファミマこども食堂」を一部の店舗で開始した。店内のイートインスペースで，子どもが低額の料金で食事をしたり，住民が交流できるようにしたりして，地域の活性化に貢献するのだという。これなども，社会貢献事業と本業が融合した例だといえる。

なお，社会貢献活動と同様の活動を，企業市民としての活動という意味を込めて企業市民活動，と名づけている企業もある。

▶NPOと企業の協働

かつて，企業とNPOは互いにあまり関係なく活動していた。いや，むしろ対立していたといったほうがよい（第5章の2節参照）。企業が市民団体に寄付をすることはあっても，それが企業の社会貢献活動としてきちんと位置づけられたわけでもなかった。

しかし1990年代になると，会社としての社会貢献活動を推進するためにNPOと連携・協働する企業が出現するようになった。経団連などで地域やNPOとの関係づくりの研究も始まった。1995年の阪神・淡路大震災に際して，NPOと産業界の協力がスムーズにできたのは，数年にわたるNPOと企業セクターとの関係づくりが行われていたからである。

今日では，どのような連携や協力が行われているのだろうか。

トヨタ自動車は，「環境」「交通安全」「人材育成」「社会・文化」「ボランティア活動支援」を主要分野に掲げて企業市民活動を行っている。

環境分野では，愛知県の渥美半島でNPO法人と協働してアカウミガメの産卵地保全活動を行っている。活動には地域の自社工場の従業員とその家族も参加している。

社会・文化分野では，1996年からアートマネジメントの人材育成と基盤整備に取り組み，公益社団法人「企業メセナ協議会」と連携して「ネットTAM」というアートマネジメントに関する総合情報サイトを運営している。さらに，NPOにトヨタ流の経営手法を伝えるワークショップなども開いている。

パナソニックは，企業市民活動の一環としてNPO支援を行っている。NPOの組織基盤の強化のために2001年に立ち上げられたサポートファンドは，NPO法人「市民社会創造ファンド」と公益財団法人「パブリックリソース財団」という2つの団体との協働によるもので，企業によるNPO支援事業としては，資金助成とともに組織診断を行ってきた先駆的な例である。

このプログラムは，2018年に「Panasonic NPO/NGOサポート ファンドfor SDGs」と改められ，国連で採択されたSDGs（持続可能な開発目標，第5章3節参照）の第1の目標である貧困解消に向けて，国内・海外の非営利組織の組織強化を行っている。

企業とNPOの協働は，現在ではかなり広がっている。福岡県NPO・ボランティアセンターは，新しい協働のケースを100例ほど収録した冊子を2013年に発行したが，その中には大企業だけではなく中小企業とNPOによる協働の事例も見られる。従来，多かった企業によるNPOの資金的支援に加えて，企業が社員やその家族による自主的なボランティア活動を促すことも増えていることがわかる。

NPOとの協働は，企業にとってさまざまなメリットがあると考えられている。社会貢献部門の経験の長い担当者は，NPOの持つ専門的知見，異質な雰囲気，独自の消費者層の視点といった点を挙げる。協働による社会貢献活動を通じて企業が社会とさまざまな接点を持つことで，営利追求に走りすぎて社会から遊離してしまうリスクが低減することもあるだろう。

NPOにとっての協働のメリットは，企業の持つ資金，技術，人材を活用することによって事業の発展が図れることである。企業人の持つ営業，IT，マーケティング，経理，報告書作成などの専門的能力は，NPOにとって非常に有用なものである。協働によって団体の社会的認知やスタッフの意識向上などの効果も期待できる。

このように，企業と市民活動団体の協働は豊かな可能性を秘めている。しかし，もともとの考え方や組織の「文化」が異なるため，互いの相違点，相手に求めるものなどをよく見極め，共通の目的に向かって進む努力をしないと，同床異夢に終わる危険性もある。また，規模や財力の面での違いが非常に大きいので，企業としてはNPOを真のパートナーとして尊重する姿勢を持つように心がけなくてはならないだろう。

2-4 ▶ ソーシャルビジネス（社会的企業）の台頭

社会貢献活動は，営利企業にとって収益を生む「本業」が存在して，それに付随するのが一般的である。社会貢献活動が本業と融合する場合もあるが，基本は営利を追求することである。それに対し，2000年頃から注目され始めたのは，設立当初から社会的な目的を掲げ，それをビジネス的に達成しようとする組織である。

これらは一般にソーシャルビジネスと呼ばれる。日本語では社会的企業と表され，営利企業を想起させるが，株式会社など営利企業だけでなく，NPO法人など非営利組織の形態をとるものも含めることが多い。いずれにしても，寄付や助成金に頼らず，事業収益で組織を運営することを基本的な特徴とする。

非営利組織の形をとるソーシャルビジネスに，病児保育専門の組織として立ち上げられたNPO法人「フローレンス」がある。フローレンスは病気の子どもを預かるという難しい事業を2005年に開始し，現在は東京都の23区，神奈川県，千葉県，埼玉県の一部で展開している。これが補助金なしでも事業として成り立っているのは，1つには「こどもレスキュー隊員」などと呼ばれる専門スタッフが子どもの家庭に出向く「非施設型」の保育を行っているからである。

2つ目には，会員制の「共済型」のシステムにしていることが挙げられる。採算ラインに乗せるのに必要な保育料は経済的にゆとりのある世帯でないと利用できないが，「ひと月いくら」という共済保険のような仕組みであれば，たまたま利用が続いても一定額に収まる。

つまり，「いつか困るかもしれない親たちが助けあう仕組み」なのである。とはいえ，入会金や月々の会費はそれほど安くはないので，低所得世帯にとってはやはり利用の障壁となる。このため，フローレンスは「ひとり親家庭支援寄付制度」を立ち上げた。こちらは寄付を財源としている。

「社会問題解決集団」を自認するフローレンスは，障害児の訪問保育や小規模認可保育園の展開，虐待などのおそれのある赤ちゃんの養子縁組も行っている。2010年に「おうち保育園」として始めた定員19名以下の小規模保育園は，2012年に国によって小規模認可保育所として制度化された。フローレンスはNPO法人としては規模が大きく，2017年度の収益は26億円，利益に相当する正味財産増加額は2.5億円である。非営利組織なので，利益分配は行わない。

非営利組織ではなく，営利企業の形で比較的早くから設立されたソーシャルビジネスの例として，「フェアトレードカンパニー株式会社」(FTCo) が挙げられる。ブランド名は「ピープルツリー」である。

フェアトレードとは，発展途上国の生産者が流通業者によってあまりにも安い価格で農産物や手工芸品を買い叩かれている状態を打開するために，1960年代にヨーロッパで始められ，1980年代に日本でも試行されるようになったものである。フェアトレードを標榜する事業者は，発展途上国の生産者から商品の買い付けを行う場合，最低買入れ価格を保証し，「公正な価格」での取引をめざす。

FTCoの場合は，衣料品，雑貨，食品などを直営店，小売店や通信販売で流通させることによって，アジア，アフリカ，ラテンアメリカの農村やスラムで暮らす人々に継続的な仕事を提供するとともに，無農薬の綿花などの自然素材を使った染色，手織りの製品の普及を図っている。

FTCoは当初「グローバル・ヴィレッジ」という，環境保護と国際協力の市民活動団体として活動を開始した。しかしその後，フェアトレード商品の開発・輸入・販売事業部門を同団体から切り離すことになり，1995年にFTCoが株式会社として設立された。

今も両者は緊密に協力している。グローバル・ヴィレッジの役割は，環境問題，国際協力推進のキャンペーンや情報発信を行うことで，活動の経費は寄付や会費でまかなわれている。商品販売を担当するFTCoは，2018年度の売上高が約8億4000万円，従業員は46人である。もちろん，発展途上国での雇用も多数生んでいる。

3つ目の例は，京都市に本社を置く「株式会社マイファーム」である。マイファームは2007年に設立され，耕作放棄地を再生させて市民菜園にする事業を始めた。現在は全国に100カ所の体験農園を展開している。

創業者で社長の西辻一真氏は，日本の農業が衰退の一途をたどっていることを憂えて，農業の新たな担い手をつくろうとしている。マイファームがめざすのは，「自産自消」の輪を広げることで人が自然を育て，自然が人を育てるような未来を実現することである。

人を育てるために，週末開講の農業スクール「アグリイノベーション大学校」を開校した。直営農場と技術支援によって耕作放棄地の再生と収益化をサポートする事業も行っている。会員向けには食材・食品の通販サイトを運営している。

マイファームは，資本金3億2200万円，従業員49名で，他にアルバイトが113名いる（2019年6月現在）。

▶ソーシャルビジネスの要件

ここで，どういう組織であればソーシャルビジネスと呼べるのかを考えてみたい。

経済産業省が2007年に立ち上げた「ソーシャルビジネス研究会」が出した報告書は，「ソーシャルビジネスとは，障害者支援，子育て支援，貧困問題，環境保護，まちづくり・まちおこしなどの社会的課題の解決を目的とした持続的な事業活動である。従前の営利を目的とした典型的な『会社』とは異なり，また，無報酬の善意に依存する『ボランティア活動』とも異なる新しいスタイルの事業形態である」とした。そのうえで，要件として次の3点を挙げた。[20]

①社会性……現在解決が求められる社会的課題に取り組むことを事業活動のミッションとすること。

表4-2▶社会的企業の条件

類型	条件
社会的事業の実施	「ビジネスを通じた社会的課題の解決・改善」に取り組んでいる
事業の主目的	事業の主目的は，利益の追求ではなく，社会的課題の解決である
	利益は，出資や株主への配当ではなく，主として事業に再投資する（営利法人のみの条件）
	利潤のうち出資者・株主に配当される割合が一定以下である（50%未満，営利法人のみの条件）
主な収入	事業収益の合計は収益全体の一定割合以上である（50%以上）
	事業収益のうち，公的保険（医療・介護など）からの収益は一定割合以下である（50%以下）
	事業収益（補助金・会費・寄付以外の収益）のうち，行政からの委託事業収益は一定割合以下である（50%以下）

出所：三菱UFJリサーチ＆コンサルティング「我が国における社会的企業の活動規模に関する調査」2015年（一部簡略化）。

②事業性……①のミッションをビジネスの形に表し，継続的に事業活動を進めていくこと。

③革新性……新しい社会的商品・サービスや，それを提供するための仕組みを開発したり，活用したりすること。また，その活動が社会に広がることを通して，新しい社会的価値を創出すること。

内閣府委託の「我が国における社会的企業の活動規模に関する調査」では，社会的企業を「社会的課題をビジネスを通じて解決・改善しようとする活動を行う事業者」と定義した。具体的には，①組織形態，②主な収入，③事業の主目的，によって判定するとし，より詳細な条件として，**表4-2**に掲げるものを示した。

上記のような定義，要件などに照らして，次に紹介する組織がソーシャルビジネスと見なせるかどうか，考えてみよう。

1つ目に，「株式会社LITALICO」のケースを取り上げる。LITALICOは，東京都目黒区に本社を置く。創業は2005年と歴史は比較的浅いが，従業員2175名，売上高121億円，事業所数202拠点（2019年3月期）という大企業に成長しており，株式は東京証券取引所市場第1部に上場している。

同社が普通の大企業と異なるのは，「障害のない社会をつくる」というビジョンを掲げ，社会の課題と向き合うことを前面に出していることである。LITALICOは，障害は人ではなく社会の側にあるという認識から，社会にある障害をなくしていくことをめざす。主に精神障害，発達障害のある当事者向けの就労支援サービスや学習に困難のある子どもが安心して通える教室を事業として展開している。

専門家のアセスメントにより，1人ひとりの特性にあわせた個別指導計画が立てられ，それに基づいて教材が選ばれてソーシャルスキルの習得と学習ができるのが特長だという。障害のある子どもの家族に向けた進路・就職の相談や資金計画の策定などの支援，障害者の就労支援サイトの運営なども行っている。

社長の長谷川敦弥氏自身も注意欠陥・多動性障害（ADHD）の傾向があり，学生時代に苦労した経験を持つ。アルバイト先でほめられ，自分の特性を前向きに捉えられるようになったことから，障害のある人が適切な教育を受け，社会で活躍できるようにする事業に携わるようになった。

社名のLITALICOは，利他と利己を同時に追求することから付けられた。かかわる人を幸せにすることが自分たち（社員）の幸せにつながる，という考えからである。社名が象徴するように，同社は前述のソーシャルビジネス研究会の掲げる3つの要件のうち，社会性と事業性の2つは問題なく満たす。障害者支援の拡大と効率化をかつてない規模とスピードで進めたので，革新性という要件もクリアしているだろう。

しかし，LITALICOは上場企業として利益も求める。2019年3月期の経常利益は8億9900万円，当期純利益は6億円である（同社の決算説明資料より）。利益がどの程度配当されるのか，一般に公表されている資料だけではわからないので，表4-2の事業の主目的に関する条件をすべてクリアしているかどうかは，判断がつかない。

2つ目のケースとして，学習塾がない（少ない）地方で塾を開いている「株式会社コラボプラネット」を取り上げる。コラボプラネットは，

図4-3▶ソーシャルビジネスの範囲

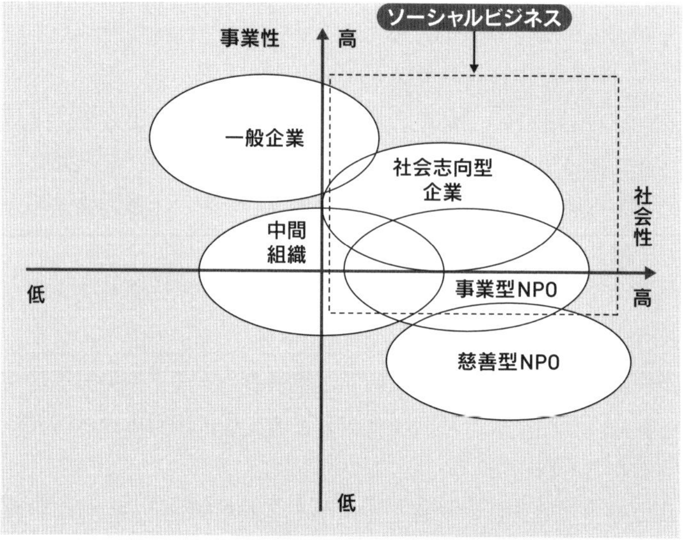

出所：経済産業省「ソーシャルビジネス研究会報告書」2008年4月。

本社を置く福岡県を中心に，子どもが少なくて経営の成り立ちにくい地域で出張型の学習塾を運営している。教室として使うのは地域の集会所，商工会館，寺院，商店の空きスペースなどで，自前の教室は持たず，専任の講師もいない。

教室の管理を行うのはシニア層や主婦である。生徒はタブレット端末を使い，配信される教材を中心に，個別の学習計画に従って学習を進める。本部の講師が巡回してくるほか，LINEを使って質疑応答もできる。経費が少なくて済むので，生徒が10名程度でも採算がとれるという。

一般には，学習塾を展開するだけでは，社会性や公益性は特にないだろう。しかし，子どもを塾に通わせるときに遠くまで車で送り迎えが必要な地域であれば，社会的課題への取組みになるとも考えられる。革新的なビジネスモデルによって料金も低く抑えられるのであれば，なおさらである。

岡山県西粟倉村では，森林資源を使った製材や木工，ウナギ養殖，獣肉加工などを行う「ローカルベンチャー」が多数設立されており，移住者の増加によって人口減少に歯止めがかかった。[21] 人口減少が進み，企業の存立が難しい過疎地で起業し，雇用機会を創出するのであれば，「普通の」営利企業でも社会性があるといえるだろう。

話がかなり複雑になってしまったが，ここでは何がソーシャルビジネスなのかを厳密に規定するのが目的ではない。ソーシャルビジネスが営利・非営利の別や社会性の有無によって明確に分類できるような存在ではなく，**図4-3**のように，さまざまな主体をまたぐような存在だということを示したいのである。

3 NPOと行政の良き関係

3-1 ▶ なぜ協働するのか

▶ 行政主導の社会

日本は，「官」主導で近代化を図ったという歴史的経緯もあって，これまで政府の力が大きかった。三権分立とはいっても，三権のうちの立法府（議会）と司法府（裁判所）の実質的な機能が弱く，政府，特に国家官僚機構が強い決定力を持ってきた。「政治主導」がいわれるようになったのは比較的最近のことである。

「中央」と「地方」との関係においては，国―都道府県―市区町村というはっきりした序列があり，その中で物事が中央集権的に決められてきた。形としては地方自治の制度が設けられ，首長や地方議会の議員も直接選挙で選ばれる仕組みだが，実際には本来は国が行うべき仕事を地方公共団体が国に代わって執行する業務が多く，自治体としての独自の取組みは少なかった。それと関連して，地方には独自財源が少なく，国からの交付金や補助金に頼る構造が現在に至るまで続いている。

「官」と「民」の関係においては，「官」が上で「民」が下という位置づけがなされ，その意味でも「官」主導の社会だったということができる。

▶「公」の2つの意味

日本では「官」，特に中央省庁が公衆の利益を指す「公益」の内容を，長い間いわば独占的に決めてきた。

ところで，ここでいう「公」とは何だろうか。「公」は英語の public の訳語として使われている。public には公事，公立という意味がある。public assistance（公的扶助）や public ownership（公有，国有）という場合の「公」がその例である。ここでは，「公＝政府」の図式が成り立つ。

しかし public には，公開の，公衆の，人目にさらされた，という別の意味もある。この「公」の例としては，イギリスのpublic house（パブ），public opinion（公論，世論）を挙げることができる。パブは公立の酒場ではなくて，誰もが入れる大衆酒場のことである。公論は広く一般の人の意見であって，政府の意見を意味するわけではない。

しかし，日本では明治以来，「公」は政府のこととされ，広く一般に開かれた，公衆の，という第2の意味での「公」の影が薄かった。そのため，公益が官僚の考える公共の利益，さらにいえば，国益とされる傾向があった。

▶行政主導の限界

1990年代以後，行政主導の運営に対する批判が高まった。中央集権的な意思決定の仕組みが時代の要請に応えられなくなったためである。主な批判点は次のように要約される。

①必要性の低下した事業や環境面で問題の多い事業でも継続され，非効率な財政支出が行われた。
②「縦割り行政」の弊害が明らかである。
③サービスが画一的で，地域の多様なニーズに対応できていない。
④官僚機構が自己利益の追求に走り，腐敗，業者との癒着なども生じている。
⑤改革が遅々として進まない。

より具体的には，必要性や採算性が疑問視された公共事業，たとえば高速道路の延長，「箱物」と呼ばれる公共施設やダムの整備計画がなかなか見直されなかった。福祉，教育，労働などにまたがる社会課題への対応が分野横断的になされない，ということもよくあった。

行政サービスは，一般に全国一律の制度が多く，きめ細かさに欠けていた。その背景に，中央省庁は必ずしも地域の実情に通じていないにもかかわらず，補助金や交付金を通じて地方をコントロールし続けようとしたことがあったと指摘されている。

官僚の腐敗，業者との癒着についていえば，公共事業がその最大の温床となった。しかし，問題は公共事業だけではなかった。官庁と金融機関との不透明な関係，社会福祉施設の建設に絡む汚職事件，薬害エイズ事件なども次々と浮上し，勤勉，優秀で公共のために尽くすという中央省庁の官僚のイメージに傷がついた。

一方では市民の側にも，公共的な事柄についてあまりにも無関心で，政府に任せきりにしてきたという反省があった。私生活や仕事にかまけて，地域の暮らしから目をそらしてきたということである。

また，行政があまりにも強大なために，「長い物には巻かれろ」とか「寄らば大樹の陰」という態度をとる，逆に行政の「お墨付き」を必要以上にありがたがる，行政を無責任に批判する，というような行動も目についた。このため，行政の側も，市民に不信感を持つ傾向があった。こうしたことから，行政と市民の新たな関係が求められるようになった。

3-2 ▶ 協働の仕組みをつくる

新たな社会課題に十分対応できていない，という認識は行政にもあった。特に環境保全，まちづくり，多文化共生，防災といった分野では，1人ひとりが意識や行動を変える必要があり，そのためにはトップダウンではなく，市民が主体的に課題に取り組めるような手法が必要であったが，行政にはその経験が乏しかった。市民活動を行っている現場の団体の意見を聞き，一緒に施策を進めることは自然の流れであったといえる。

1995年の阪神・淡路大震災，1998年のNPO法成立によってNPOの社会的認知が高まった1990年代末になると，自治体が市民活動の促進やNPO活動の活性化を掲げた基本方針，指針，条例などを定めるようになった。1999年に制定された「横浜市における市民活動との協働に関する基本方針」（通称：横浜コード）は，その代表的な例である。

横浜コードでは，市民を交えた話しあいを進める中で，協働の原則として次の6つの原則を尊重して進めることとされた。

- 対等の原則
- 自主性尊重の原則
- 自立化の原則
- 相互理解の原則
- 目的共有の原則
- 公開の原則

協働を行う主体は目的を共有し，互いの長所や短所を理解したうえで，自主性を尊重しながら対等の立場に立って役割分担し協力を進めるべきだ，ということである。このような関係は**パートナーシップ**と呼ばれる。

ただし，自立的に事業を展開できる市民活動団体の数がまだ多くなかった当時として，行政への依存や癒着に陥ることなく，市民活動が自立化する方向で協働を進めることも原則に盛り込まれた。

このように，従来の「官」と「民」の関係を特徴づけていた上下の序列や一方的な依存関係を乗り越えた，新しい官民関係を打ち立てることがめざされたのである。

その後，2013年にはより適切なパートナーシップを構築するために「横浜市市民協働条例」が施行された。この条例には協働契約についての条文があり，市民協働事業を行う場合は，原則として協働契約を締結することとされた。

協働契約には事業目的，事業の進め方，費用や役割の分担，責任の所在などが記載される。そのメリットとしては，役割分担や責任の所在が明確化されること，成果や著作権が契約者の双方に帰属することが挙げられている。

市民協働条例には，市民などから市民協働事業を提案できることも明記された。提案の手順や必要書類はネットで公開されており，市は審査のうえ，採否について理由をつけて提案者に通知しなければならないとしている。

2016年度には横浜市で186の事業が市と市民の協働によって取り組まれた。そのうち，条例による協働契約が結ばれたのは20事業である。ただし，地域子育て支援拠点事業のように，1つの事業で18もの拠点が運営されたケースもある。[22)]

3-3 ▶ 協働の実際

▶ 指定管理という協働

協働とはいっても，当初は条例制定や指針，マニュアルの作成，そして，行政による助成などのNPO支援にとどまりがちであった。大部分のNPOの規模が小さく，財政基盤も整っていなかったので，NPOが安定的に活動を行うための条件整備を行うべきだという認識が持たれていたからである。そうした条件整備の一環として，県や市町によって市民活動センターと呼ばれるような施設が次々とつくられた。

2003年に地方自治法が一部改正され，指定管理者制度が始まると，NPO法人からも市民活動センターなどの指定管理者となるものが出現した。指定管理者制度は，地方公共団体が指定する法人その他の団体に，自治体の持つ施設の管理を行わせることができるという制度である。多くの場合，施設は「公設民営」の形で運営される。施設というハードの部分を行政がつくり，運営というソフトの部分をNPOなどが担当するのである。

指定管理者制度は市民活動センターだけでなく，スポーツ施設，駐車場，大規模公園，会館，博物館，さらには医療・社会福祉施設などの管理についても適用されている。指定管理者は，施設の運営に関する権限を委任され，使用の許可についての決定権限も持つほか，自主的な施設サービスを行うこともできるなど，従来の業務委託制度と比べて幅広い権限を持つ。

ただし，この制度はNPOだけを指定管理者にしようというのではない。実際，公募・選考の結果，自治会，農協，株式会社，公益財団法人などが指定されている場合のほうがはるかに多い。にもかかわらず，この制度がNPOに注目されたのは，施設の管理運営を一定の対価を得て行うことによって，数年にわたり安定した財源を獲得できるからである。市民の目に触れやすい場所に拠点を構えることができるのも魅力である。

一方，自治体側から見ると，サービスの向上，住民自治の拡大，人員や経費の削減といった効果が期待できる。

しかし，問題点も指摘されている。1つは，指定期間が5年など短いことが多いため，職員を長期にわたって雇用することが難しい点である。職員が短期間で入れ替わると，知識・経験が組織に蓄積されなくなる。

2つ目として，指定管理料が少なすぎることが指摘されている。その結果，人件費が低く抑えられることも，人材が定着しない大きな原因となっている。

もっとも，上記は制度上の問題というよりも，行政側の意向の問題である。NPOへの業務委託の場合についてもいえることだが，行政の側には財政難からコストを圧縮しようという傾向が強いために，結果としてNPOを「安上がりの下請け」に使うという構図ができてしまっている。事業に直接かかわるスタッフの人件費が契約に計上されているものは，わずか3割にすぎないという。[23)]

事務所の賃貸料，事務局長など管理部門のスタッフの人件費，さらには研修費やサービスの研究開発費といった投資的経費を含め，すべてのコストをカバーするのが本来のあり方だが，そのような**フルコスト・リカバリー**の実現には，程遠いのが実情である。

事業を安定的に運営するために必要な経費を十分にまかなえていない

一因は，コストの正確な積算ができなかったり，無理をして事業を引き受けたりしがちなNPO側にもある。マネジメントの力量を上げる努力を続けるとともに，「セクター」としてのまとまりを強め，行政に対する交渉力を高めることも必要だろう。

▶より深化した協働の形

行政からの声掛けではなく，NPO側からの提案によって事業が始められるケースも増えている。

大阪府や静岡県では，2001年頃から「提案公募型」の協働モデルをつくるためにNPOとの協働事業を公募し，NPOから提案のあった事業で実施可能なものは実行に移すということを行っている。神奈川県はNPOなどと公益を目的とした協働を行うために，「かながわボランタリー活動推進基金21」という100億円を超える規模の基金を設定した。

名古屋市のNPO法人「セカンドハーベスト名古屋」は，包装の傷みや消費期限の切迫などにより廃棄される食品を集めて困窮者に届けるというフードバンク活動を2008年から行っていたが，その後，食料品を切実に必要としている人をより的確に支援するために，行政や社会福祉協議会に働きかけて協働するようになった。現在では，行政などの相談窓口を通して各人に合った食品を届けたり，行政の防災備蓄品で賞味期限の迫っているものを使ったりしている。行政の依頼で子ども食堂に食料を届けることもしている。

NPO法人の「地域福祉サポートちた」（通称：サポちた）は，愛知県の知多半島に散在している福祉系NPOのネットワーク組織である。設立は1999年と，NPO法人としてはかなり古い。この団体は2003年に，メンバー団体からの相談と提案を受けて成年後見制度に関するプロジェクトチームを発足させ，自らも成年後見事業を実施するとともに，知多半島の5市5町の行政や社会福祉協議会とも成年後見に関する協議を行った。その結果，中立性と公正性を保つために新たに成年後見専門のNPO法人「知多地域成年後見センター」を設立することになった。事業開始は2008年である。

このセンターの特徴は，市民からのイニシアティブにより，60万人の人口を擁する知多半島の全市町が参加する成年後見の仕組みがつくられたこと，年4回開かれる運営委員会には各市町の担当課長クラスが出席して情報共有を行っていることである。運営経費は主に各市町の委託料でまかなわれており，負担額は人口や受任件数の違いも考慮しながら決定されている。NPO法人としての自主事業も行われている。

NPOと行政による事業レベルの協働は，子どもの虐待防止，DVや犯罪被害者の支援，災害救援，在日外国人との共生のまちづくり，環境保全，地域包括ケアなど，さまざまな領域で行われるようになってきている。

NPOと行政との間には，資金，マンパワーなどの点で大きな格差があり，対等な関係をつくるのは容易ではないが，そうした中で「パートナーシップ」という考え方が少しずつ浸透してきている。協働に加わる主体も行政やNPOだけでなく，企業，学校，社会福祉協議会，自治会など多様になってきている。

4 NPOらしさとは

本章の1節では，非営利組織の存在理由について，歴史的，経済学的，組織論的な見地から省察した。2節では，福祉・医療のサービス提供組織として比較した場合，非営利組織と営利企業のどちらに優位性があるかを論じた。

本節では，NPO独自の役割は何かという観点から，NPOの存在意義について考える。ただし，非営利組織全般ではなく，市民活動団体としてのNPOに考察の対象を限定することにする。

4-1 ▶ NPO独自の役割とは何か

▶新たな社会問題を「発見」し，それに取り組む

社会問題は，解決に向かうものがある一方で，次々と新しく発生する。新たな社会問題は当初，社会的に解決を要する課題として必ずしも認識されなかったり，表面に出てこなかったりする。

しかし，そのうちに誰かが「何かおかしい」「放置できない」「黙っていてよいものだろうか」といった疑問を抱くようになる。多くの場合，最初に問題を「発見」するのは，あることによって不利益をこうむる当事者やその関係者であるが，ジャーナリストや研究者ら第三者の場合もある。

問題の解決が個人に任せられるべきものではなく，集団的，社会的な取組みを通じてなされるべきだとわかったとき，一市民がただちに解決に向かって動き出すための「器」となるのがNPOである。多くのNPOは，そのようにしてつくられてきた。

かつて日本では，高齢者の介護の問題が社会問題として認識されていなかった。おばあさん，おじいさんの介護は，当然のようにお嫁さんの役割だとされた。そのため，高齢者が適切な介護を受けられなかったり，介護の負担が女性のみにかかったりした。介護に時間をとられるため，女性が子育てをしながら仕事を続けることも難しかった。

1982年に樋口恵子氏は「女の自立と老い」をテーマにしたシンポジウムを開催し，問題がいかに深刻であるかを社会に訴えた。翌年，樋口氏は仲間とともに「高齢化社会をよくする女性の会」を設立し，問題の社会的な対応を求める運動を行った。

1998年には「介護に関する要望書」を厚生省（現・厚生労働省）に提出し，ショートステイ，デイサービスの増加などを求めた。そのようにして，同会（その後，NPO法人「高齢社会をよくする女性の会」に改称）は介護保険制度の発足に大きな影響を与えた。そして制度発足後も，1人暮らしの問題や高齢者虐待について課題を提起し続けた。

障害者の地域自立生活についても同様のことがいえる。障害者は施設

で暮らすのが当然とされ，重度障害者が地域で暮らすことはできなかった。それを変えたのが，障害当事者と支援者によるNPOである。また，一時は「一億総中流」などと呼ばれ，なくなったかと思われた貧困という社会問題をいち早く「再発見」し，取組みを開始したのも，NPOの活動家たちであった（第1章2節参照）。

これらの例では，少数の強い「思い」を持つ個人が他の人々を巻き込み，あるいは共感を呼んでNPOを立ち上げている。たった1人の問題意識から社会的に意味のある活動を始められることは，NPOの特徴だといってよい。これは外国の場合でも同じである。インドで誰からも見放された人々を介護するために「死を待つ人々の家」を創設したマザー・テレサのことは，よく知られている。

別の例としては，対人地雷全面禁止条約の成立に中心的な役割を果たした「地雷禁止国際キャンペーン」（ICBL）を挙げることができる。この国際的ネットワークは，1991年に米国のベトナム退役軍人財団の創設者であるボビー・ミューラーがドイツのNGO活動家のトーマス・ゲバウアーに連絡をとったことがきっかけとなって結成されている。共通の思いを持つ2人の人間が出会ったことから，ノーベル平和賞（1997年）を受賞するに至った大きな活動が始まった。

いずれの場合も，個人の感性と行動力が問題の「発見」につながっているといえる。それまで誰も気づかなかったり，気づいていても手をつけなかったりした社会問題に取り組む感性と，それを活動に変えていくエネルギー。NPOはそうした個人の資質を組織的な活動に変換する装置ということができる。

▶ 当事者が声をあげ，助けあう

障害者，被差別部落出身者，ハンセン病患者，LGBT（性的少数者），在日外国人ら，差別を受けてきたマイノリティは，その不当性を世に訴え，境遇の改善を求めるために，当事者として集団で声をあげてきた。これは非営利組織をつくって行わないと，行政機関や営利企業では難しい。

行政や企業は自ら率先して差別是正に取り組むには構造的な制約があ

る。地方自治体を含む政府機関は規模が大きく，複雑な組織であるために小回りが利かず，また民主的な体制の下では多数派の意向に従わざるをえない。このため，少数者の特定のニーズに機動的に対応するのは困難である。当事者とその支援者がまず非営利的な組織をつくって広くアピールし，問題が社会的課題として認識されるようになって初めて行政の出番となる。

株式会社や合同会社を使って権利の主張を行うのも，何か筋が違う。権利の主張，権利の擁護には通常，事業性が見込めないので，営利企業として取り組むのにふさわしくないからである。あえてそれを行えば，何か裏があるのではないかと勘繰られるだろう。だから，非営利組織という形の組織がふさわしい。

しかし場合によっては，当事者自らが声をあげられないことがある。たとえば，当事者が子どもだったり，まだ生まれていない世代であったり，物理的あるいは政治的な理由で活動に厳しい制約があったりする場合である。こうしたときには，支援者のつくる非営利組織が頼りになる。

今日，日本でも当事者や元当事者のつくるNPOの数が多くなってきた。たとえば，過労死の問題を考える家族の会，薬物，アルコール，ギャンブルなどの依存にかかわる自助グループ，難病の小児を育てるお母さんたちの会，精神疾患の親を持つ子どもの会，「アルビノ」と呼ばれる先天性色素欠乏症の人たちによる会，不妊のカップルのつくる自助グループなどにより，多彩な活動が展開されている。

いずれも当事者の苦しみ，悩みが理解されなかったり，支援がなく孤立している状況にあったりする人たちがつくっている。当事者だからこそわかりあえる，誰にも話せなかったことを言い出せる，自分一人ではないと感じて孤立感が和らぐなど，当事者同士で会をつくる効果は大きい。仲間たちと共にいることで元気になるうちに，社会に向けて問題を訴えたり，国に要望書を出したりするようになるグループもある。

▶支援や制度の隙間を埋める

制度的な支援やサービスには隙間ができることは避けられない。どこかで対象者を線引きしなければならないからである。このため，困っている人がいるのに支援の手が届かないという事態が生じる。障害福祉の分野では，対象が身体障害，知的障害から精神障害，発達障害へと広がり，隙間が埋められていった。

その陰には，当事者，家族，支援者の努力があったことはいうまでもない。しかし，家族やケアするスタッフら，当事者以外にも支援が必要だとわかり，レスパイトサービス[24]や「ケアする人のケア」といったプログラムもつくられるようになった。

犯罪の加害者，被害者にかかわる問題では，加害者の保護が先に進み，事件に巻き込まれて損害を受ける人やその家族ら，被害者の苦しみや損失が軽んじられてきた経緯がある。

加害者は法廷で国の費用で弁護人を依頼できたり，逮捕されてから刑務所を出るまで食費，医療費，衣服費を国の費用でまかなわれたりするなどの保護措置があったのに対し，被害者の側は加害者から賠償金をもらえず，医療費，介護費，生活費などがすべて自己負担とされたうえ，心に深い傷を負ったまま放置されていたのである。1980年に「犯罪被害者等給付金の支給法」（犯給法）が制定されはしたが，支援はきわめて不十分であった。

1991年に「犯給法制定10周年記念シンポジウム」が開催され，被害者遺族の訴えに呼応して翌年，東京医科歯科大学に「犯罪被害者相談室」が設けられた。これは民間支援活動の第一歩だとされる。同年，全国的な犯罪被害者の実態調査も行われた。1998年には「全国被害者支援ネットワーク」が設立され，各地につくられていた被害者支援組織の連携組織となった。2004年に成立した犯罪被害者等基本法には，この団体が起草した「犯罪被害者の権利宣言」の骨子が反映されたと見られている。[25]

これとは別に，2000年に犯罪被害者が自らの権利と被害回復制度の確立を求めて「犯罪被害者の会」（通称：あすの会）が結成されている。

この会の活動も影響して，刑事訴訟に犯罪被害者らが参加する被害者参加制度，損害賠償命令制度などが実現している。

一方，加害者側の権利擁護についても問題がないわけではない。NPO法人「監獄人権センター」には，刑務所や拘置所内で人権侵害を受けたという相談が多数寄せられている。そのため同センターは人権侵害の事実を調査し，国内外に公表しており，必要なケースについては個別的な救済を図っている。

加害者，被害者の支援が一定程度進む中，取り残されてきたのは加害者の家族である。日本で初めて加害者家族の支援を始めたNPO法人「World Open Heart」代表の阿部恭子氏は，加害者家族が精神的，金銭的に大きな打撃を受けると著書で述べている。

日本では社会的制裁が非常に厳しく，加害者の家族が自宅や職場にいられなくなる，きょうだいの縁談が破談となる，といったことが生じる。警察や裁判所からは家族が共犯を疑われ，厳しく，長い事情聴取を受ける。

相談者の中で，重大事件の加害者家族のみを対象に，逮捕から判決確定までにかかった費用を調査したところ，事件後の出費は平均600万円だという結果が出たという。内訳は弁護士の費用，示談金被害弁償，損害賠償，転居費用，面会にかかる交通費などである。支払いは本来加害者の責務だが，家族が社会的責任を感じて支払うことが多いことがわかっている。

そうした加害者家族の支援の第一歩は，加害者家族の集まる会をつくることである。World Open Heartは助言，面会，公判への同行，家庭訪問も行う。さらに，修復的司法という考え方に基づき，被害者と加害者，その家族などによる対話の機会もつくっている。対話を続けることで，被害者の傷を和らげるとともに，加害者の社会的責任を明らかにし，犯罪によって生じた問題を集団で解決することをめざす。

▶多様な立場を代表し，公益についての選択肢を提供する

NPOが自由に設立できると，さまざまな意見や立場の人たちが，そ

れぞれ異なった価値観に基づく多様な活動を展開することができる。

ある人たちは，新しいスポーツを紹介し，それを普及させるNPOをつくるかもしれない。別の人たちは，埋もれている過去の良質の映画を地域で鑑賞する会を起こすかもしれない。さらに別の人たちは，野鳥を観察する会の活動をするかもしれない。こうした活動は，規模は小さくても，生活を豊かにするという意義がある。

非営利組織は，行政や利害関係者とは違う観点から活動することによって公益性を持つこともある。

干潟や里山が大多数の人に見向きもされなかった時代に，それらに価値を見出し，保存運動を展開したNPOはその例として挙げられる。干潟の持つ，渡り鳥の餌場としての役割や河川から海に流れ込む水の浄化作用は，ごみの最終処分場の確保を至上命題としていた市当局にとっては二次的な価値しかなく，過小評価されていた。名古屋市で活動していた「藤前干潟を守る会」により，干潟の多面的な機能が浮き彫りにされたことで公益的な価値が見出されるようになり，保存が決まった。藤前干潟は，今は大都会で広大な自然に親しむことのできる，かけがえのないオアシスとなっている。

東日本大震災で改めて争点として浮かび上がったのが，原子力発電を続けるか，やめるかという問題である。こうした問題では，立場，価値観や将来見通しの相違によって意見の大きな違いが生まれるので，正確な事実をもとに多面的に議論を重ねる必要がある。ところが，重大な事実を公表しなかったり，元のデータを意図的に書き換えたりすることで，ただでさえ高度に専門的で難しい事柄が，いよいよ一般市民にとってわかりにくいものとなり，不信や閉塞感が生まれる。

こうした背景から，「日本再建イニシアティブ」という一般財団法人が設立され，その下で「福島原発事故独立検証委員会」プロジェクトが立ち上がった。これは，すでに日本政府によって設立されていた「福島原発事故調査・検証委員会」とは別の組織である。日本再建イニシアティブの理事長でジャーナリストでもある船橋洋一氏は，それによって「政府とは別の，独立した立場から事故の原因と事故後の被害の要因を摘出し，被害拡大防止の失敗の本質，それら全体の構造的，歴史的背景の分析などに切り込みたい」とした。[26] 船橋氏は，行政，政治，業界から独立した非営利・民間の立場で事故の検証を行うことは民主主義の発展に欠かせない監視・監督機能を強化することだという認識を持っている。

NPO法人「原子力資料情報室」を長らく主宰していた在野の専門家の高木仁三郎氏は，生前，科学者の倫理と責任を重く見る立場から「市民科学」を提唱していた。「市民科学」とは，「私たちの安全，人権，環境，社会，平和を脅かす諸問題に対して，科学者としての専門性を持ちながら，市民の視点に立って解明，解決をめざす営み」のことだという。[27]

高木氏の遺志を継いで設立されたNPO法人「高木仁三郎市民科学基金」は，「未来を切り拓く科学は，政府や産業界の出資と管理の下で，国家や巨大企業の視点から推し進められるものではなく，真の公共性，公益性を追求する市民の自発的な活動の中からこそ生まれてくるであろう」として，若手研究者や，NPO・NGO・市民グループなどで活動しながら「市民科学者」をめざす人たちを応援するための助成を行っている。

多様性や多元性は，社会の自己革新の芽を持ち続けるために重要なことである。均質的で1つの価値観に傾倒しやすい社会は効率的かもしれないが，もろい社会である。ひとたび閉塞感にとらわれると，そこから抜け出ることが難しい。これに対し，多様性を包含している社会は，わずらわしいと感じられる面もあるかもしれないが，対案が出やすいために，時代の新たな要請に対応しやすいだろう。

▶ 政府や企業，要人の行動をチェックする

2016年4月，タックスヘイブン（租税回避地を利用した租税回避行為）に関する「パナマ文書」が世界中で報道された。パナマ文書は1000万以上に及ぶ一連の機密ファイルのことを指す。これらはモサック・フォンセカという，パナマに本拠地を置き，世界各地に拠点を有する法律事務所の40年分の情報を含んでいた。

報道を主導したのは，米国のワシントンD.C.に本部を持つ報道機関，国際調査報道ジャーナリスト連合（ICIJ）である。ICIJ はセンター・

フォー･パブリック･インテグリティーという，免税資格を持つ非営利組織の国際報道部門であり，自ら報道チームを持つと同時に，90カ国の約250人のリポーターと100以上の報道機関のネットワークでもある。[28)]

ICIJは，1年間かけて2.6テラバイト分の電子ファイルの内容を整理分析し，世界の政治指導者の隠された海外資産の実態を暴いたり，詐欺師，薬物取引業者，大富豪，有名人らの秘密の金融取引を明るみに出したりした。内部情報のリーク（漏洩）としては史上最大といわれ，結果として1300億円以上の税金，罰金の徴収をもたらした。

腐敗・汚職防止に取り組む国際NGOの「トランスペアレンシー・インターナショナル」は，各国の政治家と公務員の腐敗関与に関する認識を数値化した「腐敗認識指数」をもとに，国別のランキングを発表している。腐敗・汚職は贈収賄にとどまらず，縁者びいき，資金洗浄，公的財産の私的利用，力関係の不均衡を利用した不公正な取引，企業や政府による秘密協定なども含むとしている。同団体によれば，言論の自由や市民社会組織の活動が保護されていない国ほど，この指数が低い（汚職・腐敗度が高い）という。日本の2018年の指数は73で，世界180カ国中18位だった。

1993年に数人の個人によって設立されたトランスペアレンシー・インターナショナルは，現在では世界100カ国以上に支部を持つ。本部はドイツのベルリンに置かれている。日本の支部は「トランスペアレンシー・ジャパン」（TI-J）と称し，NPO法人として組織されている。

言論の自由や市民社会組織の活動の自由は，人権状況一般と関連している。国際人権NGOの「ヒューマン・ライツ・ウォッチ」は，世界中で起きている権力の乱用の調査，報道を行っている。そのために70カ国以上の法律家，ジャーナリスト，特定地域に関する専門家などの活動によって，少数集団，交戦時の民間人，難民，困難な状況の子どもらを保護しようとしている。活動の対象は諸政府，武装集団，企業で，法律の改正あるいは適用を強く求めている。日本の人権状況については，日本代表が情報を発信している。

国際人権NGOの中で最もよく知られているのは，「アムネスティ・

インターナショナル」だろう。1961年にロンドンで生まれたこの団体は，世界80カ国に活動拠点を持ち，日本にも支部がある。日本支部は2011年に公益社団法人に認定されている。

もともと「良心の囚人」と呼ばれる政治犯らの状況をモニターし，そうした人たちを励ましたり，釈放を求め続けたりする活動を行ってきたアムネスティ・インターナショナルだが，近年は，人間らしく生きる権利を奪われた人々に焦点を当てるなど，活動を多様化させている。

世界の人権状況を「監視」し，調査結果に基づいて社会にアピールしたり政府や企業に改善を申し入れたりするような活動は，日本ではなかなか広がらない。そうした中でも，テーマや地域を限定した活動はさまざまな団体によって行われている。

たとえば「ジュマ・ネット」は，バングラデシュのチッタゴン丘陵で迫害を受け，難民となったジュマの人たちを支援するために，バングラデシュ首相に和平協定の完全実施を求めるなどの活動を行ってきた。2016年以後は主にミャンマーを逃れたロヒンギャ難民の問題を取り上げている。

▶狭い国益にとらわれず，共通の利益を求める

政府は，当然のことであるが，対外関係において自国の国益を差し置いて行動することはしない。しかし，NGOすなわち民間の国際協力団体には，協力を通じて国益を確保しようとする必然的な動機はない。むしろ，国益と一線を画し，人道的立場から活動しようとすることが多い。

1980年代前半のカンボジアのように，マスメディアによって「悪玉」とされ，外国政府によって承認されない政権が国土を支配している国で，困窮している人たちを支援したのはNGOであった。日本政府は当時のカンボジア政権を承認しておらず，国交がなかったので，国連機関を通す以外にカンボジアに援助できなかったのであるが，NGOには直接の支援が可能であった。

2002年のFIFAワールドカップの試合を日本と韓国のどちらで開催するかが大きな議論になったとき，両国の政界，財界，学会などの代表的

な人物を招いて「日韓フォーラム」という一種の賢人会議を主宰し，日韓共催という案を出したのは，「日本国際交流センター」という独立の財団法人であった。ワールドカップを結節点として日韓関係をつくり直そうという発想は，メンツの絡む両国の政府からは出にくい発想であった。一方だけの国益を代表せず，中立の立場から衆知を集めて「オルタナティブ」を提出できるところに，非営利組織の価値があるといえる。

歴史学者の入江昭氏は，NGO同士による，国家とは別のレベルでの横のつながりは，国益中心主義（の弊害）に対する最も効果的な武器である，と指摘する。[29] 横のつながりをつくること，すなわちネットワーキングは，NPO・NGOの得意とするところである。営利を目的としないことで，セクターや立場を超えて信頼を得ることができ，行政のように所轄分野にとらわれることなく活動できるからだろう。

▶ 多くの市民がかかわることの良さ

NPOは専門性に欠ける素人集団だと思い込んでいる人は少なくない。しかし，すでに見てきたように，ボランティアからなる市民活動団体であっても，特定の領域で高度の専門性を有していることがある。特定の地域のこと，当事者だからこそわかること，現場の最前線での活動から見えてくることなど，政府機関やビジネスが持たない知を，NPOが持っていることがある。

考えてみれば，今日，国連機関へのNGOの参加が重視されているのも，非営利組織が特定の分野で持つ，当事者性や市民性に基礎を置く独自の専門性が評価されるようになったからである。

しかし，NPOの真骨頂は，むしろ非専門家，準専門家が数多く活動に携わる点にあるのかもしれない。

環境保全のように，行動が伴わないと進まない分野では，主体的な活動の機会を広く提供するNPOの働きが今でも大きい。現場での活動を通じて1人ひとりの理解が一層進み，保全に向けた取組みの意欲も深まる。

外国人への日本語教育は，日本語学校や大学だけでなく，多くの日本語ボランティアによって支えられているが，この人たちが日常的に外国人に接し，コミュニケーションをとることで，外国人の理解が広まる。個人的な接触を通して，より多くの外国人が日本人に親しみを持つことにもなる。何よりも，一般市民が活動にかかわることで，支援する側と支援される側という上下の関係ではなく，同じ地域の住民として「お互いさま」という関係に立つことができる。

▶社会参加の機会と新しい「コミュニティ」

地域社会というコミュニティの崩壊がいわれて久しい。かつては，地域にどんな人が住んでいるのか，住民は互いに知っていた。困ったときには隣近所で助けあうのも当たり前とされた。しかし今日，マンションに住んでいると，同じ棟の住人でも挨拶するのがやっとではないだろうか。ソーシャルメディアによるやり取りや通信販売が進み，誰とも口を利かずに生活することはますます普通のことになっている。

職域におけるコミュニティも影が薄くなってきた。かつては社員旅行，会社の運動会や保養所があり，仕事の仲間と飲み歩くことも多かった。しかし，現在では中途採用，中途退職が増え，パート，派遣社員，自宅勤務など，働き方も多様になった。このため，かつてのような「会社」への忠誠心や同僚との仲間意識は持ちにくくなっている。

私たちは，一面において，地域や職域に縛りつけられることは少なくなった。他方で，帰属集団という意味でのコミュニティを失ってしまった。親族や家族の絆すら薄れてきている。

しかし，人間はもともと「社会的動物」であり，孤立していては心が満たされない。では，古いタイプのコミュニティに戻りたいかといえばそうではなく，戻るための社会的条件も失われている。そこで，新しいタイプの人間同士のつながりが求められている。NPOに対する期待の1つが，ここにある。

経営学の権威だったピーター・ドラッカーによると，ますます大きな存在となってきている「知識労働者」，すなわち知識という生産手段を持つスペシャリストは，自分の仕事やそれにかかわる組織だけではなく，意味のある社会生活，人間関係，貢献先をも必要としている。

ポスト資本主義時代において，能動的で責任ある市民性，コミュニティの徴《しるし》である市民の誇りを回復するというニーズを満たすために，NPOなどのつくる「社会セクター」が重要な役割を果たさなくてはならないとした。

社会全体の一体性を保つためにも，コミュニティという紐帯を提供する「社会セクター」が必要とされる。それは地縁や血縁のような宿命によるコミュニティではなく，「意志によるものとしてのコミュニティ」だろう。[30] 現実に，会社員が個人で参加する本格的なNPO活動を会社が「公認」する動きも広がっているという。[31]

かつてロッキード事件担当の検事として勇名を馳せ，引退後に「さわやか福祉財団」を創設した堀田力氏は次のように述べている。

> 「新しいふれあい社会を日本につくりたい。新しいというのは，個性，プライバシーを尊重したうえでのふれあいという意味ですが，すべての地域を，すべての日本の社会を新しいふれあい社会にしたい。そういう理念，思いを掲げまして，ボランティア活動の普及運動をしています」[32]

堀田氏は，「福祉の分野でいえば，介護したりすることは技術があればできるが，寝たきりのおじいちゃん，おばあちゃんのところに行ってゆっくり話をしたり聞いたり，散歩に付き添ったり，いい気分で心の交流をするといったことは行政にはなじまない」として，NPOしかできない分野というのは，心が決定的な要素になっていると見る。[33] 新しいコミュニティとまではいかなくても，心の交流を図るのがNPOの大きな役割だということである。

NPOは，企業とはまた違った形での社会参加，社会貢献の機会をつくる。年をとっても，障害があっても，外国人であっても，社会のために貢献したい，活動に参加したい，と願う人は少なくない。NPOはそうした思いの「受け皿」になる。それによって居場所を見つけたり，社会の一員として貢献しているという実感を持ったりすることができる。

活動の成果は，自分が生きている間には出ないかもしれない。しかし，NPOでの活動を通じて，後に続く世代により良い未来を残す希望が持てるとすれば，それもNPOの存在意義だといえるだろう。

4-2 ▶ NPOの社会的影響力を検証する

NPOが非営利組織としての特徴を生かしながら社会を変革した，という例はあるのだろうか。あるとすれば，どのようにして何をどう変えたのか。こうした問いに答えるのは容易ではない。話があまりに大きいからである。

そこで，以下では法律の制定や改正が社会変革の指標になると捉え，それに向けて市民がNPOなどを通じて実際に影響を及ぼした事例を取り上げてみたい。

社会福祉法人「大阪ボランティア協会」の発行する情報誌『ウォロ』は，市民が立法過程に参加した法律の例として，特定非営利活動促進法（NPO法），自殺対策基本法，子どもの貧困対策法，環境教育推進法，児童虐待防止法，被災者生活再建支援法の6つを挙げている。[34] また，勝田美穂氏は著書『市民立法の研究』の中で，児童虐待防止法，性同一性障害特例法，発達障害者支援法，自殺対策基本法を取り上げ，市民のかかわりについて論じた。[35]

ここでは児童虐待防止法（正式名称：児童虐待の防止等に関する法律），自殺対策基本法とDV防止法（正式名称：配偶者からの暴力の防止及び被害者の保護等に関する法律）を取り上げることにする。

最初に，主として勝田氏の研究に依拠して児童虐待防止法のケースについて述べる。

児童虐待防止法は，児童虐待を禁止し，その予防，早期発見などに関する国や地方公共団体の責務，そして虐待を受けた子どもの保護などに関する措置などを定めた法律である。**議員立法**によって2000年に制定・施行され，その後2004年，2007年に改正されている。

子どもの虐待とは，児童の人権を著しく侵害し，心身の成長と人格の形成に重大な影響を及ぼすような行為を指す。身体的な虐待だけでなく，育児の放棄や怠慢（ネグレクト），言葉の暴力，性的虐待も含む。

虐待が起きていることは，児童相談所などの関係者の間で早くから知られていた。対応に苦慮するケースも多かったため，1980年代後半には各地で勉強会が開かれるようになった。

1987年に大阪で医療，保健，福祉，教育などの現場の担当者がつくった「Child Abuse研究会」は，1990年に虐待防止を直接の目的とした初の民間団体の「児童虐待防止協会」に発展したとされる。[36)]この団体は同年，電話相談も開始した。翌年には東京に「子どもの虐待防止センター」がつくられた。こうした動きは各地で起こり，1996年には「日本子どもの虐待防止協会」という全国組織が生まれている。

1998年，電話相談や弁護士らによる危機介入を行っていた名古屋市の団体が「見えなかった死」という調査書を発表した。これは虐待死を扱った初の全国調査であり，実態を定量的に明らかにしたため，マスコミに大きく取り上げられ，国会議員にも注目された。

団体の代表が国会の委員会に参考人として招聘されて発言し，政治家や官僚の間に対応が必要だとの認識が広がった。市民グループからも参考人が呼ばれ，発言の機会が与えられた。実情をよく知る現場の担当者が法制の不備を指摘したことで，それまで消極的だった厚生省（当時），警察，法務省などの官僚グループにも変化が表れ，国会議員が動いて児童虐待防止法の制定に至った。

最初の法律は十分なものではなかったため，2001年に「児童虐待防止法の改正を求める全国ネットワーク」が結成され，2度の改正で，当初6カ条しかなかった条文が2007年には14カ条になった。

次に，自殺対策基本法の制定過程にNPOがどうかかわったか見ていこう。自殺対策基本法は2006年に議員立法として成立し，同年施行されている。制定に至った背景には，1998年以後，自殺者数が年間3万人台へと急増したにもかかわらず，国の対策が進んでいなかったことがある。その原因は複合的であり，「対策の基礎となる実態調査すら省庁間の縦割りの弊害があり実施できなかった」という。

成立した自殺対策基本法は，自殺に関する総合的な対策を推進するもので，自殺を個人の問題としてのみ捉えるのではなく，社会の問題として取り組むことを定めた。また，対策を事前予防から発生時の危機への対応，発生後や未遂の際の対応という各段階に応じた施策として実施されるべきであり，保健，医療，福祉，教育，労働など関連施策の連携を図りながら総合的に実施されなければならないとした。

ここで，法律の成立までの経過を簡単にたどる。2001年に「あしなが育英会」[37]の代表が，民主党の参議院議員山本孝史氏（故人）に自死遺児問題の解決を訴えたのが，政治との最初の接点だった。[38]あしなが育英会は，1990年代末には自死遺族の心のケアに重点的に取り組み始めていた。山本議員は，参議院法制局にいち早く調査を依頼し，政策案を取りまとめさせた。

2005年5月，国会議員有志とNPO法人「自殺対策支援センターライフリンク」（以下，ライフリンク）の共催により，参議院議員会館で自殺防止をテーマとしたシンポジウムが開催された。その場で，現場で活動する12の団体が署名した「5つの提言」が発表され，厚生労働大臣も出席して，国として対策に取り組む趣旨の発言を行った。

ライフリンクは，海外の好事例の調査などを通じて政策形成の議論を深める一方で，総合的な対策の必要性を訴えた。2006年1月，山本氏よりライフリンクに法制化への連携の呼びかけがあり，同年3月にはライフリンクが「自殺対策の法制化を求める要望書」を議員有志の会に提出した。4月には，10万人分余りの署名を国会に提出した。2006年6月15日，衆議院本会議で可決され，成立した。

成立にあたっては，ライフリンクの創設者の清水康之氏と山本氏の存在が大きいと指摘されている。[39]

山本氏は当時，財団法人「交通遺児育英会」の事務局長を1993年に退職して政治家になった経歴を持つ。交通遺児，病気遺児とされる子の中に自死遺児が含まれていることから自殺者や遺された子どもに大きな関心を持つようになった。山本氏に働きかけたのは，あしなが育英会代表の，交通遺児育英会時代の同氏の上司であった。[40]

一方，清水氏はNHKのディレクターだった2001年に，自死遺児の取材がきっかけで自殺と向き合うようになり，2004年に退職，ライフリンクを設立した。この両者が出会い，協力したことが法律制定に結びついたことは間違いない。

しかしながら，市民による運動と政治過程との合流は，議員からの働きかけによるものであり，市民（団体）の役割は限定的だとされる。とはいえ，連携による総合的な対策や省庁の管轄を超えることの必要性を主張し，マスコミを通してアピールをした市民側の働きも大きかった。市民団体は法律制定後も活発に活動し，基本法の精神を社会に定着させ，政策効果を実質的なものにするうえで重要な役割を果たした。

最後に，DV防止法の事例を取り上げる。DV防止法は，配偶者からの暴力を防止し，被害者を保護するための法律として2001年に制定・施行された。その前文には，人権の擁護と男女平等の実現という企図が盛り込まれている。

ジェンダー研究を行っている社会学者の小川真理子氏によると，DV防止法成立の陰には，民間シェルターをはじめ民間女性NGOの存在がある。民間シェルターとは，「民間の女性たちが女性のために設立して運営する一時避難所であり，DV被害を受けた女性が一時避難のために利用する宿泊施設を有した民間援助団体」[41]を指す。1990年代に，女性相談を行っていた女性グループの下に夫から暴力を振るわれて駆け込んできた女性たちをやむをえずかくまったのがシェルター設立の始まりだという。

1992年には，女性に対する暴力の問題に取り組んできたソーシャルワーカー，婦人相談員，ライター，弁護士，研究者らによって結成された「夫（恋人）からの暴力調査研究会」が，DVに関する初の全国調査を実施した。これをきっかけにDVの概念が知られるようになり，行政や民間グループによる調査が進められるようになった。

1998年，民間シェルターはDV防止法の制定を目的として「全国女性シェルターネット」（現在はNPO法人）を形成した。全国女性シェルターネットは，1999年頃から全国の関係者に調査してDV防止法に盛り込むべき内容を検討し，法律の草案を作成した。

DV被害の当事者グループを含む他の女性団体も法律の草案，提案を行っていた。超党派の女性議員や研究者の働きもあって，DV防止法が成立した。しかし，当初の法律には不十分な点もあったため，制定直後からその見直しの検討が進められた。全国女性シェルターネットは，3度にわたる改正過程にかかわり，改正案の検討などを精力的に行った。

法律の制定や改正は，社会を制度面から変える大きな成果だといえる。しかし，実際に子どもの虐待，女性への暴力，自殺などが減らないと，本当に社会が変わったとはいえないのかもしれない。

非営利組織にしかできないこと，すなわち政府機関や営利企業には絶対にできないことがあるかどうかはわからない。多くは相対的な得意，不得意の問題やインセンティブの問題にすぎないだろう。

セクター間の違いよりも組織ごとの個別の違いのほうが大きい可能性もある。それらにしても，制度設計次第で変わってくるだろう。つまり，非営利セクターが他のセクターと比べて優れた成果をあげられるかどうかは，法律や税制のあり方，さらには他セクターの状況によって左右される，ということである。

大切なことは，可能性が開かれているということだ。マイノリティが声をあげる必要に迫られたとき，人が自己利益を度外視してでも社会に何かを訴えたいとき，市民が助けあいたいとき，競争や効率ではなく，連帯や共感に基づく社会をつくりたいとき，それに適した組織形態が選択できなければならない。

そのための法律や制度をつくったり守らせたりするうえで，政府は大きな役割を果たす。そうした社会の枠組みの形成・維持こそは政府の仕事であり，直接・間接の民主主義によって機能させなければならない。そこに市民が参加するにしても，政府が結社の自由を保障しないところでは，NPOは成り立たない。

考えてみよう

問-1　寄付と出資に違いがあるとすれば，それは何だろうか。

問-2　あなたが身近に感じている営利企業のウェブサイトなどを見て，その企業が社会貢献事業をどのように位置づけているのかを調べてみよう。はっきりと位置づけていない場合もあるだろう。

問-3　あなたが住んだり働いたりしている市区町村や都道府県は，市民活動との協働についてどのような基本方針，条例などを掲げているだろうか。

第5章 世界, 過去, 未来

市民活動団体としてのNPOは，もともと欧米で発達し，世界に広がったものである。国によってNPOの発展の経緯や状況が異なるので，日本の非営利セクターの理解を深めるためにも，第1節でいくつかの国の非営利セクターを概観してみたい。これはいわば横の比較である。

続く第2節では，日本の市民活動団体がどのように生成，発展してきたかを，戦後から今日に至るまでの期間について見ていく。時代の流れに沿った縦の比較だといってもよい。最後の第3節では，市民と市民社会の意味合いを過去にさかのぼって追究し，NPOの今後を展望する。

1　世界の非営利セクターを見渡す

非営利組織は中南米，アフリカ，中東，オセアニアを含め，世界中に存在する。1990年代にはこれらの地域でも「アソシエーション革命」と呼ばれるようなブームが起き，非営利組織が急増した。その後，ブームは沈静化したが，非営利組織は引き続き活発に活動している。

ここでは紙数の制約から米国，ヨーロッパならびにアジアの非営利セクターに絞って概観することにしよう。

1-1 ▸ 米国の非営利セクター

▸「独立セクター」を持つ国

米国は，世界でも非営利セクターが発展した国として知られている。非営利組織の数は大変多く，日本では想像できないほど大規模な団体もある。法律・制度，非営利組織の支援の仕組みもよく発達している。

大小さまざまで活動も多様な非営利組織を一括して「非営利セクター」

あるいは「サードセクター（third sector）」と呼ぶようになったのは，米国が最初である。非営利組織が営利企業や政府機関の「残余」ではなく，独自性を持つ存在であるという認識があるからだろう。事実，産業界や政府からは独立しているということを強調する「独立セクター（independent sector）」という呼び方もある。

米国の非営利セクターはどれくらいの規模なのだろうか。

連邦政府の内国歳入法典のセクション501（c）には，免税資格が与えられる非営利団体の区分がいくつか並べられている。そのうちcharitable organizations，直訳すると「慈善団体」と称される501（c）（3）に属する団体は，慈善，教育，宗教の推進などを目的とした典型的な非営利団体だとされる。

この区分に従って内国歳入庁に登録されている団体の数は，2015年にはおよそ156万団体であった。ただし，同じ区分に属する公益財団は除かれている。501（c）（3）により免税資格を与えられている団体は，数にして米国の非営利組織の4分の3以上を占めているという。

これらの組織をすべて慈善団体と呼ぶのは，日本人には違和感があるだろう。というのも，501（c）（3）区分には私立大学，私立病院，施設運営法人，教会や宗教団体が含まれているからである。日本であれば医療法人，社会福祉法人，学校法人，宗教法人などとして別扱いとなる組織が，一般の市民団体と一緒になっているのはわかりにくい。慈善団体ではなく「民間公益組織」としたほうが実態に即しているだろう。

他方で，教会，諸々の宗教団体，ハーバード大学，交響楽団のニューヨーク・フィルハーモニック，グッゲンハイム美術館といった有力な組織が民間公益組織として米国心臓協会や街の小さな団体と同じ税区分に入っていることは，非営利セクターや独立セクターという認識が生まれるもとになっている。

▶団体が大きく育つ土壌

米国には，日本ではとても考えられないほど巨大でプロフェッショナルな組織が数多く存在する。たとえば，環境保護団体の「シエラ・クラブ」は公称350万人,「全米女性機構」は50万人の会員を持つとされている。これらは長い歴史を持つ団体であるが,より新しい団体でも急速に規模を拡大してきたものがある。その1つに,「ティーチ・フォー・アメリカ(Teach For America)」がある。

ティーチ・フォー・アメリカは,全米から大学を卒業したばかりの優秀な若者を教師として2年間,劣悪な教育環境にある各地の公立学校に送り込む事業を1990年に始めた。設立したのは,プリンストン大学を卒業したばかりのウェンディ・コップとその仲間である。

コップは,在学中から事業を構想し,資金集めを開始した。興味深いのは,最初から大規模に展開すべきだという考えを持っていたことである。「大きく始めなければ,緊急性や国家的な重要性は伝わらない。国じゅうの最も優秀な新卒者を動かすためにも大規模でなければならない」「小さな非営利団体や教師のトレーニングプログラムのモデルになるのではない。『ムーブメント』になるのだ」と彼女は自身の著書の中で述懐している。[1)]

実際,コップは企画力と行動力にものをいわせて,初年度に250万ドルの資金を調達し,500人の青年を常勤講師として学校に派遣している。モービルなどが立上げ資金として2万6000ドルを提供し,ユニオン・カーバイドがニューヨーク・マンハッタンのオフィスを提供した。ロス・ペローという著名な実業家が中核となる大口寄付をし,カーネギー財団なども続いた。多くの学区は,最初から熱い反応を示したという。

2007年に「ティーチ・フォー・オール(Teach For All)」という世界的なネットワークがスタートし,35カ国に広がっている。日本でも「ティーチ・フォー・ジャパン(Teach For Japan)」というNPO法人が設立されている。

ティーチ・フォー・アメリカは,2014年にアップルなどを抜いて米国の大学生の「理想の就職先」第1位となったという逸話もある。

▶整備された制度

米国で新設の団体が急激に大きくなることができるのは,それなりの理由があってのことである。

NPOの活動環境の整備が進んでいるのは，その1つである。なかでも重要なのは非営利組織の法人制度と税制である。NPOが法人格を取得することは大変容易である。米国には，連邦レベルで非営利組織について規定した法律は存在せず，州ごとに制度が少しずつ異なる。したがって，法人化のための要件も州による違いがある。

しかし，法人格が簡単に取れるので，社会的信用のためにも，理事や職員の責任範囲を明確にするためにも，たいていの団体は法人化する。もっとも，法人化と税制上の優遇は別物である。一定条件を満たせば，任意団体のままでも免税特典が認められる。

税制上の優遇も，比較的容易に得られる。非営利団体は内国歳入法典の規定に基づき，財務省の内国歳入庁から免税資格を付与される。前述のように，内国歳入法典の501（c）（3）に該当する団体は公益性が高いとされ，連邦税法上の法人税を免除される。それだけでなく，その団体への寄付者が所得税の課税控除を受けることもできる。当該団体が本来行うべき事業とは異なる事業（これを非関連事業という）から生ずる所得に対しては，企業と同様の法人税を課せられるが，広い範囲の事業が本来事業と関連があると見なされ，課税対象とならない。利子・配当所得，寄付された物品の販売収入なども課税されない。

501（c）（3）に属する団体は，税制上の優遇と引換えに，公益的であること，利益分配を行わないこと，主要な活動として立法に影響を与えるような活動（ロビー活動）を行わないこと，公職選挙にかかわるキャンペーンを行わないこと，などの条件を満たさなくてはならない。

ロビー活動を主たる活動として行う団体であっても，法典501（c）（4）の規定に基づいて法人税の減免を受けることができる。しかし，寄付者の所得控除は認められていない。この区分の団体は，社会福祉（公共の福祉，くらいの意味）の目的に合致している場合は，立法行為に影響を与える活動もできる。ただし，選挙キャンペーンへの関与は限定されている。

上記以外の税区分に属する団体でも，一定の免税特権が認められているものがある。本来であれば政府がやるべきことを，非営利組織が肩代わりしているため，というのがその根拠とされる。

このように，米国では広範な団体に税優遇の制度が適用され，これが非営利セクターの活気の重要な源となっている。また，宗教団体の中には，内国歳入庁への登録をしなくても免税特典を得ているものがある。

▶ 充実した支援の仕組み

米国ではNPOの支援組織が発達しているのも1つの特徴である。これらはNPOの活動基盤の整備をめざしているという意味で，インフラストラクチャー組織と呼ばれる。その役割は，非営利セクターの質を維持・向上させて社会の信頼を得ること，セクター全体の利益のためにその存在や役割をアピールしたり，税制や法律などをめぐって政府と交渉したりすることである。これら非営利の支援組織は，地理的な活動範囲，レベルや分野ごとの専門分化が進んでいる。

インフラストラクチャー組織の1つである「ガイドスター」は，米国の非営利組織に関する情報を集め，整理し，公開している。[2)] そのような団体は他にもあるが，ガイドスターの目的は非営利セクターの透明性を増すことによって寄付者などが意思決定をしやすくすることであり，内国歳入庁に登録されている膨大な数の団体のデータベースをもとにして，活動分野ごとに団体を検索できるようにしている。団体の評価，推奨はしていない。しかし，掲載団体には無料で情報のアップデートができるようにして，横並びの比較を通じて団体が競いあうように仕向けている。

インフラストラクチャー組織の中には，団体や財団のランクづけを行っているものもある。イギリスなどのようにNPOの「品質保証」を政府機関が行うのではなく，多様な情報提供を通じて非営利セクター自身で行っている点が米国らしい。

NPOを支えるもう1つの重要な仕組みとして，民間財団がある。その発達ぶりも世界に類を見ないものである。米国全体で8万以上の助成財団があるといわれ，1兆円を超える資産を持つ財団がいくつも存在する。

その1つである「ビル&メリンダ・ゲイツ財団」は，1500人以上の職員と約400億ドルの資産を有し，2017年には総額47億ドル（5000億円以上）の助成を行った。ちなみに，同年の国連機関のユニセフのプログラム支出は，51億ドルだった。

専門的人材の層も他国に比べて厚い。大学を含む非営利セクター，政府，企業の間を行き来する人材の流動性は高く，そのことも非営利セクターの発達に寄与している。

▶ 非営利セクターが発達した理由

これまで見てきたように，米国では非営利セクターが非常に発達しているが，それはなぜだろうか。1つには，よく指摘されるように，米国が既存の政治的権力や宗教的権威から逃れ，新天地を切り開こうとした人たちによってつくられた国だからだろう。

米国には，大昔からの領主，教会や修道院が存在していたわけではない。開拓民らが何もないところから，自分たちで公共的な施設をつくっていったのである。加えて，イギリスやフランスなどからの移民は，国王への政治的権力の集中に対する強い警戒心を持っていた。このため，政府にあまり頼らず，自分たちで問題を解決しようとしたといわれる。

上のことと関連して，米国の人たちは，結社をつくって物事に取り組みたがる傾向があったことが指摘されている。「開拓者魂」ともいうべき個人主義を持つ米国の人たちは，何かにつけて団結し，共同でコミュニティの事業を行ったのである。今日のボランティア活動，NPOの活動の起源は，そうしたところに求められる。

既存の権威にとらわれず，開拓者魂を発揮する気風が残っているとすれば，ティーチ・フォー・アメリカのように，革新的なアイディアを持つ新参者が積極的な支援を受けるのも不思議ではない。

その関連で，ソーシャルビジネスにも触れておこう。ソーシャルビジネスは米国でも急速に広がりを見せている。ソーシャルビジネスは当初，非営利組織がミッション（社会的使命）を達成するうえで必要な財源を，収益事業の充実によって達成するという方向で考えられていたが，その後，ミッション達成を優先する営利企業も包摂するようになり，さらには，そのための革新的な構想や起業家に注目が集まるようになった。

財団，投資銀行や行政も，それを支援するようになった。たとえば，オバマ政権は「社会革新と市民参加」の部署を連邦政府に設け，社会投資ファンドを設立した。投資銀行のゴールドマン・サックスは「ソーシャル・インパクト・ファンド」を設けた。

1-2 ▸ ヨーロッパの非営利セクター

ヨーロッパと一口にいっても，各国の地域性，歴史などが異なるため，非営利セクターの状況も国によってかなり違いがある。ここでは，そうした国ごとの特色を簡単に見ていくことにする。

しかし，一方では貧富の格差拡大，若者の失業問題，社会的連帯感の喪失，地方の衰退といった課題が，程度の差はあれヨーロッパ各国に共通してあり，財政状況の厳しい政府が独力で対処するには荷が重すぎることから，政府とサードセクターの協働が政策的に推進されている。また，EU（ヨーロッパ連合）としての取組みも追求されている。

▸ 原点としてのキリスト教と都市のギルド

米国と違って，ヨーロッパの非営利組織の歴史は大変古い。その起源は，中世キリスト教と都市のギルド（商人が相互扶助と経済的利益を守るためにつくった団体）に求めることができる。宗教改革以前には，慈善活動のほとんどはカトリック教会や修道会を担い手としていた。その背景として，富の多くが教会と修道院に集中していたこと，隣人愛や清貧を説くキリスト教が倫理的，思想的な動機づけとなっていたことが挙げられる。

今日でいう非営利組織の古い例としては，917年設立とされるドイツ・バイエルン州ヴェムディングの施療院が挙げられる。これは，土地，財宝や施設を司教，修道院，教区に寄付することによって設立・運営された財団である。ドイツには500年以上の歴史を持つ現存の財団が約250あるとされている。

イギリスやフランスにおいても，教区や修道会が貧民の救済，家族や子どもの保護，病人や高齢者のケア，学校や研究施設の運営などを行っていた。しかし，イギリスでは，宗教改革とともに修道院の解体，世俗の権力による教会財産の没収が進められたため，16～17世紀には，学校，病院，養老院などが，教会に代わって国王の認知と保護を受けるようになった。

イギリスの諸都市においては，中世のギルドの系譜を引く「シティカンパニー」が，信託財産の形で慈善目的の財産を蓄積した。これらは今日でいう財団の「祖先」にあたるものである。

南ドイツや北ドイツの商業都市では，遠隔地貿易で潤った商人や同業者組合が，教会組織から独立した財団，組合や協会を設立し，貧窮者，病人，行きずりの旅人たちの世話をするようになった。

中世末期以後，イギリスでは市民が財力を高め，また，教会を敵視する国王が民間団体を保護し，免税特権を与えたため，慈善活動がヨーロッパで最も活発な国だといわれるまでになった。

エリザベス1世治世下の1601年には，公益的な信託財産を保護すると同時にその乱用を防止するために「公益ユース法」という法律が制定されている。これは，現代イギリスの非営利組織に関する主要法令であるチャリティ法の原型となったものである。

18～19世紀には，中産階級によって福祉組織，女性団体，住宅，学校教育，成人教育，文化・芸術にかかわる団体など，公益的な民間組織がつくられた。労働者階級も病気，埋葬，老齢化などに備えて共済組合など互助団体を組織した。イギリスの非営利組織の活動は，19世紀に1つの頂点に達したといわれる。

国王によって財団が積極的に保護されたという点では，スウェーデンなどの北欧諸国やオランダも同様であった。スウェーデンとノルウェーでは，国王が教会に対抗して世俗的な財団の保護育成を行った。

しかしオランダでは，独立・自由を尊ぶ気風が強かったこともあって，教会によって設立された公益的な財団が存続を許された。そして，都市の富裕な商人らの手になる財団が新たにつくられた。市民によってつくられた救貧基金の多くは，創設者の死後，その管理運営が地方政府に委ねられたため，地方政府は市民の残した財産によって救貧事業などを行うようになった。

一方，フランスは伝統的に中央集権的な国として知られ，非営利セクターが長い間，抑圧されていた。フランス革命後は中央政府による民間団体の統制が緩められるどころか，逆に厳しくなり，旧体制の下で存続していたギルドや結社すら禁止されるようになった。それは，国家こそが「連帯」の最高の表現であり，国家と市民の間にある組織は過激な行動に走る危険性があるとして警戒されたからである。

19世紀の初頭になると，産業革命に伴う労働者階級の窮乏化に対処するために，ボランタリーな組織や互助団体がつくられるようになったが，19世紀末に至るまで，宗教団体も労働運動も政府の監視の対象であり続けた。

▶多様なヨーロッパの非営利セクター

《イギリス》

すでに述べたように，ヨーロッパの国々の非営利セクターはキリスト教や都市住民の慈善基金という共通のルーツを持つ。しかし，政府との関係に関しては，それぞれ異なった面も有している。

イギリスでは，公益的な非営利組織は伝統的にボランタリー組織と呼ばれてきた。これらは「ボランタリーセクター」をつくっているが，近年は「シビルソサエティ」という呼称もよく使われるようになった。

その中核をなすのは**チャリティ**と称される18万ほどの公益的な団体である。これらはチャリティ法に基づき，公益性を有する団体としてチャリティ委員会という独立の政府機関に登録されている。チャリティ委員会は，団体の登録，公益性の認定，支援および監督を行い，チャリティ団体が全体として信用を維持できるよう，「品質保証」する役割を持つ。認定されたチャリティ団体は，法人税の減免，寄付者の所得税の減免などの税制優遇を受ける。法人格は必ずしも要求されない。

チャリティ団体の組織形態としては，従来のトラスト（信託），有限会社，任意団体に加えて，**公益法人**（**CIO**: Charitable Incorporated Organisation）という中小団体向きの法人形態がある。従来，ユニークではあるがわかりにくかったイギリスの制度も整備され，透明性を増している。透明性の向上には，ボランタリー組織をテロ組織の隠れみのにさせないという政策的意図もあるようだ。

1980年代以後，イギリスでは福祉国家の限界が認識されるようになり，政府の支出削減，規制緩和，民営化が行われるようになった。保守党政権の下で，ボランタリーセクターへの事業委託も行われるようになったが，非営利組織が政府に本格的に注目されるようになったのは，1990年代も後半になってからである。

1997年に登場した労働党のブレア政権は，従来の社会民主主義とも市場原理主義的な考え方とも異なる「第三の道」を打ち出し，主要政策の中に「ボランタリー・コミュニティ・セクター」と政府の間の「パートナーシップ」を戦略的に位置づけた。特に社会的排除や貧困の問題に取り組むうえで，分野横断的な協働が重視された。

1998年には，**コンパクト**という合意文書が政府とボランタリー団体との間で交わされ，独立性と多様性を持つボランタリー・コミュニティ・セクターが社会にとって重要だということ，このセクターが政府と相互補完的な関係にあること，両者が協働することで得られるものがあること，などが確認された。

2010年に政権に就いた保守党のキャメロン首相は「ビッグソサエティ」という政策を打ち出した。これは緊縮財政の下で山積する社会的課題に取り組むために，行政とチャリティ団体，ソーシャルエンタープライズ（社会的企業）の協働をめざすものであった。

イギリスでは，1990年代にはすでにソーシャルエンタープライズが出現し，政府も注目するようになっていた。労働党政権時代の2004年には**地域公益会社**（Community Interest Company）の制度も発足した。

CICと略称されるこの法人（前述のCIOとは別物）は，社会的目的を持った事業体であり，利益を事業や地域に再投資するものとされた。

こうした背景の下に，キャメロン首相は「ビッグソサエティ・キャピタル」という，休眠預金を活用した2000億円規模のファンドを発足させたのだった。これによって，営利企業，地域公益会社，チャリティ団体や協同組合を含む多様な主体の事業に多額の資金が投ぜられるようになった。

「投資」という考え方の下に，革新的な課題解決法に大きな資金を出し，スケール（規模）とインパクト（影響力）を求めるという考え方は，日本の休眠預金活用制度にも影響を与えた。

《ドイツ，フランスなど》

ヨーロッパ大陸の非営利セクターは，イギリスとはまた様子が少し違っている。

ドイツでは産業革命以後，政府との協調路線が形を変えて繰り返し敷かれてきた。第2次世界大戦後は，社会福祉分野で民間非営利組織が事業を運営し，政府がそれを資金的にサポートするという形が続いてきた。

これは，同国で「**補完性の原則**」が適用されているからである。補完性の原則とは，一言でいえば，「下位の主体が遂行できることを，より大きな社会単位に委ねるべきでない」「下位の機関は上位の機関に安易に頼らず，上位機関もいたずらに下位の機関に口出しをしない」という考え方である。これが，国と地方自治体の関係だけでなく，政府機関と民間福祉団体との関係にも適用されたのである。

第2次世界大戦後のドイツでは，サービス提供だけでなく政策決定においても非営利セクターとの協調が重視されており，多くの分野で自治体，政府機関が非営利組織の意見を求めることが法的に義務づけられている。社会福祉においては，全国の民間の社会福祉団体を傘下に持つ6つの協議会が政府との間に立つ中間組織になっている。これらの協議会は，異なった宗教的，政治的，歴史的な背景を持つ。

1990年代半ば以後，ドイツでは米国にならってコミュニティ財団が設立されるようになった。その数は急速に増え，2015年には約350に達した。半数以上はコミュニティ財団のつくる連盟によって認定されている。

認定されるためには公益性，政党や宗教組織からの独立性，地域限定，市民の主体的参加など10の要件を満たす必要がある。コミュニティ財団は地域で資金を集め，地域の課題に取り組んでいる。なかでも国内の難民支援は，大きなテーマとされている。スタッフの大部分はボランティアである。

フランスは伝統的に中央集権の政治機構を持ち，民間団体が政府に警戒される傾向があったため，その発達が遅れていたが，1980年代に社会党のミッテラン大統領が方向転換を行い，政府の補助や優遇税制によって社会的経済の推進を図った。ミッテラン政権が地方分権や行政の非営利組織への事業委託などを推進したこともあって，現代フランスでは，非営利セクターが他のヨーロッパ諸国と同水準にまで発達している。

オランダは，経済・社会に占める非営利セクターの割合が世界でも最も高いほうに属する。これは歴史的な経緯によるものである。20世紀になってオランダ社会がカトリック，プロテスタント，社会主義の3つの陣営に分かれて互いに対立したため，政党，労働組合，放送局から福祉団体に至るまで，何事も「柱」と呼ばれるそれぞれの陣営ごとにつくることで社会の緊張を和らげる方策がとられたのである。

オランダもドイツ同様，補完性の原則が適用された国であったため，オランダ政府は社会福祉サービスを展開するにあたり，3つの柱ごとの福祉団体に頼るようになった。国内の福祉団体だけでなく，海外協力NGOも3つの陣営に分かれて別々につくられたほどである。

オランダの大きな非営利セクターを資金的に支えてきたのは，社会保険機関を含む政府セクターである。もっとも，近年は補助金の削減や競争政策の導入などがオランダでも行われるようになった。1970年以後は社会の世俗化が進み，非営利組織も以前ほど柱ごとに分かれる傾向がなくなった。緩いネットワークやインターネット上の討論グループといった，組織にこだわらない新しい市民参加の形も増えたといわれる。

同じく福祉が発達している国といっても，スウェーデンは政府セクターが医療，福祉，教育のサービス供給の主体となっており，オランダとは趣を異にしている。だからといって，非営利組織が発達していないわけではない。

スウェーデンは，社会的な活動への市民の参加が盛んな国だといわれており，協同組合，労働組合，スポーツ・レクリエーション団体，成人教育団体など，大衆的で裾野の広い団体に市民が数多く会員として参加するとともに，ボランティアとして活発に活動している。

スウェーデンでは，民間団体の代表が政策決定の過程に深くかかわっている。オランダのように政府が独立の民間非営利組織を財政的に強力に支援するというのではなく，各種の委員会などに政府関係者，学者，民間団体の代表者が入ることにより，民意が反映される仕組みになっている。全国的な民間組織が「利益団体」として，国民各層の意見を反映させる「反響板」として機能したり，代替案の提示者としての機能を果たしたりしているのである。

ここでいう利益団体とは，労働組合，農家連合，障害者協会，経営者団体などを指す。これらは，非常に多くの会員を持つ，全国的な連合組織であるが，その規模にもかかわらず，民主的な運営，参加の自由さ，意見形成しようとする意思の強さ，政府からの独立といった特徴を持つといわれる。また，自分たちの狭い特殊な利益だけを追求しているわけでは必ずしもなく，むしろ政府と協調して，さまざまな事柄について意見を表明する働きをしている。

国の政策の策定・実施に民間団体が直接かかわり，共同の責任を与えられている政治形態は**コーポラティズム**（**協調組合主義**）と呼ばれ，スウェーデンで最も発達しているといわれている。それが同国の民主主義の基礎をなしているために，公的機関の民営化や社会的企業の設立については，他国と異なり，国民は慎重だといわれている。

最後に，ヨーロッパの非営利セクターの1つの特徴である「社会的経済」について触れておきたい。社会的経済は，協同組合，共済組合など，互助的な組織を集合的に指す用語としてフランス，イタリア，スペインでよく使われる。

フランスでは，組合銀行などの金融機関，相互扶助団体，相互保険会社，各種アソシエーションなどを構成要素とする社会的経済が，非営利セクターに近い意味で使われてきた。究極の目的は利潤ではなく，組合員またはそれ以外の集団へのサービスとされ，運営の独立と民主的な決定手続きを重視する。

1990年代の初頭にはヨーロッパでもソーシャルビジネスが意識されるようになるが，その契機となったのは，1991年にイタリアで法制化され，急速に広がった「**社会的協同組合**」だとされる。協同組合という形をとりながら，地域の社会的弱者や就職困難な労働者を雇用するなど公益的な活動を行い，その一方で，制限つきながら剰余金の配当も行うという，新しいタイプの「**社会的経済**」である。[3)]

ドイツでも，同国でいうところの「共同経済」の原理に基づく組織が，広義の非営利セクターの中でかなり大きな位置を占めてきた。共同経済は，非競争的，非資本主義的な生産の仕組みをめざすもので，特に社会民主主義の支持者によって追求された。

第2次世界大戦後，公共的な住宅がこの方式によって盛んに供給されたが，1980年代半ば以後は，協同組合や非営利組織の解散や営利転換が相次ぎ，やや下火になった。しかし近年は，ヨーロッパ各国でソーシャルビジネスが脚光を浴びるとともに，ドイツやスウェーデンでも社会的経済が見直されている。

1-3 ▸ アジアの非営利セクター

▸ 東アジア

中国，台湾，韓国，北朝鮮などの北東アジアの国・地域は，冷戦体制に強く支配されてきたが，現在では北朝鮮を除いて経済の自由化が進み，グローバルな市場経済に組み込まれるようになった。台湾と韓国では，民間団体に対するかつての厳しい統制もなくなった。中国では今もNPOに対する統制が行われているが，NPOの活動そのものは活発である。以下では，主として中国，韓国の非営利セクターを概観する。

《中国》

中国には，1949年の建国以前から非営利的な組織が存在していたが，それらは共産党の指導の下で接収・再編され，一時期はほとんど存在しなくなるほど厳しい取締りを受けた。

1970年代末に改革・開放路線が打ち出された後は所得格差の拡大，環境問題などを背景として，多様な民間組織がつくられるようになった。しかし，1989年6月に起きた天安門事件以後，反政府的と見られる結社や運動に対しては厳しい取締りが行われるようになり，一時的に民間組織が減少したと見られる。

その後，政府部門だけでは社会的課題の解決が難しいという認識から，再びNPOに対する規制が緩和されるようになった。環境保全では，2006年に設立された「公衆環境研究センター」が，中国で活動するグローバル企業がどれくらい環境保全に熱心に取り組んでいるかを指数化してランキングを公表したり，「中国汚染地図」を発表したりしたが，政権に受け入れられている。

2016年には，NPOなどに関する基本的な法律である中華人民共和国慈善法が施行された。慈善法は，慈善的な活動，組織，寄付，財産，サービス，情報公開，支援措置，法律責任などについて詳細に規定したものである。従来は政令によってNPOなどに関する規定が行われていたが，これによって民間の慈善（公益）活動が初めて法律的に認められたのだった。

慈善法に基づき，社会団体，社会サービス機構（従来の民弁非企業単位），基金会は「慈善組織」として認定され，税制優遇を受けることができる。[4] 社会団体は各種の協会，学会，連合会，研究会，商会などを指す。社会サービス機構は，サービス供給型の非営利的な事業体であり，事業収入を主な財源として学校，病院，老人ホーム，コミュニティセンター，研究所などを運営する。また，基金会は日本でいう財団に相当する組織である。

慈善法は法人格を付与するための法律ではない。団体が法人となるためには，人民政府民政部門に登録しなくてはならない。

慈善法が制定された背景には，急速に変化してきた中国の社会的課題の解決は政府部門だけでは困難で，社会組織を含むあらゆる社会部門の組織が力をあわせなければいけない，という最高指導部の認識がある。ただし，慈善活動を行う個人，団体は社会主義政権を擁護し，その安定的な運営に協力しなければならない，というのが前提である。

慈善活動が国家安全と公益に危害を及ぼす活動を支援または展開することは，慈善法で禁止されている。その国家安全と社会公共利益が何かは，慈善法や他の法律でほとんど明文化されておらず，行政の裁量に委ねられている。総じて，この法律は「公共サービス供給に専念するNPOを峻別し，『慈善法』に基づいて『慈善組織』という法的身分を与え，全面的に支援するように努めている」性格を持つ。[5]

法定NPOは，慈善法制定以前の2013年の時点ですでに50万団体を超え，その後も増加していると見られる。この他に，何らかの事情で登記されていないか，登記に意欲を示さない草の根NPOも存在している。

2000年代に入って，中国でも世界的な潮流に乗って「社会創業」や「公益創業」と称されるソーシャルビジネスが台頭してきた。特に高学歴の若者の共感を呼んでいるという。

「慈善」がどちらかというと個別的な支援を指すのに対し，「公益」は社会変革を志向する行動という意味あいを持つと主張されている。パブリックを動かすからこそ公益だという認識がすでに一定の共通認識になっている。[6]

それに呼応するように，公益組織という名称が流行するようになっている。さらに，公益圏という，公益を掲げて多様な実践に取り組む人々のネットワークも形成されている。

> 「社会問題や公共問題を『自分事』として捉え，自らの人生の生き方とする人々は，中国社会では『公益人』と名づけられている。（中略）公益人の実践とネットワークは，もはや中国社会を構成する不可

欠な一部となっており，1つの業界を成し，『民間公益圏』と呼ばれている。『公益圏』は，大学生にとって就職先もしくは起業する領域として認識され，選択されるほどの認知度と存在感を，中国社会において獲得している」7)

《韓国》

韓国と台湾は，1945年まで日本の植民地であり，戦後は冷戦体制に組み込まれた分裂国家であった。両国とも軍事政権が活動の自由を制限したため，非営利組織の活動は難しかった。しかし，経済成長が続いて国民の生活が向上し，政治的にも東西対立の解消が進んだ1980年代の後半になると，両国で民主化要求が高まり，団体の活動制限が緩和され，以後，政府から独立した非営利組織が急速に発達した。

韓国の非営利組織は，国内でNGOあるいは市民団体（シミンタンチェ）と呼ばれており，1980年代後半の民主化後は人権侵害や不正・腐敗の追求，環境問題への取組みなどを市民運動として展開するようになった。1989年設立の「経済正義実践市民連合」，1993年設立の「環境運動連合」，1994年に設立された「参与連帯」などがその代表である。

これらは多様なテーマを取り上げて世論形成を図り，政策提言を行う，政治色の強い運動型の市民団体であった。先導するのは大学人，弁護士らの専門家，宗教者などで，エリート主導の性格を持ちつつも，多くの会員によって支えられていた。その一方で，1990年代には小さな市民団体も数多く誕生し，活発に活動した。

1990年代末にアジア経済危機が起こると，その影響で韓国経済が急速に悪化し，多くの市民団体が財政難に陥った。これらの団体を支えると同時に，より生活に密着した活動が必要だという認識も生じたことから，金大中政権の下で非営利民間団体支援法が制定された。この法律により，公益活動を行う団体に補助，税の減免などの支援が行われるようになった。

韓国は日本と同様に高齢化が急速に進みつつあり，1997年の社会福祉事業法の改正，および2008年施行の老人長期療養保険制度（日本の介護保険制度に相当）により，施設の設立・運営が社会福祉法人以外の非営利法人や個人でも可能となった。地域に根差した高齢者福祉の取組みも行われており，貧困や孤立の状態にある高齢者の社会参加と社会貢献を推進するような事業が市民団体によって行われている。

障害福祉に関しては，軍事独裁政権時代から障害種別の団体がつくられてきた。移動権運動や自立生活運動，国連障害者権利条約にかかわる運動も展開されてきた。2005年にはボランティア活動基本法が制定された。

韓国の市民団体は，就労しながらも貧困状態にあるワーキングプアの問題，失業，多重債務，自殺などの問題にも取り組んでいる。総じて，日本のNPOと同様の活動が実施されているが，北朝鮮から逃れた難民の支援や戦時中の強制動員問題にかかわる取組みなども行われている。

2000年代になって韓国でもソーシャルビジネス（社会的企業）が注目されるようになり，2007年には「社会的企業育成法」が施行され，政府による支援も開始された。

韓国と同様に，台湾でも長らく強権政治が続いていたが，経済成長とともに自由の要望や国際的な人権抑圧批判が高まった。1987年には戒厳令が解除され，消費者運動，女性運動，環境保護運動などが展開されるようになった。李登輝政権時代の1989年になると動員戦乱時期人民団体法が改正され，団体設立の自由化が行われた。今日，台湾ではさまざまな市民団体が活発に活動している。

▸東南アジアと南アジア

東南アジアや南アジアでは，1970年代以後の30年ほどの間に民間非営利の社会開発団体が急速に発達し，農村開発や都市スラムの改善，環境保全，人権擁護，障害者福祉，児童福祉などに従事してきた。これらは一般に開発NGO，あるいは単にNGOと呼ばれている。インドを除けば，外国からの資金的支援を受けてきたことも，NGOが発達した原動力となった。どの国も非営利組織に関する法的な枠組みを持ち，NGOの活動を規制するとともに，税の減免や補助によって支援している。

1990年代以降，多くの国々で経済がかなり早く成長し，極度の貧困状態にある層の人口が減ると同時に，中間層が厚みを増してきた。しかし，貧困問題が解消されたわけではない。

途上国のNGOは，狭い意味では社会開発に従事する専門的な支援組織である。これらは高学歴の有給のスタッフによって運営される。しかしそれ以外に，農漁民，労働者，スラムの住民ら当事者のつくる大衆的な組織やその連合体も存在している。広い意味のNGOにはこれらも含まれる。

アジアの国々には，独立以前から存在していた非営利組織もある。たとえば，宗教をベースとしたインドの慈善施設，ガンジー主義を標榜する運動体，インドネシアのムスリム指導者団体などである。これらは欧米流の非営利組織とは異なる組織原理によって活動してきた，土着性の強い団体だといえる。

NGOの発達度合いは，国によって異なる。インド，バングラデシュ，フィリピンは，一般にNGOが高度に発達した国と見なされている。政府機関による貧困対策の遅れ，市場経済の未発達，地方政府の未整備などのため，NGOの活躍する余地が大きかったからである。

バングラデシュには，「BRAC」という団体に代表される巨大なNGOが存在し，低所得層向けの金融・保険，公教育や農業改善などに取り組んでいる。インドの「プラタム」というNGOは，学校教育の質の改善のために，公立学校や教育行政の当局と大規模な協力を行っている。

ネパール，スリランカ，タイ，インドネシアといった国々も，かなりNGOの活動が盛んである。しかし，マレーシア，ベトナム，ラオス，カンボジア，ミャンマー，シンガポールなどでは，政府の強い統制や長期の戦乱などのため，NGOの数が少なかったり，政府機関とNGOの区別が困難であったりする。

1990年代以後は，ほとんどの国で政府とNGOとの関係は良好である。かつて「開発独裁」の国と呼ばれていたところでも，グローバリゼーションを背景として，より開放的で自由になっており，非営利組織が活動しやすくなっている。国連機関や日本，米国，EU（ヨーロッパ連合）などの政府機関も，社会開発NGOとの連携・協力を積極的に行っている。

そうしたことも手伝って，1990年代にはNGOの数や規模は増大し，民間非営利組織の世界的なブームが起きた。しかし，21世紀に入ってからは市場経済の発達，NGOの事業収入の重視などにより，ブームは一段落しており，代わってソーシャルビジネスが勢いを得ている。NGOの企業化も進んできた。

2 非営利組織の戦後史

日本の非営利組織は，はるか昔にさかのぼる古い歴史を持つ。そうした歴史を振り返ることによって見えてくるものもたくさんあるが，ここでは，第2次世界大戦後に限定して，これまでたどってきた道を振り返る。

その際に重視するのは，市民活動団体としてのNPOがどのようにして生まれ，発展し，変化してきたのかということである。それを3つの時期に区分して論じることにする。

2-1 ▸ 戦後復興と高度成長の時代（1945～69年）

第2次世界大戦中，日本の民間団体はすべて国家総動員体制の下で翼賛体制に組み込まれ，戦争遂行に協力させられた。戦争末期を除くと，民間団体の数自体は戦時中にむしろ増大したが，自由で創造的な活動は望むべくもなかった。

このような状態は敗戦後，連合国（実態は米国）の占領下で大きく変わった。日本の軍国主義・超国家主義を支える柱であった宗教や教育をはじめ，広い範囲で根本的な改革が進められ，非営利組織の制度もつくりかえられた。

社会福祉については，1946年に連合国軍総司令部（GHQ）が日本政府に対して，その後の日本の社会保障，社会福祉の指導原理となった

「公的扶助に関する覚書」を提示し，その中で生活困窮者の保護は国家責任であること（国家責任の原則），この責任を民間または半官半民的なものに転嫁してはいけないこと（責任転嫁禁止の原則），困窮者の保護は無差別平等でなければならないこと（無差別平等の原則）などを明らかにした。

戦後の混乱期にあって，保護のニーズは膨大であった。しかし，経済は疲弊しきっており，国や公立の施設の設置がはかばかしくなかったので，民間の力を借りる必要があった。

実は，戦前期には社会事業施設を運営し，政府の監督の下で補助を受けていた財団法人が多数存在していたのだが，これらは戦災によって致命的な損害を受け，その数が戦前の約6500から3050へと激減していた。[8] このため，何らかの公的支援を早急に行う必要があった。

これに対する占領軍当局の態度は，民間社会事業に対する公的助成を禁じる，というものであった。民間の事業の独立性を維持する観点から，公的な資金を投入するべきではない，というのである。公私分離の徹底を図る考え方は，後述のように1947年5月に施行された日本国憲法にも盛り込まれていた。

しかし，民間施設の経営が極度に悪化していたため，窮余の一策として，米国の「コミュニティチェスト」の例にならった共同募金制度が導入され，1947年11月，政府・占領軍のてこ入れの下で共同募金が全国的に開始された。当時としては多額の資金が集まったが，民間社会事業団体の経営難が根本的に解消されるわけではなかった。

結局1949年には，民間事業者に対する公的補助の途が開かれることになった。これは，公の支配に属しない団体に対する公金の支出を禁じた憲法第89条の解釈を変更することによって可能になったとされる。宗教団体や慈善団体は公の支配の下に置かれるべきではないが，その代わり，補助も受けてはいけない。であれば，逆に公の支配に属する団体であれば公費によって補助してもよい，という理屈が立てられたのである。

公的補助が開始されたことによって，民間社会福祉事業の財政基盤確立の可能性が広がった。公的補助開始の背景には，冷戦の激化とともに対日占領政策が「改革から復興へ」と変更されたことがあるといわれる。

サンフランシスコ講和条約締結の年である1951年には，社会福祉事業法が施行され，社会福祉法人制度が発足した。これに伴い，それまで社会事業施設の運営を行っていた公益法人の大部分は，社会福祉法人に組織変更を行った。社会福祉法人は一定の要件を備え，法に違反していなければ法人の設立が認められる，という認可主義に立つ法人形態であるが，実際に法人を設立・運営する際の政府の指導・監督は厳しくなった。「公の支配」とは，当初考えられていた一般的な監督ではなく，人事や財政に対する干渉を含む「決定的な支配」という強力な監督を意味するものと解釈されたからである。[9)]

さらに，それぞれの社会福祉事業についても監督が行われた。公費による措置委託は，一面においては社会福祉法人の安定的な経営に大きく貢献したが，他面においては民間団体としての活動に大きな制約をはめることにもなった。

事情は社会福祉，宗教とともに公費の支出が禁じられた教育分野でも同様であった。戦後，教育刷新委員会は戦前の私立学校が私立学校令によって規制されていたことへの反省の上に立って，私立学校の改革構想を打ち出した。これを受けて，社会福祉事業法の施行より前の1950年に，私立学校法が施行された。

私立学校の設立は，それまで公益法人の一種である財団法人によって行われてきたのであるが，公益法人の根拠法である民法の規定では学校の運営上不都合な面もあったため，新たな法律が制定されたのである。この法律には，経営主体としての学校法人と，私学教育に対する公費助成に関する規定が盛り込まれた。民間福祉事業団体と同様，私立学校も戦後の財政危機からの救済が急務だったのである。

私立学校法の下で，私立学校は国公立学校の補助機関ではなく，それらと同等の役割を担う公教育機関としての位置づけがなされた。所轄庁である文部省（現・文部科学省）の権限の制限など，自主性を確保するための制度が規定され，私立学校教育に関する教職員の給与などの助成も行うことができるとされた。それによって，国庫からの私学助成が行われたため，経営上は楽になったものの，私立学校法人は文部省の細かい規制・監督の下に置かれることになった。

宗教団体については，軍国主義と超国家主義の根絶，政治と宗教の分離，信教の自由の保障という見地から，敗戦後間もなく戦前の宗教団体法が廃止となり，1951年に新たに宗教法人法が制定された。この法律では認証主義が採用され，設立，規則変更などはかなり自由になった。所轄庁に対する報告義務はなく，その代わり，公費による補助もされなかった。ただし，補助金はなくても収益事業以外の所得が原則非課税とされるなど，税制面では優遇された。

戦後間もない時期には，占領軍の強い影響の下で民主化政策が推進され，それまで抑えられていた労働運動をはじめ，消費者運動，青少年の健全育成をめざす活動，子ども会活動，PTA活動，公民館運動など，さまざまな民間活動が活発に行われるようになった。

消費者運動では，「主婦連合会」（主婦連）が1948年に結成され，消費者の立場からマッチ，牛乳，缶詰など消費財の品質向上や価格引下げを求める運動が展開された。初代会長は，戦前から女性運動，消費者運動に参加していた参議院議員の奥むめお氏であった。

協同組合関係では，消費者が共同購入によって生活防衛を図るという生協運動が盛んになり，1948年には消費生活協同組合法が施行された。

注目すべきことは，市民活動の活発化は終戦直後の数年だけでなく，その後もかなり長く続いたということである。これは戦時中の抑圧に対する反動や占領軍の政策だけでは説明できない現象だという。[10)]

他方で，戦後の民間の新しい動きが，その後いわゆる縦割り行政の下で制度化されることによって行政に組み込まれ，その補完，下請けと化したりしてしまった面もあった。日本NPOセンター創立者の山岡義典氏は次のように書いている。

「戦後の占領政策によって市民・住民の活動を中心とした数々の新しい民間非営利団体が誕生する。また公民館活動や子ども会活動などの新しい住民活動も活発化する。そこに新しい市民公益活動の芽を見ることができるが，未成熟な市民社会の中では，必ずしも順調に育ったわけではない。結局は市民的な基盤を確立することができないままに行政的な枠組みの中で制度化され，市民の役割はその多くが要求・反対運動にとどまった」[11)]

戦後急速に活動を活発化させた労働組合運動は，1960年代の半ばまで，日本の平和運動，住民運動，国民運動（原水爆禁止運動）という形で社会運動をリードした。自らも市民運動に深くかかわってきた須田春海氏は，次のように述べている。

「戦後日本の場合，労働組合が社会運動に果たしてきた役割はとても大きいものでした。特に総評（日本労働組合総評議会）が重要だったのですが，（中略）平和運動，障害者運動，人権運動，環境運動など，社会運動の全領域の事務局が総評の中にあったと言ってよいでしょう。（中略）ところで，労働運動が市民運動を代行するには，それなりの理由がありました。労働運動こそが社会改革の代表選手であり，労働者階級が人々を解放するという強い信念があったわけです」[12)]

戦前から戦中にかけて長らく民間の自由な活動が抑圧されていた中で，戦後の労働運動が果たした役割は，須田氏が指摘するように確かに大きかった。しかしその半面，「対決型」の運動スタイルをとることにより，ともすると個別の問題解決よりも問題相互の連関や体制とのかかわり方が重視されがちであった。

当時の社会運動は，個別の問題の根底に横たわる資本主義体制そのものを変革しない限り問題は解決しない，という考え方に立ったため，多かれ少なかれ反体制的になっていった。そうした根本問題に取り組むために，問題群を系列化したり，運動の力量配置を中央で集中的にコントロールしたりするという手法がとられ，運動にピラミッド型の位階構造が生まれることにもなった。

一方，専門家団体や教育団体などは，戦後，利益団体[13]にいち早く衣替えして団体を形成した。農業分野では農業協同組合法が公布され，新しい理念の下で多数の「農業協同組合」（農協）が設立された。1952年には業界団体，大企業を取りまとめる頂上団体として「経済団体連合会」（経団連）が再編成された。

さらに1950年代前半には，経済団体，農業団体，労働団体の大幅な再編・整理がなされ，その結果，後の「55年体制」といわれる保守・革新の対立構造を利益集団レベルで支えた「経団連対総評の対抗配置」が形成されるに至った。[14]その一方で，企業の中には財団を設立し，科学研究への助成，奨学金の交付といった政治色の薄い公益的な事業を行うものもあった。

2-2 ▶ 市民活動の興隆期（1970～98年）

1970年代になると，いわゆる「石油ショック」や円の対ドル切上げの影響もあって，日本の経済成長率は低下する。経済成長はなお続いたが，環境問題，交通事故の多発，家庭内暴力や不登校などの社会問題が顕著になり，「何のための豊かさ」という問いも出されるようになった。こうした新たな社会問題に取り組むために，従来とは活動スタイルの異なる市民団体が活動するようになった。

▶ 新しい社会運動の登場

活動スタイルの変化は，すでに1960年代から芽生えていた。社会運動が保革対立の構図の下でいまだ「要求・反対運動」という性格を持っていた1960年代半ばに登場した，新しい社会運動がそれである。

『「生活者」とはだれか』という著書において自律的市民像の系譜をたどった社会学者の天野正子氏は，特に「ベトナムに平和を！市民連合」（以下，べ平連）と生活クラブ生協に注目した。[15]

べ平連は1965年に，①ベトナムに平和を，②ベトナムはベトナム人の手で，③日本政府は戦争に協力するな，を目標に東京で発足した運動である。同年4月24日の呼びかけ文には次のように書かれていたという。

「私たちは，普通の市民です。普通の市民ということは，会社員がいて，小説を書く男がいて，英語を勉強している少年がいて，つまりこのパンフレットを読むあなた自身がいて，その私たちが言いたいことは，ただ1つ，“ベトナムに平和を！”」[16)]

この運動は，当時全くなじみのない「市民」という言葉を街頭やキャンパスを行き交う人たちに向けて真正面から使った。天野氏は，「『市民とはだれか』と聞かれたら，この運動参加者はどう答えただろうか。おそらく大方の回答は『自発的に行動を選びとっていく個人』『責任を持って自発的に参加する私』というものだったにちがいない」と述べている。[17)]

1990年代に連発されるようになった自立，参加，自己責任といったキーワードが，この時代にはっきりと運動の参加者に意識されていたことがわかる。この運動は，参加・退出が自由な活動スタイルをとったという点でも先駆的である。国民でも労働者でも大衆でもない，主体としての市民，生活者のつくる運動の1つのあり方がここに示されている。

ベ平連は，あくまでも戦争をやめさせるのが目的の運動で，有給の専従職員を置かず，会員制をとらず，会費制度もないというスタイルを貫いた。[18)] 普通の生活者が，小田実氏流にいえば「身に染みる」ほど強く感じる問題に「身銭を切る」というボランタリズムに徹したのである。

これに対して，ベ平連と同じく1965年に東京で誕生した「生活クラブ」は運動体でありながら，同時に事業体としての性格を最初から色濃く帯びていた。生活クラブは1960年の安保闘争の経験から，既成の政党や労組とは違う，地域に根差した市民運動をつくろうとした青年活動家が，主婦に呼びかけて始めたものである。

当時は女性，特に専業主婦は産業化の周辺部に置かれ，閉塞感を抱き，私生活化，相互の孤立という状況にあった。そうした青年と主婦層が，まず廉価な牛乳を購入することからスタートした。

生活クラブは1968年に安定した経営基盤と組織としての社会的認知を求めて，生活協同組合（生協）として再出発し，名称も「生活クラブ生協」に変わった。そして，「より良いものをより安く」という方針から，安くはないが「素性が確かで良いもの」を求める方向へと転換を図っていった。

その中で「単品結集」という購入方式が開発された。生産者の顔が見えない一般の市場では，見た目でしか質が判断されないために取引されないような良質の食品・食材を，生産者との契約によってつくってもらい，地域で共同購入するという方式である。その後，こうした方式は各地に広がっていった。

生活クラブ生協はやがて野菜，肉などから，環境に害を与えない洗剤，環境，リサイクル，反核へと活動範囲を広げていく。また，自治体レベルで自分たちの代表者を議会に出す「代理人運動」や，ワーカーズコレクティブという自主管理型の新しい働き方をつくる運動なども展開していった。

1970年代に入ると，生活クラブ生協と同じような考え方の団体が事業体として活動を展開するようになり，やはり食の安全，有機農法，さらには反核平和，薬害問題，代替医療，教育，障害者運動，一口にオルタナティブ運動といわれるものへと広がっていった。「使い捨て時代を考える会」（1973年），「食品公害を追放し安全な食べ物を求める会」（1974年），「大地を守る会」（1975年），「日本リサイクル運動市民の会」（1974年）などの先駆的な団体が，この時期に次々と発足している。

市民活動の基盤強化のための制度づくりに奔走した活動家の松原明氏は，この時代に生まれた市民活動が公共的サービスの供給主体であるという認識を持っている点で，それまでの市民活動とは大きな違いがあった，としている。[19] 設立のときから運動性と事業性の両立をめざす「食える市民運動」が登場したのも，この時代である。

天野氏は「新しい社会運動」の特徴を次のように整理している。[20]

- 運動の主体が階級や労働者ではなく，マイノリティや青年，女性など高度産業社会の周辺部に位置する人々である。
- 運動の争点が労働運動に典型的に見られるような生産点の問題ではなく，環境や人権，平和など，生きるうえでの全体性にかかわる課題に置かれており，そこでのキーワードは，「アイデンティティ」「自主管理」「自己決定」などである。
- 運動組織の方法が，一握りのリーダー層によって統率されるヒエラルキー型組織ではなく，1人ひとりが責任を負える限りで行動する個人間ネットワーク型組織をとる。

こうして見ると，1960年代後半に今日のNPOにつながる市民活動，市民運動の考え方やスタイルが打ち出され，1970年代の中頃に広がっていったということがわかる。

▶NGOの登場

海外の緊急援助や開発協力に従事する民間団体（ここでは，NGOをこの意味に使う）が日本に登場したのは1960年代である。しかしこの時点では，まだごくマイナーな存在でしかなかった。

NGOの数は1970年代後半から増え始め，1970年代の終わりには，インドシナ難民に対する緊急援助団体が結成されたこともあって急増した。日本ではNGOという用語が，NPOという用語よりも先に使われ始めたということがわかる。

1982年に発行された初の『NGOダイレクトリー』には，行政補完型の団体も含めて，86団体が収録されている。[21)]

以後，団体数は毎年増加し，『NGOダイレクトリー』の1986年版には，早くも256団体を数えるようになった。政府に対する警戒心の強かったNGOも，この頃になると外務省との正式な対話の場に臨むようになった。

その後，開発・人口問題と地球環境問題との関連性などが明らかにされ，また「日本の国際貢献」が世論の支持を得るにつれて，日本の

NGOはさらに活動を活発化させていった。それとともに，開発・援助問題などに関する市民への訴えかけや政府，企業への働きかけを行う運動型のグループや団体も目につくようになり，新聞やテレビなどにNGOという文字が日常的に現れるようになった。

▶「市民活動」としてのまとまりへ

社会福祉の分野では，民間団体による老人ホームや障害者施設が公立の施設と並行して開設されていった。これに対し，高齢者，障害者に対する在宅福祉サービスは未整備であった。このため，1980年頃から都市部を中心に，住民参加型の在宅福祉サービス団体や障害者の共同作業所が，当事者やその保護者らによってつくられていった。各地にボランティアグループも育ってきた。

1980年代の特色は，社会福祉も含めて，さまざまな分野で活動していた団体やグループの間に緩やかなつながりが生じてきたことである。互いにあまり関係なく実施していた活動が，究極の目的や活動スタイルの面で共通性を持ち，内容的に重なり合っていることが認識されたからだろう。

1980年代半ばには，日本のオルタナティブグループと呼びうるものが分野を問わず，一冊の本にまとめて紹介されている。そこには環境・リサイクル運動，反戦・平和，食品，有機農業，薬害問題，村おこしから海外協力，福祉に至るまで，組織形態を問わず，あらゆる分野の市民活動団体がリストアップされていた。

同時期に刊行された日本青年奉仕協会の雑誌『グラスルーツ』は，そうした団体の分野横断的フォーラムとしての機能を果たした。また，米国からネットワーキング運動が紹介され，「中心」や「頂上」を持たない新しい運動のつくり方として注目された。

この頃から，「市民活動」という概念が分野を超えた包括概念として使われ始めた。市民活動は市民運動とはまた異なったニュアンスを持つ言葉である。市民運動では，権力を持つ側，たとえば政府，大企業などに対して働きかけ，反対や要求を行うことが多い。

これに対して，市民活動といった場合には，他者を動かし，変えていこうとするだけでなく，市民がまず自分たちで何かをするという意味あいがある。社会学者の中村陽一氏は，市民活動という言葉が，運動の中から芽生え始めた新しい特質を何とか表現するためのポジティブ（肯定的）な言葉である，という趣旨のことを述べている。[22)]

市民活動という用語そのものが文献に登場するのは古く，1972年に美濃部亮吉都知事時代の東京都が，立川社会教育会館（現・多摩社会教育会館）に「市民活動サービスコーナー」を設けたときが初めてといわれる。しかし，この用語が多くの関係者によって自覚的に使われだしたのは，1980年代の半ばから後半にかけてである。

▶ NPOという概念の使用

すでに述べたように，市民活動という用語は，企業や行政によらない草の根のさまざまな活動を，分野を超えて包み込む概念として登場した。「市民活動」は今日，広く普及しているが，活動を担う団体そのものを言い表すとして提唱された「市民活動団体」という用語はなかなか定着せず，NPOという言い方のほうがはるかに広がりを持つようになった。「NPO」は，新しいコンセプトによる組織を日本に定着させるために，意図的に「輸入」されたものである。

その最初の使用例は，1986年に発行された『ばななぼうと——もうひとつの生活を創るネットワーカーズの舟出』に見られる。この用語が急速に普及したのは，「市民活動団体」よりもはるかに覚えやすく発音もしやすかったこと，1990年前後に，市民主体というイメージを持ちつつも，非営利目的の組織全般を表す用語としてNon-Profit Organization（その略称としてのNPO）が米国から紹介され，反響を呼んだことによると思われる。

▶「フィランソロピー元年」と「ボランティア元年」

1990年代，特にその後半にはNPOという言葉が新聞の見出しに頻繁に登場するようになった。それと相前後して，企業も「良き企業市民」

としての社会貢献活動を行うようになった。

そのきっかけは，1980年代の後半，急速な円高進行と「バブル経済」を背景に，企業が大挙して海外に進出したことである。進出企業は単に現地に工場を建て，現地の従業員を雇うだけではなく，地域との関係を現地流につくり直す必要性に迫られた。米国では，企業は単に良い製品・サービスを供給し，消費者（顧客），従業員，株主を満足させるだけではなく，地域に応分の貢献をすべきだという考え方が広がっていた。そればかりか，地域のNPOと企業が協力したり，従業員がボランティアとしてNPOの活動に従事したりすることもごく自然に行われていた。

そこで，現地に進出した企業にも，そのような行動が求められたのである。しかし，それだけではなく，現地法人などの日本人幹部の間には，「良き企業市民」という企業のあり方に共感し，それを日本に帰って積極的に推し進めようという機運も出てきた。

こうして，NPOと企業が積極的に歩み寄り始めた。また，NPOと行政の連携・協力も1990年代に進展した。その少し前までは，企業や行政が市民活動団体と敵対的になりがちだったことを考えると，大きな変化であった。これにはソ連をはじめとする社会主義諸国が次々と崩壊し，冷戦体制が終焉したという国際情勢の大転換も影響しているだろう。

▶NPO法人制度の発足

市民活動団体あるいはNPOは，次第に社会に認められるようになったとはいえ，全体として見れば組織基盤が脆弱であり，認知度や社会的信用もまだまだ低かった。そこで，NPOの活動基盤を強化することが1990年代の大きな課題として認識されるようになった。なかでも，法人格の取得を容易にすることが緊急に取り組むべき課題だとされた。

その機運が急激に高まったのは，1995年1月に阪神・淡路大震災が起こり，ボランティアが大いに活躍したときである。しかし，小規模で活動実績の乏しい団体でも法人格を取得できるような，新しい制度づくりに向けた検討は，それ以前から複数のグループによって具体的になされていた。

経済企画庁（現・内閣府）が1994年の国民生活審議会レポートで示したように，中央官庁からもNPOのための新しい法人・税制の仕組みの必要性が提言されていた。また，当時の日本新党や新党さきがけなど，政党レベルでも具体的な動きがあった。震災以後，新しい法人制度に関する法案の具体的な検討が，各党や政府によって急激に進められた背景には，こうした流れがあった。

最終的に，1998年に特定非営利活動促進法として成立した通称NPO法は，成立過程そのものが画期的であった。第1に，この法律は議員と市民が協力してつくりあげた先駆的な例である。法案づくりには与党3党を含むすべての主要政党が競って参加し，多くの対案が提出されて市民側に示された。国会議員はしばしば市民団体の主宰する集会に自ら出向き，意見交換を行った。

第2に，法律そのものが届け出主義に近い認証主義に立ち，法人設立の自由化と団体に関する情報公開の流れをつくった。立法過程では団体の公益性を，誰がどう判断するかということが大きな争点となったが，結局NPO法人の設立については，行政の裁量で公益性の有無を判断するという方法をとらないことになった。

第3に，特定非営利活動法人の認証が団体委任事務となり，法人の認証に関する条例や規則を都道府県がそれぞれに制定することになったことが挙げられる。このため，地方議会の議員や自治体の職員は，NPOというものについて知る必要に迫られ，その存在が全国に知れ渡ることになった。

さらにもう1点挙げるとすれば，市民団体の関係者が法律の制定までの過程を，各党間の駆け引きや官庁とのやり取りを含めて，実際に体験することができた点だろう。その過程は全国の市民にも詳細に伝えられたので，日頃はテレビ中継で見るものでしかなかった国会審議というものが，市民にとって以前より身近に感じられるようになった。

1998年はいろいろな意味で時代の移り変わりを象徴する年であった。経済的には1990年頃のバブル崩壊後の景気対策にもかかわらず，景気が長期低迷していたところにアジア経済危機が起こり，消費税率の引上げも重なって，これまで考えられなかったような大型倒産が起きた。

自殺件数が一挙に年間3万人台となったのも，1998年である。少子高齢化や地域の衰退に歯止めがかからず，日本に閉塞感とあきらめが漂う中，同年NPO法が成立したのは，希望を抱かせる出来事であった。

2-3 ▶ 市民活動の定着期（1999年以降）

▶ NPO法人制度の改正と福祉分野の大きな動き

その後，NPO法人制度は何度も改正された。最も大きな変化は，税制改正によって2001年に認定NPO法人制度が創設されたことである。この制度によって，NPO法人にも寄付金控除やみなし寄付金などの税優遇が適用される道が開けたのである。

当初は認定されるための要件がかなり厳しかったため，認定を受けたNPO法人は1%未満にも達しないという状況が続いた。しかし，数度にわたる法改正，特に2011年の税制改正で認定要件が大幅に緩和されたため，認定NPO法人がかなり増加した。こうした制度改正は，NPO関係者の尽力がなければ実現しなかったであろう。

世紀の変わり目が重なったこの時期には，社会福祉基礎構造改革や介護保険制度の発足など，社会福祉分野での重要な出来事があり，NPO法人にも大きな影響が及んだ。

第1に，第二種社会福祉事業について規制緩和が行われ，営利企業やNPO法人を含む多様な主体が事業者として参入できるようになった。第2に，サービスの対価の大部分は公費でまかなわれるようになり，事業者の経営安定につながった。第3に，需要が急増する傍らで，事業者間の競争が激化したことが挙げられる。

障害者福祉についても，2003年に支援費制度が始まり，同様の規制緩和，利用者と事業者との間の契約によるサービス実施が行われるようになった。事業者間の競争も生まれた。こうしたことの結果，NPO法人や社会福祉法人も経営を意識するようになり，ビジネス化が進んだ。

これはすでに述べたように，営利企業との同型化という批判を生むことにもなった。

NPO法人の数は2000年代には右肩上がりに増えていった。これは大方の予想を超えるものであった。しかし，公益法人改革によって一般法人制度が誕生し，様相が変わった。次にそれを見ていく。

▶ 公益法人改革と新しい制度

NPO法人の制度ができるまでは，市民活動団体を法人化するほとんど唯一の道だった公益法人の制度が，2008年から大きく変わった。

公益法人制度は，1896年の民法公布にまでさかのぼる古い歴史を持つ。それだけに，（旧）公益法人の中には古めかしいものや，本来の公益法人の趣旨にそぐわないものがあったりした。形の上では公益法人だが，実際には政府や地方自治体の主導の下につくられ，行政がやるべき仕事を肩代わりする「行政業務代行型法人」が数多く存在したのである。

たとえば，検定業務や施設運営などの業務を代行する法人，いわゆるトンネル業務的な活動を行う法人などである。こうした行政の便利な「子会社」のような法人が大きな割合を占めるようになったために，公益法人の民間性に疑念が生じることになった。

行政の業務を代行する公益法人は中央省庁のみならず，特殊法人や地方自治体によっても設立されてきた。特に1975年から1990年代半ばに至るまでの間に新設された公益法人に，そのようなものが目立っている。これは，同時期に特殊法人の整理合理化方針が打ち出され，特殊法人の設立が難しくなったことと関係している。

特殊法人とは，公共的，国策的または独占的な事業などを行わせるために，原則として全国で1種類につき1団体に限って設立される，政府の関連機関である。よく知られている例としては，日本放送協会（NHK）がある。NHKは放送法という特別の法律によって設立され，公共放送を担う，日本で他に類を見ない法人である。

この他に，特殊法人とよく似ていて，広義には「特殊法人等」としてその中に含められるものに，認可法人がある。日本銀行，日本赤十字社，預金保険機構などが認可法人の例である。

1975年以後は特殊法人等の設立数は激減し，廃止されるものもかなりあった。しかし，他方では行政の主導により，職員が公務員として数えられない公益法人が設立されたため，行政改革は徹底しなかった。

認可法人と特殊法人の中には，すでに使命を終えていながら存続し，高級官僚の「天下り先」として使われていたものもあった。しかし，最も問題視されたのは，巨額の累積赤字である。認可法人なども含めた広義の特殊法人の累積赤字が，公開された分だけで27兆7000億円[23]にのぼったため，行政改革の一環として特殊法人改革が行われたのである。

ここで再び公益法人に話を戻そう。公益法人については，上述した点以外にも，これまでさまざまな問題点が指摘されてきた。主なものは，①主務官庁による設立許可の要件が厳しく，民間ではなく行政の判断によって公益性の判断がなされること，②行政業務代行型の公益法人が特殊法人と同様に天下り先として使われるなど，公益法人の本来のあり方とは違った設立・運営がなされていること，③多額の補助金等を既得権のように毎年使い続け，非効率であること，④税制上の特典が悪用されるケースがあること，⑤積極的に公益を追求するとはいえないものが存在していること，などである。

公益性を問われる団体の残存については，1972年以前に設立されたものの中に，業界団体，専門家団体，スポーツクラブ経営など，積極的に公益を追求しない団体が多く交ざっているのが問題だとされ，これらを営利企業などに転換させるか，解散させるべきだと考えられた。不適切な行為をする公益法人があったことから，「公益法人の設立許可及び指導監督基準」の改定等を通じて問題を改善する努力も行われたが，公益法人制度の古さも目立っており，抜本的な制度改革が行われることになった。

2000年12月に閣議決定された行政改革大綱は，非営利組織に関連して，2つの点で注目すべきものであった。

1つは，冒頭で「21世紀の我が国経済社会を自律的な個人を基礎とした，より自由かつ公正なものとするため，（中略）新たな行政システムを構築する必要がある」（傍点は筆者）と記されたことである。

2つ目は，特殊法人等の改革と並んで，公益法人に対する行政の関与のあり方を改革することが重点課題として提示されたことである。市民を基礎とする自由で公正な社会をつくるための行政改革の一環として，公益法人改革が位置づけられたのである。

具体的には，国や地方自治体から委託や推薦などを受けている公益法人の業務の見直しや，補助金等の縮減・合理化の方針が大綱に示された。これを受けて，2001年1月末には，「公益法人の点検，改善」として，行政改革担当大臣から次のような視点の提示があった。

- 本来，民間企業でもできる事業を行っていないか。
- 本当に公益を推進しているのか。
- 役員への報酬，退職金が高額な場合，野放しになっていないか。
- 公益法人からの委託先や発注先が，公正に選定されているか。

同年4月には，改革の視点と課題が内閣官房行政改革推進事務局によって示され，これまで着手が不可能と思われていた公益法人制度の抜本的改革が進められるようになった。

その後，改革に向けての取組みや基本方針が閣議決定され，有識者会議を経て2006年6月に一般社団・財団法人法，公益法人認定法，および整備法と略称されている法律が公布され，2008年12月に施行された。

社団法人，財団法人に関する新しい制度については第2章で述べたので，ここでは制度の説明を繰り返さず，公益法人改革の意義について述べたい。

1つは，法人制度と税制優遇を切り離したことである。一般法人の制度というきわめて簡易な法人化の道を開くと同時に，新たな公益法人制度を設け，公益性の認定を法律に基づき有識者による委員会が判断するようにしたのである。これは，行政が税制上の優遇と引換えに，法人設立にかかわる許認可を行うという19世紀以来の主務官庁制をやめることを意味した。

同時に，NPO法人の場合と同様に，公益が何であるかを政府が恣意的に決めないようにする制度となった。これが2つ目の意義だといえる。3つ目の意義として，行政による監督の限界を見据えて，団体運営の適切性を団体自身のガバナンス（内部統制）の強化と情報公開に求める仕組みにしたことが挙げられる。

制度発足後，一般法人の数は予期された以上に増えた。これは設立の簡単さによるところが大きい。従来であればNPO法人として設立されたと思われる団体が，一般法人，特に一般社団法人として設立されている例が多いのである。一方，新設される公益法人の数は，事務が煩雑なためか，伸び悩んでいる。

▶非営利組織を取り巻く大きな流れ

21世紀に入ってNPO法人は数が増え，全国どこにでも見られる「普通の」存在となった。制度改革の進展により，市民活動団体がどの法人格を取得するかを選べるようになった。これは大きな変化である。

社会福祉分野を中心に規制緩和が進められた結果，NPO法人の世界に多額の公的資金が入るようになり，事業主体の増加とともに事業規模の拡大が進んだ。これにより，市民活動団体の事業体化も進展した。営利企業を含む事業者間の競争はこれに拍車をかけ，NPOが営利企業に似てくるようになった。営利企業といっても，当初から社会的な目的を大きく掲げるソーシャルビジネスも登場するようになったので，営利・非営利にかかわる境界線がますますあいまいになりつつある。

その一方で2010年前後から，公的資金や事業収益ばかりに目を向けず，寄付による資金獲得（ファンドレイジング）を強化しようという動きも出てきた。よりプロフェッショナルに資金を獲得できるようにするためのファンドレイザー養成や資格認定も行われるようになった。地域では，地元で自分たちが資金を集め，地元のために使う目的でコミュニティ財団が設立されるようになった。グローバリゼーションが進むと同時に，いわばローカリゼーションが起きてきたのである。

これは地域において市民が解決しなければならない課題が山積してい

ることとも関係する。ワーキングプアの問題，子どもの貧困，シングルマザーの困窮，貧困と障害や犯罪などの連関，防災や被災者支援など，例を挙げればきりがない。

3 NPOの「これから」

3-1 ▶「市民」という存在

ここまで，本書ではNPO＝市民活動団体という見地に立ってきた。非営利組織全般を扱いつつも，関心の中心は市民活動団体としてのNPOであった。

前節では，1990年代のNPO／市民活動の盛り上がりについて述べた。市民活動団体の法人制度を求めて運動した人たちがめざしたのは「市民社会」だった。では，その「市民社会」とは何だったのか。どういう願いや理想が込められていたのか。その担い手である「市民」としては，どういう人たちが想定されていたのだろうか。

▶「市民」とは誰か

「市民」という言葉は，実はNPO法人の根拠法である特定非営利活動促進法に登場する。同法の第1条に「市民が行う自由な社会貢献活動としての特定非営利活動」という文言が盛り込まれているのである。法律の文言に「市民」という用語が盛り込まれたのは，これが初めてだったといわれる。

NPO法の条文には，「市民」という用語の意味内容についての説明は特にない。しかし。この言葉はNPOとの関連におけるキーワードの1つなので，その用法をもう少し詳しく見てみよう。

「市民」といえば，「○○市の市民」というように，市という特定の行政区域に住む住民のことを指すというのが，最も一般的な用法だろう。しかし，「市民」にはそれ以外の使い方もある。集会などに「一般市民として」参加したといえば，それは行政職，警察，政党などの特定の立場に立たないで，個人として参加したという意味である。研究者，専門職の人，ジャーナリストらも集会に参加しているかもしれないが，すべて一般の人として議論に加わるのである。ここでは，市民とは「普通の人」を指す。

NPOなどの関係者が「市民」というときは，もう少し強い意味を込めて，ある価値観に基づく人間類型が念頭に置かれていることが多い。

▶ルーツは古代ヨーロッパ

ここで，「市民」という言葉の起源を振り返ってみたい。この言葉の現在の用法を知る手がかりを得られるからである。「市民」という言葉は，もともと英語のシチズン（citizen）やフランス語のシトワイヤン（citoyen）の訳語として生まれている。

福澤諭吉が明治の初めに書いた『文明論之概略』の中に，ヨーロッパ中世社会の説明がある。そこに出てくる「“フリイ・シチ”とは自由なる市邑の義にて，その人民はすなわち独立の市民なり」という記述が，「市民」という言葉の最初の用例ではないかといわれる。

福澤の著書における「市民」の意味は文字どおり，市に住む人間であったという。しかし，この言葉が日本に定着したのは，それより後のことで，1889年に「市町村制」が施行された頃である。

「市民」という言葉の語源をさらにたどると，ラテン語のキウィス（civis）に行き当たる。キウィスとは，古代ローマの都市国家キウィタスの住民のことである。キウィスはキウィタスを構成している一員として，その都市をどうするかということについて同等の権利を持っていた。しかし，それと同時に，その都市がどうなるのか，ということについて大きな責任が課せられていた。隣の都市と戦争になった場合でも，責任回避は許されず，参戦しないといけないのが「市民」だったのである。

キウィスは権利と責任の両方にかかわる概念であった。なお，現代の公民権あるいは市民権とは，広くは国家が憲法によって個人に保障するすべての権利であり，狭くは公職にかかわる選挙権・被選挙権のみを指していう。

上述のような市民概念は，中世ヨーロッパにも受け継がれた。中世ヨーロッパの市民とは，戦争の際には城壁の内側に立てこもって戦う，戦闘能力のある成年男子を意味していた。それは運命共同体であり，軍事的だけではなく経済的，政治的機能を持つ存在であった。フランス語のブルジョア（bourgeois）やドイツ語のビュルガー（Bürger）という，市民を表す言葉も，もともとは城壁を持つ都市（ブール，ブルク）からきている。

近代になると，城砦の軍事的意味あいは薄れ，経済的な機能が市民社会の前面に出るようになる。18世紀ドイツの哲学者ヘーゲルは，フランス語の「市民」に当たる言葉に，ブルジョア（有産者）とシトワイヤン（公民）の2種類があるとした（ドイツ語にはこの区別がない）。

ヘーゲルはブルジョアとは，共同体の中で自分の欲求を満たす活動に従事する人々であり，シトワイヤンは市の公務にかかわる人々だと規定した。そのうえで，市民社会の主体をなす商工業階層としてのブルジョアを考察の対象とした。

ヘーゲルによれば，市民社会は人格的に自由な個人がつくる社会であり，そこではそれぞれが利己的な目的を持ちつつも，共同の働きによって制限されて活動していた。今日，私たちが西洋史で習う市民社会とは，このようなブルジョア市民社会を指す。ブルジョアという有産市民層は，その経済力を背景として国王と対立する市民革命の担い手ともなったが，後にカール・マルクスによって労働者を搾取する資本家階級として激しく批判された。

▶戦後日本における「市民」概念

「市民」という言葉が日本で脚光を浴びるようになったのは，第2次世界大戦後のことである。1955年頃までの時期に，マルクス主義と並んで「近代主義」と称される立場から，ジョン・ロック，アダム・スミス，ジャン＝ジャック・ルソーらを対象として，市民や市民社会についての言論と研究活動が盛んに行われた。当時，「市民社会青年」と呼ばれる知識人が多く現れたほどである。[24]

その後，市民社会に関する議論はいったん下火になったが，日米安全保障条約の改正をめぐる政治運動（いわゆる安保闘争）が頂点に達した1960年頃には，「市民」についての議論が再び活発化した。

社会学者の小熊英二氏は，安保闘争の中で，「労働者」や「農民」に依拠していた既存の組織から独立した運動が広がり，それに参加する人々を表現する言葉として「市民」が使われたと見る。[25] 既成の政党や労働組合による上からの動員ではなく，自己の意思で運動に参加し，組織をつくった人たちが，自分たちのことを「市民」と呼んだのである。

しかし，こうした新しい動きは，社会に根を下ろすまでには至らず，安保闘争の終焉とともに急速にエネルギーを失っていった。

1960年代も半ばになると，新しい市民運動が姿を現す。先述したべ平連である。その中心メンバーの1人であった小田実氏も認めるように，べ平連は，運動スタイルや参加者のかかわり方において，日本の「市民運動の元祖」といってよいものであった。

現在，日本で市民活動をリードしている人たちは，「市民」をどう捉えているのだろうか。財団法人「たんぽぽの家」や日本NPOセンターの代表として長くNPO界をリードしてきた播磨靖夫氏は，こう捉える。

> 「私は『社会的責任を自発的に引き受ける人，社会的協働に積極的に参加する人』というふうに考えています。つまり，社会的生活において自立あるいは自治（オートノミー）と協働（シナジー）を兼ね持つ人たちを『市民』と呼んでもよいのではないでしょうか。そういう意味では，日本の国民の多くは，自分のことを『市民』と考えていません」[26]

大阪を中心に，まちづくりやホームレス支援に長く取り組み，『ビッグイシュー』の発行にもかかわった佐野章二氏は，他者や社会との関係に注目して，他者に向かって開かれている人のことを「市民」と考える。

日本NPOセンター代表理事（当時）の山岡義典氏は，住民が「そこに住んでいる人」という意味であるのに対し，市民は「社会的な立場や，所属などに捉われないで，個人として社会的責任を自覚した人」だという。そして，NPOは，そのような個人の志を社会的な力にしていく仕組みとして意義があるとしている。

こうして見てくると，NPO法人制度の成立期に活躍した人たちは，「市民」とは，自分で考え，自分の責任で社会のために行動する人であり，その際，人と協働していく，開かれた存在だというような点で，だいたい一致すると思われる。

▶「市民」に関する批判的な見方

これまで論じてきた「市民」という概念は，すでに見てきたように，もともと西洋から輸入されてきたものであるが，これは実態を表す言葉であると同時に，あるべき人間像を示す規範的な概念としての性格を持つ。このため，「市民」という言葉に対する批判や反発もある。

「市民」批判の急先鋒の1人である経済学者の佐伯啓思氏は，住民投票や官僚批判といった文脈においてマスコミに登場する「市民」に対して，厳しい批判を浴びせた。[27)] その理由は，「『市民』と称せられることとなった普通の人」が，私的な事情，私的な欲望を絶対化し，公共的問題として政治の場に持ち出す傾向を持つことであるとした。佐伯氏は，その例として「日照権」と「嫌煙権」，ごみ処理場や原発の立地問題を挙げた。

NPO法が成立する以前のことだが，自民党のある有力政治家は，「市民主義」は権力への反抗にすぎない，と喝破した。そして，「市民」を支持基盤にしたところで，ある程度の規模以上には広がらない，政治的権力を結集するためには，「市民」ではなく「地を這って図太い」「庶民」に基盤を置かなければならない，と主張した。

「庶民」も「市民」（佐伯氏のいうところの「仮装市民」）も，自分の私的な利害を優先する点では変わりないかもしれない。しかし，佐伯氏の議論のポイントは，むしろ「仮装市民」が出現する背景をなす共同体意識，国家意識の喪失にあるように思われる。

佐伯氏は，家族的生活，地域社会など，一切の中間的な共同社会から切り離され，宗教的な支えも特定の文化的負荷も持たない個人は，「自己に忠実であればあるほど，むき出しの欲望の実現を願い，それが達成されないときには，社会に対して，『被害者イデオロギー』を募らせる」と主張する。

佐伯氏の議論のもととなったのは，米国のジーン・ベスキー・エルシュテインの著書であったが，エルシュテイン自身は家族，地域社会，教会，困窮者に対するボランタリーグループなどの中間的共同体（エルシュテインのいう「市民社会」）に，市民的民主主義の基盤を見出そうとした。佐伯氏は，そうした中間共同体に国家まで加えて議論を展開した点に違いがある。

共同体を失い，いわば原子状態にある個人の弱さについては，自覚しておく必要がある。個人の自立，自己責任を叫ぶのはたやすいが，実は大変なことである。人間の弱さについては小田実氏も自覚していた。むしろ，それを前提に市民運動を進めたといってよい。

「べ平連が『市民』や『生活者』という言葉に込めた意味をたどっていくと，この運動が一貫していかに『弱い個人』を前提とした運動であったかがわかる。（中略）べ平連は，運動参加者である『タダの人』『普通の人』に，ベトナムという国にすべての思いを入れ込めとはいわなかった。（中略）小田実によれば，『タダの人』の立場とは，『人間の都合』を，言い換えれば私的な利害を優先する『弱い個人』を意味した。（中略）弱い個人の生活の集まりとして市民社会が構成されているのである限り，その個人の弱さを前提とする，生活者像を探っていく方向がなければならない。その生活者像がどのようなものでありうるかは，今なお，『未完』の課題として，『宿題』として残されている」[28)]

3-2 ▶ 市民社会の捉え方

▶ 現代日本における「市民社会」言説

「市民社会」は，1990年代以後，非営利組織やボランティア活動にかかわる人たちの間で，キーワードの1つとして使われてきた。

前出の山岡義典氏は，1996年に開かれた日本NPOセンターの設立記念フォーラムにおいて，「NPOセンターがめざすもの，それは一口で言えば『新しい市民社会』ということです」と語っている。ある講演で，参加者からその具体的なイメージを求められたため，市民社会とは「儲けにならないことをやっているいろいろな活動や団体がたくさんある社会です」と答えたところ，納得してもらえたという。[29]

山岡氏はその後，「市民1人ひとりの思いが尊重され，その思いが最大限に発揮できるような部分社会，それがわれわれが言っていた市民社会ではないかと思います」とも語っている。[30]

特定非営利活動促進法（NPO法）の制定やNPO法人の活動を促進する税制の実現に向けて大きな役割を果たしてきた「シーズ・市民活動を支える制度をつくる会」は，1994年に行われた発足記念イベントのタイトルを「新しい社会における市民セクターの役割と課題」とした。シーズの設立趣意書には，次のような一文がある。

> 「私たちがめざす社会は，互いに思いやり，助け合う社会，そして1人1人の意志と生き方を大切にする社会，市民が公共政策の決定に参加しやすい社会，そして国境を越えて，市民同士が協力できる社会です。このような成熟した市民社会を創造していくために，私たちは，より一層の努力を傾けていくことはもちろんですが，法制度や税制度などの社会環境を改善し，将来に向けての市民団体の発展と成長を促進していくことが重要であると考えます」[31]

市民参加による自治体行政の改革で先進的な取組みを行った三重県では，1998年に「みえパートナーシップ宣言」を発表した。ここには，

「私たちは，開かれた市民社会を自分たちの手で実現していこうと考えています」「自立した市民が中心の社会をつくる夢を共有します」という表現が見られる。さらに，市民社会はNPOと行政，企業がそれぞれ独立しながらもパートナーシップを組むものとして描かれた。このような市民社会観は，その後，他の多くの自治体も描くようになった。

シーズや三重県の例は，「市民社会」をどちらかというと全体社会として捉えている点，しかし，それはまだ実現していない目標と見る点で共通している。「新しい市民社会」「成熟した市民社会を創造していく」「自立した市民が中心の社会をつくる」などという表現が，このことを端的に表している。

それにしても，なぜNPOも行政も，この時期に「市民社会」をめざすべき社会像として掲げるようになったのだろうか。1つには，行政主導型の社会が行き詰まりを見せ，公共的な事柄を何でも行政任せにしないで，市民がもっと自主的に社会の運営に参加し，公共を一緒に担うべきだという考え方が強まったためである。

租税理論の専門家で，1990年代に「NPO研究フォーラム」の主要メンバーだった本間正明氏は，経済成長を支えてきた「日本型経済システム」に問題があったとして，次のように指摘した。

> 「各省庁別のきめ細かな責任分担体制が構築され，許・認可，通達，行政指導に基づく『一元主義』的な公共的意思決定がなされてきた。個人と企業は，その枠組みの中で，労働力，生産者として努力し，経済成長の促進を図る役割に徹してきたと言えよう。この過程で，民間は公益的な活動をすべて政府・行政に任せておけば良しとする『御上一任』的な意識が定着したのではないか」[32)]

本間氏はまた，個人が政府とは異なる立場から社会にかかわる多元主義こそがフィランソロピー（NPOの活動を含む，社会のための寄付活動やボランティア活動のこと）の原点だとした。

このような考え方を背景に，歴史的な転換期にある日本社会において，公共性の再構築という課題が「新しい市民社会の創造」という形で提示されたのである。その主役たる市民は，自律，自己責任と共感に基づいて行動する存在であることを期待された。屈強さと柔らかさを併せ持つ「個」の確立。これは明治時代から戦後民主主義の時代を経て現代日本に通じる，古くて新しい課題でもあった。

▶世界的なテーマとしての「市民社会」

公共性の再構築という課題に直面したのは，日本だけではない。1980年代から1990年代にかけて，統治にかかわる意思決定への市民参加は世界的に大きなテーマとなった。

その大きなきっかけとなったのは，旧ソ連圏における「市民社会の再発見」である。ポーランドでは，1980～81年に「連帯革命」が起こり，「ソリダルノスチ」という政治的影響力のある大きな労働組合が結成された。それに続く教会グループや文芸サークルなどの形をとる運動体は，経済の自由化，政治の民主化，そして結社の自由を求める運動において，「市民社会」をキーワードとして使った。

米国を中心とする外国の財団や援助機関が，それを後押しした。その結果，ポーランドだけでなく，広く旧社会主義国全体に非営利組織が雨後の筍のように出現した。こうして「市民社会」は一世を風靡するようになった。

今日，「市民社会」は非営利セクターの代名詞のように使われたり，家族，国家，市場の間における公共的空間というような意味に使われたりもする，多義的な用語となっている。それによって意味するところはまちまちである。

市民社会や開発協力団体に詳しい活動家のマイケル・エドワーズは，概念整理として，市民社会（civil society）を次の3つに分けて捉えることを提唱した。[33] 比較的わかりやすいと思われるので，かいつまんで紹介する。

①「良き社会」としての市民社会

②社交（社会）生活としての市民社会
③公共圏としての市民社会

①「『良き社会』としての市民社会」は，まだ実現はしていないが望ましい社会として描かれた全体社会である。この意味での市民社会は，すでに述べたように，現代日本やベルリンの壁崩壊後の旧ソ連圏などで提唱された。もちろん，人や地域によって内容は異なるが，寛容，差別をしないこと，非暴力，信頼と協力，自由，民主主義などを共通の要素として持つことが多い。また，NPOなどの市民組織が大きな役割を持つことが想定されている。

②「社交（社会）生活としての市民社会」は，アソシエーション，つまり，民間の自由な団体の存在に焦点を当てた見方である。「社会的動物」たる人間は，グループをつくって共同で問題解決を図ったり，主義主張を貫いたり，人生を楽しんだりする傾向を持つ。そうした数多くの団体や組織は，政府とも市場とも異なる領域，すなわち，「サードセクター」を構成する。

サードセクターを構成するのは，家族と国家の間にあるすべての組織やネットワーク，具体的には労働組合，教会，職能団体，業界団体，コミュニティ組織，社会運動，独立メディアなどである。この意味での市民社会は全体社会ではなく，政府や企業セクターと協力したり対峙したりする部分社会だといえる。イメージとしては非営利セクターに近いが，非営利セクターはもっと狭い概念である。

近年は，この市民社会の捉え方が主流になっている。規範的な市民社会，歴史的な西洋市民社会と区別するために，「シビルソサエティ」と表記されることもある。

市民社会論に詳しい政治学者の坂本治也氏は，やはり政治学者であるビクター・ペストフが1992年に発表した「ペストフの三角形」を参考にして市民社会の定義を行っている。[34)] その三角形は，全体社会における主体を「政府／非政府」「営利／非営利」「公式／非公式」の線によって区分するものである。

図5-1▶政府, 市場, 親密圏と市民社会

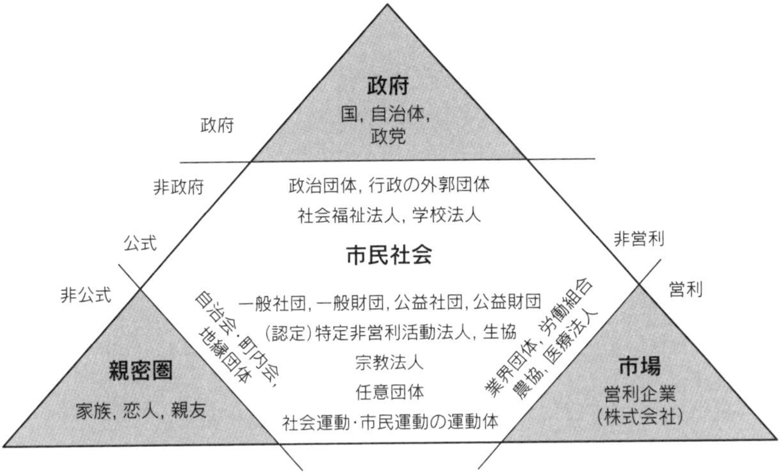

出所：坂本編（2017）p.2。

坂本氏によれば，今日的な文脈における市民社会は，政府セクター，市場セクター，親密圏セクター（家族，恋人，親友関係）との対比において定義され，この3つのセクター以外の残余の社会活動領域が市民社会だという（**図5-1**）。エドワーズの分類でいえば，「社交（社会）生活としての市民社会」に近い。

上述の意味での「市民社会」は，「非営利セクター」と違って，組織の法的形態とかかわりなく使えるので，労働組合，宗教組織，専門家団体，独立のメディア，運動体，個人でつくるネットワークなども包摂できて便利である。また，特定の価値観に基づいていないという意味で，中立的である。半面，「残余」の面が強調されると，まとまりがなくなったり，性格があいまいになったりする危険性もある。

エドワーズの議論に戻ろう。③「公共圏としての市民社会」は，第2次世界大戦後，イタリアのアントニオ・グラムシやドイツのユルゲン・ハーバーマスによって発展させられた市民社会概念である。市民社会は，公共的な事柄について開かれた場で議論をするという側面を持つ

が，そうした「場」と主体に注目した市民社会の考え方だといえる。

今日，議会制民主主義は個別の論題について少数者や将来世代の立場を十分に反映できないなど，機能の限界が認識されている。大きな集団に迎合するポピュリストが頻出しているという問題もある。そもそも，代議制の下では市民は直接，政策的な意思決定の場に参加することができない。

したがって，それとは別に，社会的課題とその解決策について直接討議する場が希求されており，NPOなどの主体がそうした場に参加したり場を提供したりしている。フェイスブック，ツイッターなどのソーシャルメディアもその機能を果たしつつある。そうした「場」を市民社会と見るのである。

これら3つの市民社会のタイプは，それぞれが市民社会のある一面を表していると見なすこともできる。その裏には，個人の利害と社会全体の利害をどうバランスさせるか，という永遠の課題が横たわる。

3-3 ▸ 次の時代に向けて

▸ NPOらしさが失われている？

NPOは1990年代から2000年代にかけて，世界的に「アソシエーション革命」といわれるほどの活況を呈した。日本でもNPO法人の数が予想外に増え，その後一般社団法人などの形で市民活動を行う団体が続いた。

しかし，多くのNPOは事業の拡大とともに職員を雇用するようになり，安定的な収益源を確保することが大きな課題となった。地方自治体などから事業を受託したり，指定管理者となったりすることはその早道であったが，そこには競争が待ち受けており，NPOが営利企業などと競わされることが多くなった。

すでに見てきたように，非営利の事業者と営利事業者のどちらが効率的でサービスの質がよいかは一概にはいえない。しかし日本で介護や障害者支援のサービスなどを見てみると，営利事業者のシェア（市場占有率）が次第に高くなってきていることは否定できない（第4章2節参照)。

競争をするうちに，NPOが次第にビジネス化し，企業との同型化が進み，他方では行政の下請け化も進んで「NPOらしさ」が失われたのではないかとも危惧されている。

NPOは他に先駆けて社会的な課題を発見し，いち早く取り組むのが得意である。しかし，参入規制が緩和された分野で事業化が進み，手順が標準化されてくると，規模を拡大して効率を上げるのが得意な企業が優位に立つようになる。介護，認知症対応，障害者支援サービスだけでなく，安全な生鮮食料品の供給，フェアトレードなど他の分野でも，担い手が非営利から営利へと移っていく傾向がある。場合によっては行政が介在することで，サービス供給体制が安定的になることもある。

▶ 社会的課題への革新的な取組み

社会的課題の解決と経営の安定，拡張性の高さを同時に求めて，最初から企業にする例も増えてきた。なかには壮大な構想を持ち，投資家から多額の資金を集めて会社を起こす起業家もいる。また，そうした取組みにリスクを承知で投資を行うファンドや商社，銀行もある。どうしてだろうか。

1つには，社会的課題への革新的な取組みがビジネスチャンスを生むからである。それ自体としてはCO_2を排出しない電気自動車の開発・生産を行う米国のテスラは，またたく間に大企業になった。当然，初期の投資家たちは同社の株価の値上がりにより，大きな利益を手にしたはずである。

革新的なビジネスモデルは，世界のさまざまなところで創り出されている。それに対して資金を投下する**社会的インパクト投資**も巨額にのぼっている。社会的インパクト投資は社会問題，環境問題の課題解決と経済的な利益追求を同時に行う投資行動であって，NPOにも投資することがある。数字に表れるなど，目に見える成果を求めるのが特徴である。

2010年にイギリスで始まった**ソーシャル・インパクト・ボンド**は，刑事犯の再発防止，生徒の学校からの脱落防止，といった社会的課題の

表5-1▶持続可能な開発目標（SDG s）の17分野

1	貧困をなくそう
2	飢餓をゼロに
3	すべての人に健康と福祉を
4	質の高い教育をみんなに
5	ジェンダー平等を実現しよう
6	安全な水とトイレを世界中に
7	エネルギーをみんなに　そしてクリーンに
8	働きがいも経済成長も
9	産業と技術革新の基盤をつくろう
10	人や国の不平等をなくそう
11	住み続けられるまちづくりを
12	つくる責任　つかう責任
13	気候変動に具体的な対策を
14	海の豊かさを守ろう
15	陸の豊かさを守ろう
16	平和と公正をすべての人に
17	パートナーシップで目標を達成しよう

出所：外務省ウェブサイト（https://www.mofa.go.jp/mofaj/gaiko/oda/sdgs/pdf/about_sdgs_summary.pdf）より作成。

解決のための官民連携の仕組みである。この仕組みでは，民間の事業者が行政に代わってサービスを提供するが，そのための資金は第三者である資金提供者（投資家）から調達される。事業評価によって，あらかじめ合意のうえで設定された目標の達成が確認されると，行政は成果に応じて投資家に報酬を支払う。行政には，社会的課題の解決と財政支出の節約あるいはリスク低減という便益がもたらされる。もちろん，更生したり学校にとどまったりした若者ら当事者の利益にもなる。

インパクト投資では，**持続可能な開発目標（SDGs）**が理由づけとして積極的に活用されている。SDGsは，2015年に「国連持続可能な開発サミット」で採択された，グローバルな共通目標である17の開発目標と，それを細分化した169のターゲットからなり，先進国，途上国を問わず，2030年までに達成することになっている。「誰一人取り残さない」という包摂性が特徴の1つである。日本でも，大企業を中心に，経営理念に取り込まれるようになっており，今までにない大きな広がりを見せている（**表5-1**）。

企業はなぜSDGsに取り組もうとしているのだろうか。企業は将来にわたって存続し，社会の期待や要請に応えるためには，株主・投資家だけでなく顧客，従業員，地域社会，取引先など，さまざまな利害関係者（ステークホルダー）との対話を行い，その期待，要請を理解しなければならないと考えているからだろう。

企業は調達先にも違法伐採による木材を原料にしない，児童労働や過酷な労働，極度の低賃金による製品をつくらない，水産資源の乱獲をしない，といったことを要請している。格差が広がり，地球環境が悪化する中で，儲けを追うだけでは人々の気持ちが離れるということを，企業も理解しているのである。

2016年5月，内閣に「持続可能な開発目標（SDGs）推進本部」が立ち上げられた。これは首相を本部長とし，日本政府の目標達成に向けた取組みの実施，モニタリング，見直しを行う役割を持っている。同年12月には「SDGs実施指針」も決定された。国としてのSDGs推進体制が決まり，国際的な流れに乗った以上，各企業は自らの事業戦略に取り込むようにしている。

一般の営利企業への投資に際しても，企業の持つ社会的な側面や環境への影響が重視されつつある。投資家の影響によって石炭燃料関連の企業，たばこ，兵器関連の企業への投資からの撤退が表明される場合もあり，企業に経営転換を促す効果があるとされる。

株式や債券などへの投資を行う際には，売上高や利益などの財務指標だけでなく，環境，社会，企業統治の3要素に照らして「優れた企業」を選別する，**ESG投資**という手法が世界で使われるようになっている。

ESGのEは，Environmentすなわち環境のことで，具体的にはCO_2排出ゼロ，再生可能エネルギー使用100％という目標を掲げることなどである。Sはソーシャルで，地域貢献，人材の多様化，労働環境の改善を指す。女性の登用を進めることなども含まれる。Gはガバナンス（企業統治）で，法令遵守，積極的な情報開示，透明性の高い統治体制，腐敗防止などにかかわる。

日本でも，年金積立金の管理運用を行う独立行政法人や企業年金連合会が**国連責任投資原則**に署名し，地方公務員共済組合連合会も一部の運用をESG投資で行うようになった。ESGを重視する企業は持続可能性が高いので，資金を長期で運用する年金基金の目的に沿うという理由もある。

ESG投資の投資残高は2018年，世界で31兆ドル（約3400兆円），世界の投資金額の3割近くに達している。[35] 日本のESG投資額は増えているとはいえ，まだ少ない。

▶市民社会の活発な活動が政府や企業を変える

SDGsにしてもESG投資にしても，政府や企業によって推進されるようになった。その背後には市民社会の活発な活動と後押しがある。

非国家アクター（自治体を含む）は，パリ協定で目覚ましい活躍をしたといわれる。パリ協定は，2015年にフランスのパリで開かれた国連気候変動枠組条約締約国会議で採択された歴史的な協定で，産業革命前からの気温上昇を2度よりかなり低く抑え，1.5度未満に向けて努力するという目標を掲げている。その設定には196カ国が合意した。米国のトランプ大統領はこの協定からの離脱を宣言したものの，米国のいくつかの州政府，都市，大学，企業などあわせて2500を超える主体が“We Are Still In”（われわれはまだパリ協定にいる）というイニシアティブを立ち上げ，パリ協定を遵守する意向を表明した。

日本でも2018年に自治体，企業などの非国家アクターが気候変動イニシアティブを立ち上げた。イギリスのザ・クライメイト・グループという団体が2014年に創設した「RE100」という環境イニシアティブは，再生可能エネルギー100%を目標とする企業の国際ネットワークをつくっている。

こうした活動は，広い意味では政治的活動に含まれる。そうした活動を自由に展開するためには，活動の余地，言論空間が必要である。しかし，テロ組織などの反社会勢力の取締りを強化する中でそれが狭まっているのではないか，という危機意識が世界的に市民社会に広がっている。そこで，日本のNPOがどこまで政治活動を行うことができるのかという問題を取り上げる。

▶ 市民活動と政治

実は，一般法人や公益法人，つまり社団法人や財団法人については政治活動についての法的な制限がない。日本国憲法第21条で保障されている集会，結社，言論の自由に基づいて，自由に活動できるということである。

NPO法人については，特定非営利活動促進法の第2条第2項で「政治上の主義を推進し，支持し，又はこれに反対することを主たる目的とするものでないこと」「特定の公職の候補者若しくは公職にある者又は政党を推薦し，支持し，又はこれらに反対することを目的とするものでないこと」（下線は筆者による）とされており，一定の制限が設けられている。この場合の「特定の公職」とは，公職選挙法に規定されているものを指す。上記の規定をどう解釈すべきだろうか。

条文をよく読むと，政治活動全般が禁止されているわけではないことがわかる。政治上の主義の推進などを団体の主な目的としなければよいのである。政治上の主義とは，資本主義，社会主義，無政府主義などのイデオロギーを指すものと一般に解釈される。

NPO法人は，社会的弱者の立場に立ち，彼らを代弁して問題提起を行ったり，関係者と交渉し解決策の提案を行ったりする。また，環境の保全を求めて行政や企業に働きかけたりすることもある。そうしたアドボカシーと呼ばれている活動は，政治上の施策に相当することとされ，上の法律でいう政治上の主義の推進などにはあたらない。

政治家の選挙にかかわるような活動についても，団体の目的とするのでなければよいので，NPO法人が本来の公益的な目的を遂行する中で，たとえば学習会の講師として特定の議員を呼んだりするのは差し支えない。

ただし，税制上の優遇度の高い認定NPO法人は，政治上の主義にかかわる活動や公職選挙にかかわる活動自体が制限されている。その場合でも，政治上の施策の推進は制限の対象とならない。

話が少々難しくなった。要は，法律上政治的活動の制限があるからといって，不必要に自粛したり条文を拡大解釈したりせず，市民活動のスペースを確保して公共の福祉のために利用するように努めよう，ということである。そのためにも，NPOの独立性を確保するための民間資金の開発が必要である。

▶もう一度，NPOの役割を見直そう

本書は，NPOの下請け化や公益的なサービスのビジネス化という流れがある中で，「それでもNPOは必要だ」という立場から書かれている。最後に，これまで書き切れなかったことについて述べたい。

1つは，効率化と競争が強調され，みんなが一生懸命に働くにもかかわらず地域が衰退する日本で閉塞感を打ち破るために，NPOが面白いことをもっとやったらどうか，ということである。再生の芽は，従来とは違う発想，違う価値観に基づいた活動から出てくる。「面白い」という一種の遊び感覚を持った活動は企業の中からも出てきているが，非営利組織ならではの自由さを生かして，NPOももっと取り組んだらよい。

2つ目に，自治会やPTAのように，地域に根差す広義の非営利組織がもっと「NPO化」することで再生が図れるのではないかと思われる。行政の限界がいよいよはっきりするこれからは，地域での市民の活動が一層重要になってくる。

しかし，従来の地縁的な団体は不活発になっているものも多い。役員を強制的に就任させたり，必要でなくなった活動を漫然と継続したりすることで組織が沈滞してしまわないよう，自発的な参加やコミュニケーションを重視した運営，活動内容の見直しなどを行うと，PTAもみるみるうちに変化するという報告もある。[36]

自治会，町内会にしても，従来のあり方を改革することにより，活性

化する可能性がある。兵庫県明石市で行われているように，いっそ小学校区単位で組織の統廃合を行って新たなまちづくり組織をつくり，事務局を置いて組織としての機能を強化しつつ，課題解決型の組織にするという方向も考えられる。

3つ目に，NPOの持つ，異種の組織同士をつなぐのが比較的得意だという特性を生かして，地域で家族，教育，仕事を時代にあわせた形でつないでいく，ということが考えられる。社会学者の本田由紀氏が指摘したように，高度成長期にはよく機能していた家族，教育，仕事の間の「日本型循環モデル」が機能不全を起こすようになり，新たな社会モデルが必要になっている。[37] そのとき，NPOやソーシャルビジネスが柔軟な発想や機動性を発揮して活動し，上記3つの領域から外れた人たちへの多様な支援を行うとともに，地域と企業と大学を含む学校，家族の間のつながりを促進するような役割を受け持つことも考えられる。

非営利組織の果たす役割は多様であり，時代によっても変わっていく。しかし，役割自体がなくなることはないだろう。

考えてみよう

問-1 世界の国々には，NGOやNPOとは見なしにくい土着的な組織や半官半民の組織がある。どのような組織があるのか，特定の国を選んで調べてみよう。

問-2 日本のNPO（市民活動団体）がなぜ，どのように出現したか，納得のいく説明があっただろうか。納得のいかない点があったとすると，どのような点だろうか。

問-3 現代の市民社会の捉え方のうちで，あなたに最もピッタリ来るものはどれだろうか。その理由についても考えてみよう。

▸ 注

▸第1章

1） 中西（2014）。

2） 辻ほか（2013）。

3） 文部科学省「フリースクール等との連携に関する実態調査について」2016年6月10日。

4） 上阪（2010）。

5） 児童虐待防止法の改正を求める全国ネットワークは，2007年8月にNPO法人となった。

6） 八甫谷（2003）。

7） 公益財団法人妻籠を愛する会のウェブサイト（http://tumagowoaisurukai.jp）。

8） 赤レンガの東京駅を愛する市民の会のウェブサイト（http://www.toshima.ne.jp/~akarenga/）。

9） 下澤（2007）。

10） ジャパン・プラットフォームは2001年にNPO法人となった。

11） 鬼丸（2014）。

12） 法務省入国管理局「報道発表資料　平成30年末における在留外国人数について」2019年3月22日。

13） 法務省入国管理局「統計に関するプレスリリース　平成17年末現在における外国人登録者統計について」2006年5月。

14） 首相官邸ウェブサイト「働き方改革実行計画（平成29年3月28日決定）」参考資料，総務省統計局「人口推計の結果の概要——人口推計」2018年10月1日現在。

15） 法務省「報道発表資料　平成30年末現在における在留外国人数について」2019年3月22日，法務省入国管理局「統計に関するプレスリリース　平成17年末現在における外国人登録者統計について」2006年5月。

16） 文部科学省「報道発表『日本語指導が必要な児童生徒の受入状況等に関する調査（平成30年度）』の結果について」2019年9月27日。

17） 法務省入国管理局「報道発表資料　平成30年における難民認定者数等について」2019年3月27日

18） 滝澤・山田編著（2017）。

19） 松本（1986）。

20） 広井（2001）p.105。

21） 内山節「Column寺を取り戻す」應典院倶楽部編集・発行『Salut』Vol.82，2012年。

▸第2章

1） 内閣府「地域運営組織と特定非営利活動法人」2016年4月20日。

2）「『認可』『認定』『認証』の用法について」内閣府ウェブサイト（https://www8.cao.go.jp/shoushi/shinseido/meeting/kodomoen/k_2/pdf/s1.pdf）。

3）「法人制度における許可，認可，認証」宮崎県NPOポータルサイト（http://npo.pref.miyazaki.lg.jp/npodb/glossaries/detail/28）。

4）国税庁「法人番号サイト公表サイト」の検索サイト，内閣府「公益法人の概況及び公益認定等委員会の活動報告」2019年12月。

5）国税庁「法人番号サイト公表サイト」の検索サイト。

6）全国更生保護法人ネットワークのウェブサイト（https://www.kouseihogo-net.jp/hogohoujin/about.html　2018年11月19日アクセス）。

▶第3章

1）山岡編著（2000）。

2）「ビジョン（私たちの理念）」フローレンスのウェブサイト（https://florence.or.jp/vision/#col_3　2018年12月30日アクセス）。

3）ブリッジフォースマイルのウェブサイト（https://www.b4s.jp/）

4）ドラッカー（1991）。

5）長浜（2014）。

6）労働政策研究・研修機構編（2015）。

7）中央値とは，データを小さい順に並べたとき，中央に位置する値のこと。メジアンともいう。

8）労働政策研究・研修機構編（2016）。

9）内閣府（2018）。

10）経済産業研究所（2017）。

11）平成25年賃金センサス（企業規模10〜99人の場合）による。

12）NPOバンクは貸金業者としての登録は行っているが，正式な金融機関ではない。事業組合，任意組合などの形で運営されている。

13）特定非営利活動促進法第8条。準用される「一般法」の規定は，「一般社団法人は，代表理事その他の代表者がその職務を行うについて第三者に加えた損害を賠償する責任を負う」（第78条）というものである。

14）早瀬（2018）。金子郁容氏が1992年に著した『ボランティア』（金子，1992）において，「自分がすすんでとった行動の結果として自分自身が苦しい立場に立たされる」を踏まえて説明した。

15）中田（2000）pp.42-43。

16）労働政策研究・研修機構編（2016）。

17）日本ファンドレイジング協会編（2017）。

18）日本ファンドレイジング協会編（2017）。

19）鵜尾（2009）。

20）法人税法上の概念として，「公益法人等」と類似したものに「公共法人」というものもある。混同しやすいが，公共法人は地方公共団体，地方独立行政法人，土地改良区など，政府もしくは政府系の実施団体を指す。公共法人は税制上の優遇が最も高い。

21) ウォルフレン（1994）。

22) 日本NPOセンター（2000）。

23) Edwards and Hulme, eds.（1996）。

24) Ospina et al.（2002）。

25) 源編著（2016）。

26) 公益信託は，信託銀行などが受託者となって基金の管理運営を行い，助成金の交付を行う簡易な仕組みである。通常，大口の寄付をもとに基金を設定するが，追加的な寄付を受け入れるような仕組みにすることもできる。

▶ **第4章**

1) 金澤（2008）。

2) 稲葉（2011）。

3) 山内（1997）。

4) 非競合性とは，いったん供給されたサービスを多くの人が同時に消費できることであり，非排除性とは，他人の支払ったサービスの無料利用を排除できないことをいう。

5) 山内（1997）。

6) 山田（1999）。

7) 山田（1999）。

8) 舩橋（1993）。

9) 構造改革特区は構造改革特別区域の略称。総合規制改革会議の提案を受けて成立した制度である。地方自治体だけでなく，企業，NPO法人，個人などだれでも規制改革の提案ができるようにした。特定の自治体で実験して有効であれば全国に広げる，という戦略がとられている。

10) 厚生労働省「保育分野における規制改革」2016年4月14日。

11) 厚生労働省「保育分野における規制改革」2016年4月14日。

12) 米国で介護と医療が提供される老人ホームをいう。公的な医療保険や医療補助が適用される場合もある。日本では，特別養護老人ホームと介護老人保健施設を併設している「東京都立東村山ナーシングホーム」などがナーシングホームを名乗っている。

13) 須田（2011）。

14) 鈴木（2002）。

15) 金谷（2018）。

16) Weisbrod（1998）。

17) 須田（2011）。

18) 日本経団連社会貢献推進委員会編著（2008）。

19) 日本理化学工業株式会社のウェブサイト（https://www.rikagaku.co.jp/handicapped/ 2019年2月アクセス）。

20) 経済産業省「ソーシャルビジネス研究会報告書」2008年4月。

21） 牧（2018）。

22） 横浜市「平成28年度 横浜市市民協働条例に基づく市民協働の取り組み状況報告書」2017年9月。

23） 原田ほか（2010）。

24） 介護を要する高齢者や障害者を一時的に預かって，家族の負担を軽くする援助サービス。

25） 全国被害者支援ネットワークは任意団体として出発し，NPO法人，認定NPO法人などを経て，現在は公益社団法人となっている。

26） 一般財団法人日本再建イニシアティブのウェブサイト（https://apinitiative.org/project/fukushima/）。

27） 認定特定非営利活動法人高木仁三郎市民科学基金のウェブサイト（http://www.takagifund.org/about/citizenscience.html）。

28） ICIJのウェブサイト（https://www.icij.org/about/）。

29） 入江（1998）。

30） ドラッカー（2000）。

31）「働き方改革，企業も『副業』後押し，会社員こそNPO」『日本経済新聞』2017年8月30日夕刊。

32） 堀田（2000）pp.70-71。

33） 堀田（2000）p.112。

34） 大阪ボランティア協会編（2019）。

35） 勝田（2017）。

36） 児童虐待防止協会はその後，認定NPO法人となった。

37） あしなが育英会は現在，一般財団法人となっている。

38） 勝田（2017）。

39） 中村（2014）。

40） あしなが育英会は，交通遺児育英会から分かれた団体である。

41） 小川（2015）。

▶第5章

1） コップ（2009）。

2） ガイドスターは財団センター（Foundation Center）と合同してCandidを設立したが，別個のウェブサイトを有している。

3） 後（2019）。

4） 認定は別の法令に基づいて個別になされる。

5） 愈（2017）。

6） 李（2018）。

7） 李（2018）p.41。

8） 小笠原（1999）。

9） 初谷（2001）。

10） Kage（2011）。著者の鹿毛利枝子氏は，敗戦国でも戦時中の動員がその後の市民活動を促進する要因になったとの興味深い説を，詳細な統計分析と事例研究に基づいて展開している。

11) 総合研究開発機構（1994）p.12。

12) 須田（1993）p.6。

13) 利益団体とは，利益集団が持つ恒常的な組織のことを指す。辻中豊氏によると，利益集団の「利益」は必ずしも経済的利益のことだけを意味するわけではなく，関心，関係者，利害，主義，権利など，さまざまな側面を含むとされる。

14) 初谷（2001）。

15) 天野（1996）。

16)「ベトナムに平和を！」市民連合編（1974）p.6。

17) 天野（1996）。

18) ただし，吉川勇一という，無給で大いに働く事務局長の存在があった（高草木編，2016）。

19) 松原（1999）。

20) 天野（1996）p.171。

21) NGO研究グループ編（1982）。

22) 中村・日本NPOセンター編（1999）。

23) 2001年3月末時点での『朝日新聞』による集計。

24) 山口（2004）。

25) 小熊（2002）。

26) 播磨（1995）。

27) 佐伯（1997）。

28) 天野（1996）p.181-184。

29) 山岡（1999）。

30) トヨタ財団広報グループ編（2018）『JOINT』No.26。

31) シーズ・市民活動を支える制度をつくる会（1994）p.7。

32) 本間編著（1993）p.10。

33) Edwards（2004）。

34) 坂本編（2017）。

35)「ESG投資——企業の環境対応など重視」『日本経済新聞』2019年4月6日。

36) 今関・福本（2019）。

37) 本田（2014）。

参考文献

日本語文献

★IIHOE（人と組織と地球のための国際研究所）「NPOへの資金提供・助成の最適化に関する調査報告書」2008年.

★愛知県県民生活部社会活動推進課「NPO法人における雇用と働き方——現状・課題・今後に向けて」愛知県，2011年.

★阿部恭子『息子が人を殺しました——加害者家族の真実』幻冬舎新書，2017年.

★天野正子『「生活者」とはだれか——自律的市民像の系譜』中公新書，1996年.

★アーユス編『国際協力プロジェクト評価』国際開発ジャーナル社，2003年.

★五百旗頭真ほか『「官」から「民」へのパワー・シフト——誰のための「公益」か』TBSブリタニカ，1998年.

★今関明子・福本靖『PTAのトリセツ——保護者と校長の奮闘記』世論社，2019年.

★医業経営研鑽会『改訂版　医療法人の設立・運営・承継・解散』日本法令，2016年.

★石川治江「高齢者・障害者の在宅福祉活動を組織化する——ケア・センターやわらぎの事例から」山岡義典編著『NPO実践講座——いかに組織を立ち上げるか』ぎょうせい，2000年.

★石村耕治編著『宗教法人法制と税制のあり方——信教の自由と法人運営の透明性の確立』法律文化社，2006年.

★稲葉圭信『利他主義と宗教』弘文堂，2011年.

★猪瀬直樹『日本国の研究』文藝春秋，1997年.

★今田忠編著『日本のNPO史』ぎょうせい，2006年.

★今中博之『観点変更——なぜ，アトリエインカーブは生まれたか』創元社，2009年.

★入江昭「21世紀の米中日関係」『世界』1998年9月号.

★上阪徹『「カタリバ」という授業——社会起業家と学生が生み出す“つながりづくり”の場としくみ』英治出版，2010年.

★鵜尾雅隆『ファンドレイジングが社会を変える——非営利の資金調達を成功させるための原則』三一書房，2009年.

★ウォルフレン，カレル・ヴァン『人間を幸福にしない日本というシステム』毎日新聞社，1994年.

★後房雄・坂本治也編『現代日本の市民社会——サードセクター調査による実証分析』法律文化社，2019年.

★馬橋憲男『NGO先進国スウェーデン』明石書店，1994年.

★————『国連とNGO——市民参加の歴史と課題』有信堂高文社，1999年.

★NGO研究グループ編『NGOダイレクトリー——開発協力にかかわる日本の非政府・民間団体』1982年.

★NPO法人会計基準協議会『NPO法人会計基準　完全収録版』八月書館，2010年.
★大阪府社会福祉協議会社会福祉法人の在り方研究会「社会福祉法人の在り方研究会報告書」2007年（http://www.osakafusyakyo.or.jp/tosho/arikatahoukoku.pdf）.
★大阪大学介護保険研究会「訪問介護事業の経済分析」2004年.
★大阪ボランティア協会『ボランティア活動研究』No.9，1998年.
★――――編『Volo』No.408，No.411，2005年.
★――――編「市民が立法過程に参加した法律の例」『Volo』No.524，2019年.
★大田弘子「新たなガバナンスの創出に向けて」五百旗頭真ほか『「官」から「民」へのパワー・シフト――誰のための「公益」か』TBSブリタニカ，1998年.
★大橋正明「日本におけるNGO活動の実態と類型」美根慶樹編『グローバル化・変革主体・NGO――世界におけるNGOの行動と原理』新評論，2011年.
★小笠原慶彰「戦後福祉の官民論ノート」『月刊ボランティア』No.348，1999年9月.
★岡部一明『サンフランシスコ発――社会変革NPO』御茶の水書房，2000年.
★岡本榮一・石田易司・牧口明編著『日本ボランティア・NPO・市民運動年表』明石書店，2014年.
★岡本仁宏編著『市民社会セクターの可能性――110年ぶりの大改革の成果と課題』関西学院大学出版会，2015年.
★小川真理子『ドメスティック・バイオレンスと民間シェルター――被害当事者支援の構築と展開』世織書房，2015年.
★奥地圭子「子どもにかかわる民間教育活動を組織化する」山岡義典編著『NPO実践講座――いかに組織を立ち上げるか』ぎょうせい，2000年.
★――――『不登校という生き方――教育の多様化と子どもの権利』日本放送出版協会，2005年.
★小熊英二『〈民主〉と〈愛国〉――戦後日本のナショナリズムと公共性』新曜社，2002年.
★小田実『「ベ平連」・回顧録でない回顧』第三書館，1995年.
★鬼丸昌也『僕が学んだゼロから始める世界の変え方』扶桑社，2014年.
★尾上浩二ほか著『障害者運動のバトンをつなぐ――いま，あらためて地域で生きていくために』生活書院，2016年.
★外務省経済協力局『NGOダイレクトリー――開発協力にかかわる日本の民間・非営利団体』1986年.
★勝田美穂『市民立法の研究』法律文化社，2017年.
★かながわ・女のスペース“みずら”編『シェルター・女たちの危機――人身売買からドメスティック・バイオレンスまで“みずら”の10年』明石書店，2002年.
★金澤周作『チャリティとイギリス近代』京都大学学術出版会，2008年.
★金子郁容『ボランティア――もうひとつの情報社会』岩波新書，1992年.
★金谷信子『福祉のパブリック・プライベート・パートナーシップ』日本評論社，2007年.
★――――「介護保険サービス市場における経営主体別事業者のパフォーマンス――質の相違とクリームスキミングに関する分析」『ノンプロフィットレビュー』

Vol.18，No.1，2018年.
★カリヨン子どもセンターほか編『子どものシェルターの挑戦——居場所を失った子どもを守る』明石書店，2009年.
★河上倫逸「戦わざる者，『市民』にあらず」阿部謹也ほか『いま「ヨーロッパ」が崩壊する（上）——殺し合いが「市民」を生んだ』光文社，1994年.
★川北秀人「判断し，行動する理事会へ」『NPOマネジメント』No.16，2001年.
★川口清史『ヨーロッパの福祉ミックスと非営利・協同組織』大月書店，1999年.
★川村幸江「経営成功事例8　ケア・センターやわらぎ」『月刊ボランティア』No.346，1999年6月.
★関西国際交流団体協議会「NPOのマネジメント——基盤強化のためのNPO人材育成セミナー報告書」1999年.
★————「国際交流NPOの人材と財政に関する調査報告書」1999年.
★企業メセナ協議会編『なぜ，企業はメセナをするのか？』2000年.
★岸本幸子「NPOが担う公共サービスの現状と課題」『地域政策研究』No.25，2003年.
★北川順也『お寺が救う無縁社会』幻冬舎ルネッサンス新書，2011年.
★北沢栄『公益法人——隠された官の聖域』岩波新書，2001年.
★工藤啓『NPOで働く——「社会の課題」を解決する仕事』東洋経済新報社，2011年.
★グラウンドワーク三島「パッションで前進——グラウンドワーク三島からパートナーシップの提案」2002年.
★功刀達朗・毛利勝彦編著『国際NGOが世界を変える——地球市民社会の黎明』東信堂，2006年.
★経済産業研究所「日本におけるサードセクターの経営実態に関する調査」2017年（https://www.rieti.go.jp/jp/projects/research_activity/npo2017/）.
★経団連社会貢献担当者懇談会編『この発想が会社を変える——新しい企業価値の創造』産経新聞ニュースサービス，2001年.
★公益法人協会編『公益法人制度改革——そのポイントと移行手続』ぎょうせい，2007年.
★————編『これだけは知りたい！　一般社団・財団法人の設立について　第2版』公益法人協会，2017年.
★河野正文『公益法人・一般法人の運営実務』職業訓練教材研究会，2013年.
★国民経済研究協会「現地NGO，現地地方公共団体の経済協力への参加に関する実態調査報告書」2001年.
★コップ，ウェンディ『いつか，すべての子供たちに——「ティーチ・フォー・アメリカ」とそこで私が学んだこと』東方雅美訳，英治出版，2009年.
★駒崎弘樹『社会を変えるお金の使い方——投票としての寄付，投資としての寄付』英治出版，2010年.
★斉藤千宏編著『NGO大国インド』明石書店，1997年.
★在日韓国民主人権協議会編『韓国NGOデータブック』みずのわ出版，2000年.

★佐伯啓思「民主主義を蝕む『仮装市民』」『This is Yomiuri』1997年10月号.
★坂中英徳『日本型移民国家の構想（新版）』移民政策研究所，2011年.
★坂本治也編『市民社会論——理論と実証の最前線』法律文化社，2017年.
★佐竹正幸『目からウロコ！　こんなにやさしかった公益認定』税務経理協会，2010年.
★佐藤一子編『NPOの教育力』東京大学出版会，2004年.
★佐野章二「ボランティアをはじめるまえに——市民公益活動」『地方自治ジャーナル・ブックレット』No.9，1994年.
★———『ビッグイシューの挑戦』講談社，2010年.
★サラモン，レスター・M.『NPO最前線——岐路に立つアメリカ市民社会』岩波書店，1999年.
★———『フィランソロピーのニューフロンティア——社会的インパクト投資の新たな手法と課題』小林立明訳，ミネルヴァ書房，2016年.
★さわやか福祉財団「ふれあい・支え合いのきっかけづくり——地域通貨マニュアル」2001年.
★重冨真一編著『アジアの国家とNGO——15カ国の比較研究』明石書店，2001年.
★シーズ・市民活動を支える制度をつくる会「発足記念イベント『新しい社会における市民社会の役割と課題』資料集」1994年.
★———・NPOアカウンタビリティ研究会編『NPO法人の外部報告に関する基本的考え方』シーズ・市民活動を支える制度をつくる会，2005年.
★渋川智明『福祉NPO』岩波新書，2001年.
★島田京子「NPOと関わる意味は『専門性』と『知力』」『NPOひろば』No.10，1999年.
★市民活動地域支援システム研究会編「日本の市民活動とサポートセンター」1997年.
★下澤嶽『開発NGOとパートナーシップ——南の自立と北の役割』コモンズ，2007年.
★助成財団センター編『助成財団　NPO・市民活動のための助成金応募ガイド2018』助成財団センター，2018年.
★杉山千佳『子育て支援でシャカイが変わる』日本評論社，2005年.
★鈴木克己『Q&A医療法人制度の実務と税務——医療環境の激変期にあるべき実務と税務（第3版）』財経詳報社，2011年.
★鈴木亘「非営利訪問介護者は有利か」『季刊社会保障研究』Vol.38，No.1，2002年.
★須田春海『政策提案型市民運動のすすめ　理念編』日本社会党機関紙局，1993年.
★須田木綿子『対人サービスの民営化——行政—営利—非営利の境界線』東信堂，2011年.
★スミス・バックリン・アンド・アソシエイツ『みんなのNPO——組織づくり・お金づくり・人づくり』海象社，1999年.
★全国社会福祉協議会地域福祉部「地域福祉をすすめる力——育てよう，活かそう『地域の福祉力』」2007年.

★総合研究開発機構「市民公益活動基盤整備に関する調査研究」1994年.
★副田義也『あしなが運動と玉井義臣　歴史社会学的考察』岩波書店，2003年.
★高草木光一編『ベ平連と市民運動の現在――吉川勇一が遺したもの』花伝社，2016年.
★滝澤三郎・山田満編著『難民を知るための基礎知識』明石書店，2017年.
★たんぽぽの家編『ソーシャルアート――障害のある人とアートで社会を変える』学芸出版社，2016年.
★曽喜Ａ「韓国NGOはどこまできたのか――民主主義への移行と市民社会運動の変化」在日韓国民主人権協議会編『韓国NGOデータブック』みずのわ出版，2000年.
★辻正矩・藤田美保・守安あゆみ・中尾有里『こんな学校あったらいいな――小さな学校の大きな挑戦』築地書館，2013年.
★辻中豊「国際比較による日本の市民社会の実像――11カ国調査の経験から」非営利組織評価研究会編『日本の未来と市民社会の可能性――NPO法10年目の評価と課題』言論NPO，2008年.
★寺田良一「環境NPOにおける運動性と事業性」中村陽一・日本NPOセンター編『日本のNPO2000』日本評論社，1999年.
★ドゥフルニ，J.／J. L. モンソン編著『社会的経済――近未来の社会経済システム』富沢賢治ほか訳，日本評論社，1995年.
★徳永洋子『非営利団体の資金調達ハンドブック――ファンドレイジングに成功するポイントのすべて』時事通信社，2017年.
★ドラッカー，ピーター・F.『非営利組織の経営』上田惇生・田代正美訳，ダイヤモンド社，1991年.
★――――『イノベーターの条件――社会の絆をいかに創造するか』上田惇生編訳，ダイヤモンド社，2000年.
★――――編著『非営利組織の「自己評価手法」』田中弥生訳，ダイヤモンド社，1995年.
★内閣府「平成29年度　特定非営利活動法人に関する実態調査報告書」2018年3月.
★内閣府国民生活局「2001年市民活動レポート　市民活動団体等基本調査報告書」2001年.
★――――「平成17年市民活動団体基本調査報告書」2006年.
★長岡秀貴『HOPE――ひとりでは割れない殻でもみんなとなら溶かせる』HID BOOKS，2018年.
★長坂寿久『オランダモデル――制度疲労なき成熟社会』日本経済新聞社，2000年.
★長沢恵美子「企業の社会貢献とNPO」中村陽一・日本NPOセンター編『日本のNPO2000』日本評論社，1999年.
★中田豊一『ボランティア未来論――私が気づけば社会が変わる』コモンズ，2000年.
★中西正司『自立生活運動史――社会変革の戦略と戦術』現代書館，2014年.
★――――・上野千鶴子『当事者主権』岩波新書，2003年.

★長浜洋二『NPOのためのマーケティング講座』学芸出版社，2014年.

★中村智志『あなたを自殺させない——命の相談所「蜘蛛の糸」佐藤久男の闘い』新潮社，2014年.

★中村陽一・日本NPOセンター編『日本のNPO2000』日本評論社，1999年.

★————・————編『日本のNPO2001』日本評論社，2001年.

★「21世紀日本の構想」懇談会『日本のフロンティアは日本の中にある——自立と協治で築く新世紀』2000年1月.

★日本NPOセンター「財政確保とアカウンタビリティ」『NPOのひろば』No.20，2000年.

★————「NPOにとっての融資・私募債とは」『NPOのひろば』No.44，2006年.

★————「2015年度NPO支援センター実態調査報告書」2016年.

★日本経団連社会貢献推進委員会編著『CSR時代の社会貢献活動——企業の現場から』日本経団連出版，2008年.

★日本経済団体連合会社会貢献推進委員会1%クラブ「2010年度社会貢献活動実績調査結果——社会貢献活動支出と社会貢献に関する制度の調査」2011年10月18日（https://www.keidanren.or.jp/japanese/policy/2011/097/index.html）.

★日本ファンドレイジング協会編『寄付白書2017』日本ファンドレイジング協会，2017年.

★日本弁護士連合会・公害対策環境保全委員会編『21世紀をひらくNGO・NPO』明石書店，2001年.

★橋本行史編著『新版 地方自治論』ミネルヴァ書房，2017年.

★初谷勇『NPO政策の理論と展開』大阪大学出版会，2001年.

★————「非営利法人政策と中間法人」『大阪商業大学論集』Vol.1，No.3，2006年.

★八甫谷邦明『まちのマネジメントの現場から』学芸出版社，2003年.

★ばななぼうと実行委員会編『ばななぼうと——もうひとつの生活を創るネットワーカーズの船出』ほんの木，1986年.

★林知己夫・入山映『公益法人の実像——統計から見た財団・社団』ダイヤモンド社，1997年.

★早瀬昇「市民活動の現状と可能性——パートナーシップを中心に」とよなか国際交流協会編『市民活動の時代』とよなか国際交流協会，1995年.

★————『「参加の力」が創る共生社会——市民の共感・主体性をどう醸成するか』ミネルヴァ書房，2018年.

★原田晃樹・藤井敦史・松井真理子『NPO再構築への道——パートナーシップを支える仕組み』勁草書房，2010年.

★播磨靖夫「人間が幸福になるシステムをどうつくるか——市民の役割と市民活動の意味」とよなか国際交流協会編，『市民活動の時代』とよなか国際交流協会，1995年.

★————編『生命の樹のある家』たんぽぽの家，2003年.

★広井良典『定常型社会』岩波新書，2001年.

★舩橋晴俊「社会制御としての環境政策」飯島伸子編『環境社会学』有斐閣，1993

年.
★古田清和・津田和義・中西倭夫・村田智之『社会福祉法人の運営と財務』同文舘出版，2016年.
★ブレネマン，デビッド・E.／ブライアン・パッサー・サラ・E. ターナー編著『ビジネスとしての高等教育――営利大学の勃興』田部井潤監訳，人間の科学新社，2011年.
★ヘーゲル，G. W. F.『法哲学講義』長谷川宏訳，作品社，2000年.
★「ベトナムに平和を！」市民連合編『資料・「ベ平連」運動（上）』河出書房新社，1974年.
★堀田力「再生してどこに行くのか――人の幸せと新たな組織」筑紫哲也・福岡政行編『自由の森大学講座　ここから日本はよみがえる――情報公開NPOまちづくり』日本経済新聞社，2000年.
★――――・雨宮孝子編著『NPO法コンメンタール』日本評論社，1998年.
★本田由紀『社会を結びなおす――教育・仕事・家族の連携へ』岩波ブックレット，2014年.
★本間正明編著『フィランソロピーの社会経済学』東洋経済新報社，1993年.
★牧大介『ローカルベンチャー――地域にはビジネスの可能性があふれている』木楽舎，2018年.
★まちづくり情報センターかながわ（アリスセンター）編「かながわの市民社会1990's」2001年.
★松浦さと子編『そして，干潟は残った――インターネットとNPO』リベルタ出版，1999年.
★松原明「『NPO法』に至る背景と立法過程」中村陽一・日本NPOセンター編『日本のNPO2000』日本評論社，1999年.
★――――・轟木洋子『日米の寄附市場とNPO――NPOのアカウンタビリティモデルの事例を通じた日米比較プロジェクト』シーズ・市民活動を支える制度をつくる会，2003年.
★松原武久『一周おくれのトップランナー――名古屋市民のごみ革命』KTC中央出版，2001年.
★松本重治『昭和史への一証言』毎日新聞社，1986年.
★三木秀夫ほか『NPO法人の設立と運営Q&A（増補最新版）』清文社，2005年.
★水島治郎『反転する福祉国家』岩波現代文庫，2019年.
★水野篤夫「青少年のグループ・サークル活動」柴野昌山編『青少年・若者の自立支援――ユースワークによる学校・地域の再生』世界思想社，2009年.
★三菱UFJリサーチ＆コンサルティング株式会社「平成27年度社会的企業の実態に関する調査研究 最終報告書」内閣府委託調査，2016年3月.
★源由理子編著『参加型評価――改善と変革のための評価の実践』晃洋書房，2016年.
★村井吉敬『小さな民からの発想』時事通信社，1982年.
★目加田説子『地雷なき地球へ――夢を現実にした人びと』岩波書店，1998年.

★森一貫『市民派のデッサン――大阪の展望』ヒューマガジン，1990年.
★森下一『不登校児が教えてくれたもの』グラフ社，2000年.
★安田節之・渡辺直登『プログラム評価研究の方法』新曜社，2008年.
★山内直人『ノンプロフィット・エコノミー』日本評論社，1997年.
★――――『NPO入門』日本経済新聞社，1999年.
★――――編『NPOデータブック』有斐閣，1999年.
★――――編『NPO白書2002――最新データからみた日本のNPOの規模と構造』大阪大学大学院国際公共政策研究科NPO研究プロジェクト，2002年.
★――――編『日本の寄付とボランティア2004』大阪大学NPO研究情報センター，2004年.
★――――・田中敬文・奥山尚子編『世界の市民社会2009』大阪大学NPO研究情報センター，2009年.
★山岡義典『時代が動くとき――社会の変革とNPOの可能性』ぎょうせい，1999年.
★――――「公益法人制度改革に関する関連3法が成立」『NPOのひろば』No.45，2006年.
★――――編著『NPO基礎講座――市民社会の創造のために』ぎょうせい，1997年.
★――――編著『NPO実践講座――いかに組織を立ち上げるか』ぎょうせい，2000年.
★――――・大石田久宗編『協働社会のスケッチ』ぎょうせい，2001年.
★山口定『市民社会論――歴史的遺産と新展開』有斐閣，2004年.
★山崎丈夫『地縁組織論』自治体研究社，1999年.
★山田武「保健・医療とNPO」中村陽一・日本NPOセンター編『日本のNPO 2000』日本評論社，1999年.
★山本正編著『企業とNPOのパートナーシップ』アルク，2000年.
★山村恒年編『環境NGO――その活動・理念と課題』信山社出版，1998年.
★愈祖成『現代中国のNPOセクターの展開――公共性の受容の視点から』山口書店，2017年.
★湯浅誠『反貧困――「すべり台社会」からの脱出』岩波新書，2008年.
★横浜市社会福祉協議会企画・監修，西尾敦史著『横浜発 助けあいの心がつむぐまちづくり――地域福祉を拓いてきた5人の女性の物語』ミネルヴァ書房，2017年.
★羅一慶『ソーシャルビジネスの政策と実践――韓国における社会的企業の挑戦』法律文化社，2015年.
★李啓充『市場原理が医療を亡ぼす――アメリカの失敗』医学書院，2004年.
★李妍焱『下から構築される中国――「中国的市民社会」のリアリティ』明石書店，2018年.
★――――編著『台頭する中国の草の根NGO――市民社会への道を探る』恒星社厚生閣，2008年.
★龍慶昭・佐々木亮『「政策評価」の理論と技法』多賀出版，2000年.
★労働政策研究・研修機構編「NPO法人の活動と働き方に関する調査（団体調査・個人調査）――東日本大震災復興支援活動も視野に入れて」JILPT調査シリーズ

No.139，2015年.
★―――編「NPOの就労に関する研究――恒常的成長と震災を機とした変化を捉える」労働政策研究報告書No.183，2016年.
★六原まちづくり委員会・ぽむ企画『空き家の手帖――放っておかないための考え方・使い方』学芸出版社，2016年.

▶ **外国語文献**

★ Archambault, Edith, "Historical Roots of the Nonprofit Sector in France," *Nonprofit and Voluntary Sector Quarterly*, Vol.30, No.2, 2001.
★ Billis, David, *Hybrid Organizations and the Third Sector: Challenges for Practice, Theory and Policy*, Palgrave Macmillan, 2010.
★ Bob, Clifford, *The Global Right Wing and the Clash of World Politics*, Cambridge University Press, 2012.
★ Burger, Ary, and Vic Veldheer, "The Growth of the Nonprofit Sector in the Netherlands," *Nonprofit and Voluntary Sector Quarterly*, Vol.30, No.2, 2001.
★ Chinnock, Kathryn, and Lester Salamon, "Determinants of Nonprofit Impact: A Preliminary Analysis," Paper Presented at the Fifth ISTR Conference, Cape Town, July 2002.
★ Defourny, Jacques, Lars Hulgård, and Victor Pestoff (eds.), *Social Enterprise and the Third Sector: Changing European Landscapes in a Comparative Perspective*, Routledge, 2014.
★ Edwards, Michael, Civil Society, Polity Press, 2004（『「市民社会」とは何か――21世紀のより善い世界を求めて』堀内一史訳，麗澤大学出版会，2008年）.
★―――, and D. Hulme (eds.), *Beyond the Magic Bullet. NGO Performance and Accountability in the Post-Cold War Period*, Kumarian Press, 1996.
★ Kage, Rieko, *Civic Engagement in Postwar Japan: The Revival of a Defeated Society*, Cambridge University Press, 2011.
★ Kendall, Jeremy, *The Voluntary Sector*, Routledge, 2003.
★――― (ed.), *Handbook on Third Sector Policy in Europe: Multi-Level Processes and Organized Civil Society*, Edward Elgar, 2009.
★ Kramer, Ralph M., "A Third Sector in the Third Millennium?" *Voluntas*, Vol.11, No.1, International Society for Third Sector Research, March 2000.
★ LiQing Zhao, "The Formation of China's Non-Profit Sector: Implications and Challenges," Paper Presented to the Second ISTR Asia and Pacific Regional Conference, Osaka, October 26-28, 2001.
★ Luksetich, William, Mary E. Edwards, and Thomas M. Caroll, "Organizational Form and Nursing Home Behavior," *Nonprofit and Voluntary Sector Quarterly*, Vol.29, No.2, 2000.
★ Lundström, Tommy, and Filip Wijkström, "Defining the Nonprofit Sector in Developed Countries: Sweden," in Salamon, Lester M., and Helmut Anheier, *Defining the Nonprofit Sector: A Cross-National Analysis*, Manchester University Press, 1997.
★ Ospina, Sonia, William Diaz, and James F. O'Sullivan, "Negotiating Accountability.

Managerial Lessons from Identity-Based Nonprofit Organizations," *Nonprofit and Voluntary Sector Quarterly*, Vol.31, No.1, 2002.

★ Owen, John M., with Patricia J. Rogers, *Program Evaluation: Forms and Approaches*, Sage Publications, 1999.

★ Salamon, Lester M., and Helmut Anheier, *Defining the Nonprofit Sector: A Cross-National Analysis*, Manchester University Press, 1997.

★ ――――, ――――, Regina List, Stefan Toepler, S. Wojciech Sokolowski, and Associates, *Global Civil Society: Dimensions of the Nonprofit Sector*, The Johns Hopkins Center for Civil Society Studies, 1999.

★ ――――, S. Wojciech Sokolowski, and Associates, *Gloval Civil Society Dimensions of the Nonprofit Sector*, Kumarion Press, 2004.

★ Tendler, J., *Turning Private Voluntary Agencies into Development Agencies: Questions for Evaluation*, USAID, 1982.

★ Twu, Ruey-Der, "The Growth and Transformation of the Nonprofit Sector in Taiwan,"『公共事務評論』第11巻，第1期，2010年6月.

★ Van der Ploeg, Tymen J., "Changing Relationships between Private Nonprofit Organizations and Government in the Netherlands," in McCarthy, Kathleen D., Virginia Hodgkinson, Russy D. Sumariwalla and Associates, *The Nonprofit Sector in the Global Community: Voices from Many Nations*, Jossey-Bass, 1992.

★ Weisbrod, Burton A. (ed.), *To Profit or Not to Profit: The Commercial Transformation of the Nonprofit Sector*, Cambridge University Press, 1998.

▶ **ホームページ**

★ 英国チャリティ委員会（Charity Commission）：http://www.gov.uk/government/organisations/charity-commission

★ 行政改革推進本部事務局：http://www.gyoukaku.go.jp/

★ 公益法人インフォメーション：https://www.koeki-info.go.jp/

★ 公益法人協会：http://www.kohokyo.or.jp

★ 厚生労働省（厚生労働統計一覧）：https://www.mhlw.go.jp/toukei/itiran/

★ 国税庁：http://www.nta.go.jp

★ シーズ・市民活動を支える制度をつくる会：http://npoweb.jp

★ 助成財団センター：http://www.jfc.or.jp

★ 総務省（白書・報告書）：https://www.soumu.go.jp/menu_Seisaku/hakusyo/index.html

★ 高木仁三郎市民科学基金：http://www.takagifund.org/about/index.html

★ 内閣府（NPO）：https://www.npo-homepage.go.jp/

★ フォード財団（Ford Foundation）：https://fordfoundation.org/

★ 文化庁（宗教法人と宗務行政）：http://www.bunka.go.jp/Seisaku/shukyouhoujin/index.html

★ 法務省：http://www.moj.go.jp/

★ 文部科学省：https://www.mext.go.jp/

▸ NPO関連年表

年	NPOの動き	時代背景
1980	★インドシナ難民支援団体が相次いで設立される ★国際障害者年日本推進協議会発足	❖国連世界婦人会議，コペンハーゲンで開催
1981		❖国際障害者年
1982	★開発教育協議会（現・開発教育協会）結成	❖レーガン大統領（米国）就任 ❖反核平和運動高まる
1983	★ぱれっとを支える会発足 ★高齢社会をよくする女性の会設立	❖老人保健法施行
1984	★登校拒否を考える会発足 ★奈良まちづくりセンター設立	
1985	★ナショナルトラスト活動の優遇税制開始 ★助成団体資料センター設立（1988年財団化）	❖プラザ合意，円の急騰始まる ❖一人医師医療法人制度導入
1986	★「NPO」という用語が日本で使われ始める ★ヒューマンケア協会（障害者の自立生活センター）発足 ★女性の家ヘルプ，民間シェルター開設	❖ソ連・チェルノブイリ原発事故 ❖男女雇用機会均等法施行
1987	★NGO活動推進センター（JANIC）発足 ★ケア・センターやわらぎ発足	❖国鉄分割・民営化
1988	★民間骨髄バンクの東海バンク設立	
1989	★外務省，NGO事業補助金制度を発足させる ★日本ネットワーカーズ会議発足，第1回フォーラム開催 ★海外事業活動関連協議会（CBCC）設立	❖第2次天安門事件 ❖「ベルリンの壁」崩壊
1990	★企業メセナ協議会設立 ★経団連が企業の社会的貢献推進委員会を設立 ★ささえあい医療人権センターCOML設立 ★経団連1%クラブ正式に発足 ★第1回国際協力フェスティバル，官民の協力で開催される ★助成財団の設立数がピークに達する	❖福祉八法改正 ❖外国人登録法改正 ❖「1.57ショック」（少子化傾向が顕著に） ❖湾岸戦争勃発 ❖日本のバブル経済崩壊
1991	★郵政省国際ボランティア貯金開始 ★プロップ・ステーション設立準備委員会発足 ★さわやか福祉推進センター（後のさわやか福祉財団）発足	❖ソビエト連邦崩壊 ❖日系人へのビザ発給要件緩和
1992	★グラウンドワーク三島実行委員会結成	❖環境と開発に関する国連会議（地球サミット） ❖ボスニア戦争
1993	★NPO研究フォーラム発足	❖非自民連立の細川内閣発足 ❖ヨーロッパ連合（EU）発足
1994	★「市民公益活動基盤整備に関する調査研究」，総合研究開発機構により出版 ★シーズ・市民活動を支える制度をつくる会発足	❖日本，子ども権利条約批准
1995	★阪神・淡路大震災・被災地の人々を応援する市民の会など救援団体が設立される	❖阪神・淡路大震災 ❖地下鉄サリン事件

年	NPOの動き	時代背景
	★政府18省庁によるボランティア問題に関する連絡会議設置 ★市民活動の制度に関する連絡会結成 ★改正宗教法人法成立，規制強化へ	❖世界女性会議，北京で開催 ❖国連社会開発サミット ❖Windows95発売，インターネットの本格普及開始
1996	★NGO・外務省定期協議会開催 ★日本NPOセンター，大阪NPOセンター設立 ★気候フォーラム結成 ★更生保護法人制度発足	❖住専問題
1997	★第1回全国NPOフォーラム開催 ★ロシア・タンカー重油流出事故で日本海沿岸に多数のボランティア出動	❖地雷禁止国際キャンペーン，ノーベル平和賞受賞 ❖地球温暖化防止京都会議
1998	★特定非営利活動推進法成立・施行，NPO法人制度発足 ★日本NPO学会発足 ★日本ボランティア学会発足 ★三重パートナーシップ宣言 ★せたがやチャイルドライン設立	❖中心市街地活性化法施行
1999	★藤前干潟（名古屋），市民運動により保全決定 ★地域通貨，日本で普及し始める ★NPO議員連盟発足	❖男女共同参画社会基本法施行 ❖国境なき医師団，ノーベル平和賞受賞
2000	★ジャパンプラットホーム発足 ★子育て支援NPO「びーのびーの」設立	❖介護保険制度開始 ❖社会福祉事業法が社会福祉法に変わる ❖児童虐待防止法施行 ❖地方分権一括法施行 ❖行政改革大綱決定
2001	★認定NPO法人制度施行	❖規制改革会議設置 ❖DV防止法施行 ❖9.11同時多発テロ
2002	★NPO法改正 ★中間法人法施行（4月） ★市民社会創造ファンド発足	❖アフガニスタン復興支援会議開催
2003	★改正NPO法施行 ★認定NPO制度改正・施行 ★地方自治法改正により指定管理者制度創設 ★志木市，行政パートナー制度開始 ★「公益法人制度の抜本的改革に関する基本方針」閣議決定	❖支援費制度開始 ❖イラク戦争勃発
2004	★市川市，市民活動団体支援制度（1%支援制度）開始	❖少子化社会対策大綱決定 ❖「三位一体の改革」始まる
2005	★「ほっとけない世界のまずしさ」（ホワイトバンド）キャンペーン開始	❖障害者自立支援法成立
2006	★公益法人改革関連三法公布	
2007	★新潟県中越沖地震でNPOが救援活動	❖エコツーリズム推進法成立

年	NPOの動き	時代背景
2008	★公益法人制度改革関連三法施行	❖世界的金融危機起きる
2009	★日本ファンドレイジング協会発足	❖裁判員制度開始
2010	★「新しい公共」宣言	❖「無縁社会」言説広まる
2011	★認定NPO法人制度大改正（施行は2012年） ★新寄付税制成立	❖東日本大震災
2012	★NPO法人会計基準採用	
2013	★第1期認定ファンドレイザー誕生	❖特定秘密保護法成立，アベノミクス始動
2014	★一般社団法人全国コミュニティ財団協会発足	❖エボラ出血熱拡大
2015	★NPOの認証数が5万を超える	❖持続可能な開発目標（SDGs）採択 ❖気候変動枠組条約に関するパリ協定採択
2016	★全国レガシーギフト協会発足，遺贈寄付の動き広まる	❖熊本地震発生 ❖アメリカ大統領選挙でトランプ氏勝利
2017	★国際NGO「核兵器廃絶国際キャンペーン」（ICAN），ノーベル平和賞受賞．ICANのキャンペーンには日本の被爆者やNGOも参加してきた	
2018	★「民間公益活動を促進するための休眠預金等に係る資金の活用に関する法律」（休眠預金等活用法）施行	❖西日本豪雨，大阪北部地震などによる災害多発
2019	★子ども食堂が3000カ所を超える	❖平成の天皇退位，令和元年

索引

A～Z

ア行

カ行

サ 行

タ行

ナ行

ハ 行

マ 行

【著者紹介】
雨森孝悦（あめのもり　たかよし）
日本福祉大学福祉経営学部招聘教授。
1951年兵庫県生まれ。1975年大阪大学経済学部卒業。学術修士（大阪大学大学院人間科学研究科）。国際協力推進協会、日本国際交流センター、とよなか国際交流協会などで民間の国際協力、交流に従事。1991～92年ジョンズ・ホプキンス大学のレスター・サラモン教授らとともに非営利セクター国際比較研究に従事。
2001年日本福祉大学経済学部助教授、2007年同大学通信教育部福祉経営学部教授を経て、2017年より現職。
主な著書に『テキストブックNPO』（東洋経済新報社、日本NPO学会審査委員会特別賞受賞）、『福祉社会開発学』（共著、ミネルヴァ書房）、『NPO実践マネジメント入門』（共著、東信堂）、訳書に『市民・政府・NGO』（監訳、新評論）などがある。

テキストブックNPO（第3版）
非営利組織の制度・活動・マネジメント

2020年3月12日発行

著　者――雨森孝悦
発行者――駒橋憲一
発行所――東洋経済新報社
〒103-8345　東京都中央区日本橋本石町 1-2-1
電話＝東洋経済コールセンター　03(6386)1040
https://toyokeizai.net/

ブックデザイン・DTP……米谷　豪（orange_noiz）
印　刷………………ベクトル印刷
製　本………………ナショナル製本
編集担当……………佐藤　敬
　ISBN 978-4-492-10035-6